植民暴力の記憶と日本人

－台湾高地先住民と脱植民の運動－

中村 平 著

大阪大学出版会

植民暴力の記憶と日本人
――台湾高地先住民と脱植民の運動――

目　次

序 ………………………………………………………………… 1

第1章　脱植民化の課題と植民暴力の記憶、植民地責任 ……………………………………………… 7

はじめに　7

第1節　脱植民化を主張する台湾先住民の知識人　9
　1．民族自治の課題　12
　2．先住民族委員会によるタイヤル民族自治制度計画の研究　17

第2節　脱植民化　18
　1．誰の問題か　18
　2．脱植民化論から　21
　3．浦忠成の主張　25

第3節　脱植民化に向かう体験と声の記述　28
　1．フェミニズムの批判から　28
　2．ポジショナリティと脱植民的（ディコロニアルな）記述の問題　31
　3．冷戦構造の束縛　36

第4節　日本の植民地責任と暴力の記憶の分有　38
　1．暴力の記憶と政治（的なもの）　39
　2．暴力の記憶の民族誌記述　40
　3．「困難な私たち」　41
　4．「困難な私たち」への遡行（そこう）　43

第5節　コンタクト・ゾーンに到来する植民暴力の記憶と応答責任　45
　1．応答責任　47
　2．「私たち」の脱植民化という課題　49
　3．方法論とフィールドワーク地　51

i

第 2 章　植民暴力の常態化としての「和解」
——「帰順」をめぐる日本とタイヤルの解釈　………… 59

はじめに　59
第 1 節　植民された側による「糾弾しない語り」　60
第 2 節　「糾弾しない語り」の聞きかた　64
第 3 節　エヘン集落にせまる植民地侵略戦争　67
第 4 節　「ガオガン蕃討伐」とエヘン集落の「帰順」　69
第 5 節　「帰順」は「仲良くする」（スブラック）なのか　72
第 6 節　日本人が日本語を用いて聞き書きすることの制約　80
第 7 節　語りが生み出されるコンテクスト　83
第 8 節　「糾弾する語り」について、そして二分法の破綻　89
まとめ　94

第 3 章　ムルフーから頭目へ
——呼びかけられる天皇と日本　………………… 97

はじめに　97
第 1 節　タイヤルの伝統的政治システム　99
第 2 節　エヘン集落「頭目」の誕生　102
　1．森丑之助の解釈　106
　2．人類学者のビッグマン概念　108
第 3 節　頭目をとりまく緊張した磁場　112
第 4 節　頭目ワタン・アモイ以降　114
第 5 節　「天皇は日本のムルフー」という表現に出会う　116
　1．ムルフーの語義と頭目、天皇制と帝国日本　120
第 6 節　語りを生み出す構造、語りが生み出しているもの　126
第 7 節　二つのシステムのせめぎ合いと呼びかけられる天皇と日本　130
まとめ　132

第 4 章　植民暴力の記憶と日本人の責任　……………… 135

はじめに　135
第 1 節　日本植民地・台湾に関わる植民暴力の記憶と語り　136
第 2 節　「私たち」を自称する自治運動と脱植民化運動　139

第 3 節　タイヤルに想起される歴史と暴力の記憶群　141
　　1．タイヤル民族議会——民族自治の希求と植民化されてきた民族史　142
　　2．高金素梅国会議員による反帝国主義史　144
　　3．原藤太郎（トフイ・ホラ）の記憶　145
第 4 節　日本人である私がどう聞くのか　150
　　1．漢人研究者との間に交わされる暴力の記憶　150
　　2．戦中派日本人団体「あけぼの会」の夢　154
　　3．天皇制に関わる「大東亜戦争」の日本の責任の取り方　156
第 5 節　ヤキ・ピスイが私に語る記憶　159
第 6 節　暴力の記憶の分有を通して植民地責任を取っていく民族誌　164
まとめ　167

第 5 章　「理蕃」の認識論
　　　——植民化・資本主義的近代化と植民暴力 …………169
はじめに——統治のメカニズムと記憶の分有　169
第 1 節　台湾北部高地における先住民の土地と生の囲い込み　172
　　1．G・ウォーカーによる囲い込み概念と植民的差異概念　172
　　2．中村勝による土地と生の囲い込み・原収奪概念　175
　　3．「理蕃」における「半封建性」と暴力の問題　180
　　4．「自然主権の侵害」の視点と囲い込み　183
第 2 節　植民的差異概念と人類学知識　185
　　1．坂野徹の問題提起　185
　　2．冨山一郎・陳偉智の所論と植民的差異　187
第 3 節　「理蕃」における植民的差異の実体化と「日本人になる」こと　189
まとめ　192

終章　脱植民の運動 …………………………………195

参考資料
　　1．「台湾先住民族権利宣言」　200
　　2．「タイヤル古国復活論」「独立主権の国"タイヤル国"」「タイヤル族民族議会紹介」「タイヤル民族議会憲法草案」「タイヤル民族土地宣言」　203

引用・参考文献 …………………………………………215
写真と表一覧・あとがきと謝辞 ………………………234
索引 ………………………………………………………240

序

　帝国日本は日清戦争終結の 1895 年から第二次世界大戦敗北の 1945 年まで、台湾を 50 年にわたり植民地支配／統治していた。言語学的に漢民族とは異なるオーストロネシア語族とされる台湾先住民は、日本統治時代に「蕃人」「蕃族」「高砂族」といった名前を与えられ、伊能嘉矩などに代表される人類学的知により、公式に 7「族」に分類された。台湾「先住民／先住民族」の呼称と日本語の翻訳についての問題は、第 1 章で説明したい。その後、蒋介石率いる中国国民党が国共内戦により台湾に撤退し、国民党政府の戒厳令と白色テロのもとで台湾は言論の自由を奪われ、台湾もしくは先住民の主体性を語ることは暴力で弾圧された。

　台湾先住民族は 2017 年 2 月現在、中華民国政府により 16 民族が認定されている。漢民族が約 98 パーセントを占める中華民国・台湾において、先住民は圧倒的マイノリティである。1980 年代には民主化運動により 38 年間続いた戒厳令がとかれ、同時期から先住民の声がようやく国家の政治に反映されていく。自分たちを「原住民族」と名乗り始め、中華民国憲法に「原住民族」の存在を加えさせ、国家行政においては「行政院原住民族委員会」を発足せしめた。2016 年 8 月 1 日の「原住民族の日」（2005 年制定）には、蔡英文総統が台湾先住民への国家の過去の不正義を謝罪している。

　民族分類の基礎は日本植民地期に確立したものが踏襲されてきたが、2001 年民族認定（以下同じ）のサオ、2002 年のクヴァラン、2004 年のトゥルク（タロコ）、2007 年のサキザヤ、2008 年のセデック、2014 年のサアロアとカナカナブと、自分たちを自称しそれを社会に認知させようとする動きはすでに定着している。平埔については台南県が 2005 年に平埔シラヤ

1

序

を認定し、先住民「身分」公認への議論が起こっている。「自分たち」「私たち」が主張され、その法的な認定と保障が要求されている。私は台湾滞在時から「人類学」に接しその知の意味を考えてきたが、俯瞰的・鳥瞰的立場からなされる民族分類の知というよりも、脱植民的な自称する動きをどのように記述するのかという知が求められているのだという認識が、自分のなかで獲得されてきた。

　「日本人」であることを自明と考えてきた私は、1990年代後半より、台湾先住民のうち主として「タイヤル」と自称する人々（中国語では泰雅(民)族あるいは泰雅爾(民)族）から、日本の植民地統治の記憶と経験について聞き書きしてきた（「タイヤル」には真の人間という意味がある）。日本の統治を糾弾されるかと身を硬くして渡台し、まずは5年間を主として首都台北と北部山地の先住民集落で過ごしたが、日本時代を懐かしんだり日本精神について言及されたり、「テイコクシュギ」を現在の「ジジユ（自由）シュギ」と較べて肯定的に語る姿に出会ってきた。これらの背後に深い歴史的な背景があることは、簡単に上に述べた台湾の複雑な国民国家をめぐる近現代史からも、うかがい知ることができよう。また、日本時代を懐かしむ方々の多くは日本教育を深く受けられた方々であり、日本による教育から疎外されていた方や、その下の世代の方々はまた別の語りを持っている。

　日本側では、上のような植民教育を受けた世代の台湾人と先住民の行為を、「親日的」として、日本人の国民主体を立ち上げナショナリズムを鼓舞する際の糧とする動きが登場して久しい。本書はそうした動きを視野に入れつつ、私がタイヤルを中心とした台湾先住民へ聞き書きしてきたことを主軸に、日本人と台湾高地先住民タイヤルが、日本と台湾間における植民主義にいかに向き合ってきたのかを記述する。植民（地）統治がもたらしたものが、現在のタイヤルたちの経済的社会的苦境を生み出したのみならず、植民暴力の記憶がタイヤルに到来する時空を捉えることにより、植民地経験の忘却が植民者日本人の自己成型にとっても大きな意味を持っていることが理解されるはずである。すなわち本書は、ナショナリズム、国

家暴力、資本主義がお互いに関係しあいながら両者の植民化を推し進めてきたことを描き、同時に、それに抗する動きを記述において押し広げようとする試み——つまり脱植民化を書くこと——である。

　植民主義（コロニアリズム）という概念は、軍事力あるいは暴力を背景に、他者を自己決定や自己発展の主体と見なさず、教導あるいは開発されるべき存在と見なして支配し、自己をその逆の存在、つまり理性的、文明的、生産的なものとして確立する傾向を指すと考えられよう。その支配は国家と資本の力の中にあり、自他の区別は、国家の制定する法により確定されていく。そうした植民主義にあらがう動きと、圧倒的な植民主義の磁場にありながらそれに対して様々な交渉を行う動きを、さしあたり脱植民化（decolonization）として設定している。コロニアリズムの訳として「植民地主義」があるが、本書では中国語の「殖民主義（ヂーミンヂューイ）」という訳語を鑑み、またコロニアリズムを植民地のみの問題としてだけでなく植民側の問題でもあることを喚起する意味で、「植民主義」の訳語を採用する。そのことにより、植民側を射程に入れた「脱植民（化）」という言葉を使用することが可能となる。"Decolonization"を「脱植民地化」と訳すと、それが植民側の問題であることを字面の上で喚起する力に欠けるのである。丸川哲史は、「脱植民地化」と脱帝国化を対等に置き、日本の「脱植民地化」についてこう述べている。

　「イギリスやフランスの戦後と比較した場合に、戦後の日本は、皮肉にも敗戦とともに一挙に植民地を失ったために、旧植民地からの脱植民地化の要求に直面せず、合衆国の極東戦略の一環に組み込まれる形で一国ナショナリズムへの衣替えを果たしえたということになる。まさに、そのことの帰結として、戦後の日本は、かつての帝国の記憶そのものを希薄化させる中で、実質的には脱帝国化の契機を見失ったままでいるとも言えるのではないか」［2000b：205］。

　「日本の敗戦は、皮肉にも主観的には『抵抗』のない植民地放棄であったた

序

めに、意識の上での脱帝国化を進めることができず、だからこそ、直接には領土獲得を必要としない新植民地主義的な経済進出をスムーズに果たして行けたのだと言える。そこから、日本人が改めて意識の上での脱帝国化を進めて行くには、まず台湾や朝鮮半島などにおける脱植民地化にともなう固有の困難を分有していくことが前提となろう」［同上：206］。

　本書は、丸川の言う脱植民地化＝脱帝国化の主題と「固有の困難の分有」が、日本とタイヤルを含めた台湾高地先住民の双方にあっていかに行われてきているのかについて、脱植民化という言葉の内実が追究されるなかで取り組むものである。本書を通じて論じるように、脱植民化とは、既存の植民的(コロニアル)な政治への反省に立って、新しい政治とそれを担う言語を獲得することであり、状況を切り拓く（潜勢）力を明らかにすることだろう。
　「反省」と述べたが、私見では脱植民化は、歴史認識に密接に関わる記憶の領域において、まずもってなされなければならない。法の制定や政策はその後についてくるものでなかろうか。過去の経験の記憶についての領域において分有されたものがなければ、他者や植民主義下のマイノリティを尊重する民主主義は成立しない。台湾先住民のあいだで「自分たち」「私たち」が何者であるかが問われ、他者から名指された汚名を払いのけ、自ら名前を名乗り、その法的保障を求めている事態があるが、過去の経験の記憶はそこに到来する。そして私が「日本人」であると考えてきたこと、台湾において日本人と名指されてきたこととは何かを思考する過程も同様に、「自分たち」「私たち」が何者であるかを追究するものである。日本人と台湾先住民は、過去に植民状況において暴力や教化、戦争動員を含めて出会い、関係を作ってきた。その記憶をたどることが遡行であり、植民状況の暴力の記憶を分有する中でかすかに立ち上がる行為体(エイジェンシー)が「困難な私たち」である。その記憶の断片の集まりは、提喩的にナショナル・ヒストリーを作るのではなく、換喩的なつながりを持ち、思いもかけない「私たち」を固定的でない形で生み出すだろう。

本書は、植民主義の暴力を問題化しうる「コンタクト・ゾーン」という視角から、日本人と台湾高地先住民のコロニアルな出会いの歴史経験を民族誌として詳細に記述している。植民地統治を経た台湾先住民は現在、脱植民（脱植民主義）という課題を明確にしている。私がフィールドで出会った暴力の記憶は、未だにそれが癒されていないという意味で植民主義の磁場から脱しえていない。これを可視化し記述する本書は、脱植民という植民主義を克服する運動を、植民暴力の記憶の聞き書きから捉え記述するものである。脱植民の課題は被統治者のものだけではなく、植民側の歴史認識を問うものであることが理解される。

　本書の構成について説明する。第1章では、植民暴力の記憶と植民地責任、脱植民化という課題の設定について、先行研究が到達している地平を継承しながら述べる。次に、フィールドワークの中で出会った現在における記憶と語りから、集落における「頭目」の存在と日本の天皇の関連を考え（第2章）、1910年代の「帰順」をめぐる日本とタイヤルの解釈の相違から、植民暴力の常態化としての「和解」（第3章）の歴史へと分け入る。また、民族議会や立法委員などの近年の台湾先住民の脱植民運動についてタイヤルの動きを中心に探究し、日本植民主義との関連を分析する（第4章）。さらに、植民化と資本主義的近代化の重なる中で植民暴力が生起するメカニズムを、日本の植民政策としての「理蕃」とは何かを扱った先行研究と「族」分類をめぐる人類学的知を批判検討し、明らかにする（第5章）。

　主体を先験的に立ち上げ脱植民化を行うという形ではなく、日常の中の政治性を見すえつつ「自分たちとは誰か」を考え続け言葉にしていく中で、また暴力の記憶の到来を癒す形で言葉にしていく中で脱植民化が遂行される。本書は、脱植民化概念を軸としてタイヤルの人びととの出会いの場を描き、台湾高地先住民に関する先行研究と、知識人や作家たちを含めての先住民の主張との対話を行いつつ、日本植民主義の克服を記述のなかで遂行していくことを目指している。

第1章

脱植民化の課題と植民暴力の記憶、植民地責任

はじめに

　台湾先住民において、未来への夢を託す言葉として「脱植民化」(decolonization) という言葉が使われているように思われる。「脱植民化」という言葉は、私が1990年代後半から行ってきた、台湾・桃園市復興区のタイヤル（泰雅・泰雅爾）の人々が多く住む山地のフィールドワークで、直接かつ明確に聞かれるという訳ではない。以下で見るように、台湾先住民の知識人が使用しはじめた言葉であるが、脱植民化はその力点にズレを見せつつ先住民にとって課題となっている。そしてこの言葉は、世界の先住少数民族が国民国家に包摂された苦境と連動している[1]。

　本書では、中国語で言われる「原住民族（yuánzhùmínzú）」「原住民」を、日本語の「先住民族」「先住民」に翻訳する。マジョリティ日本社会の認

---

[1]「台湾先住民族」という名称をここで使用することにより、「中国（あるいは）中華の先住民族」、または「台湾（あるいは）中国の南島（オーストロネシア）民族」などの名称の可能性を排除してしまってはならないだろう［注13, 22も参照］。中華人民共和国の「高山族」分類には、台湾先住民も多く含まれているようである［藍 2000bなどを参照］。本書はそのことを喚起した上でこの言葉を使用している。

第1章　脱植民化の課題と植民暴力の記憶、植民地責任

識として「原住民」に未開イメージが付着しており、またその歴史を認識し反省しているようには見受けられず、さらに台湾先住民族の権利獲得運動についての認識も（私自身を含めて）まだ浅いためである[2]。なお本書は、個々の先住民を指す場合には「先住民」を使用し、民族としての権益やまとまりを問題にする文脈では「先住民族」を使用する。後述するように脱植民化は、台湾先住民と台湾先住民族の双方の位相にとって重要となる。

　脱植民化は国家・民族・家族・個々人などのレイヤーにおいて常に重層的であって、重言ではあるがこれを「重層的脱植民化」と呼ぶこともできる。本章で見ていくように、行政的な「植民地」が無くなることや、一つの民族が自治区を作ることや国家として独立することが、脱植民化を即意味するのではなく、フェミニズム的視角を持つ研究が明らかにしてきたように、男性中心主義を問題化する点にも脱植民化概念が考えられる。国際連合を1971年に脱退し、中華人民共和国 (Peoples Republic of China) からは一つの省に過ぎないとされてきた、世界の孤児たる中華民国 (Republic of China) のマイノリティである台湾先住民（中華民国人口の約2％）、という重層的構図がある。更に、名前やアイデンティティに関わり、精神や内面の植民化も問題にされている。脱植民化が「重層的」というのはそうした意味においてのことである。

　本章は、台湾高地先住民、特にタイヤルをとりまくこうした重層的脱植民化の課題を明らかにすると同時に、台湾先住民（族）の脱植民化が日本の植民地統治によって大きく規定され、日本が統治の責任を取るということと、日本人自らの脱植民化が台湾先住民のそれと歩調を合わせて行われるであろうことを指摘する。多くの日本語読者にとりこうしたコンテクストは必ずしも自明のものではないと思われるが、日本植民地支配／統治の責任は台湾先住民において議題に上がっている[3]。植民暴力の記憶を分有

---

[2] 日本語環境では注釈抜きの「〇〇族」という表記も未だ多い。第5章で論じているように、族表記は植民地時代の認識論に端を発する問題である。
[3] 本書における「統治 (govern)」は、暴力の問題を基底に見すえつつ「合意形成」と「支

してしまうことは、この課題に迫るひとつの重要な契機なのである。

第1節　脱植民化を主張する台湾先住民の知識人

　2017年2月現在、台湾（中華民国）と中華人民共和国の関係は依然として議題に上がっているが、台湾政府に16民族が公認されている台湾先住民族の自治が、同時に課題になっている。先住民人口は2017年現在で約54万人、台湾人口の約2％のマイノリティである[4]。80年代の戒厳令の解除と民主化運動を自ら推し進める中で、台湾先住民族は中国語で言うところの「原住民族（ユエンヂュミンズー）」のアイデンティティと政治参加をマジョリティ社会に承認させる運動を行ってきた[5]。1984年の「台湾原住民権利促進会」の成立[6]、同年の「呉鳳」銅像の撤去と呉鳳郷から阿里山郷への改称、1988年、1989年の土地返還運動、1994年の憲法追加修正による「山地同胞」（「山胞」）名称の「原住民」への改称などが具体的な流れである[7]。それは、こ

　配（rule）」概念を含むものとさしあたり設定する。日本内外の植民主義の歴史における「統治／支配」の使い分け（中国語・英語などを含め）と、「内部（内国・国内）植民主義」概念を含めた定義的な問題については、日本人＝支配側が「支配」とは言わず「統治」と呼んだことも含めて別の機会を設けたい。後藤新平の思想に近代的国家の統治理念を見る野村明宏［1999］も参照。異法域として帝国の植民地だった1945年までと、その後の中華民国体制のもとでの先住民に対して継続する植民主義を問題にする場合、「植民（地）統治」あるいは「植民統治」と簡潔に表記する。

4) 行政院「台湾原住民族委員会」（以下台湾先住民族委員会とする）HPより（2017年3月4日閲覧）。なおこの数字には、「原住民」としての認定を求めている「平埔」は入っていない。

5) 台湾先住民族運動の概括的解説は、石丸雅邦［1999］、石垣直［2011］、笠原政治［1998；2004］、山本春樹ほか編［2004］、汪明輝［2006］、若林正丈［2008］等を参照されたい。

6) 1987年に「台湾原住民族権利促進会」に改称。

7) 台湾先住民は、「光復」後の中華民国政府によっても同化の対象とされてきた。その際、先住民族は中華民族の「辺境民族」の一つと見なされ、同一の「宗族」であると

の百数十年間の近代国家の侵入によって阻害されてきた自治を取り戻さんとする脱植民化（decolonization）の運動であり、中国語では「去殖民（チューミン）」と言われる「脱植民化」は現在、その内実が問われつつ台湾先住民の中で議題化されている。

　台湾先住民にとっての「脱植民化」と「自治」概念と具体的政策をめぐるシンポジウムは、少なくとも私が渡台した1990年代末から、21世紀に入っても台湾で頻繁に行われてきている[8]。中央と地方におけるこうした活発なシンポジウムがその議論の対象としているものは、植民主義下での歴史的な事件の解明と、自治と主体性の問題、自分たちとは何か、民族の歴史をどのように捉えるかという問題である。ここではタイヤルを中心に私が知り得た議論の中から、台湾先住民の知識人がどのように脱植民化を考えているかを示そう。

　ワリス・ノカン「皇民化教育の下でのエスニック・グループ意識の転向」[1998a] は、日本植民統治下の先住民警察官を分析し、彼らが植民者の価値観とものの見方を受け入れてきたことを認識している。日本植民統治終了後も中華民国の政策を「再植民」「内部植民」とし、先住民知識人の虐殺など暴力にさらされ続けてきた状況を明らかにしていくことから、脱植

　　する論理が利用され、「山地の同胞」という言葉が先住民に対して名づけられた［孫1997、イチャン1997］。「同胞」が中華民族統合の擬制親族的イデオロギーであり、その論理を根本的に批判し得なかった「光復」後台湾の人類学について、また台湾先住民が自己を自称する行動と主張を行った際の台湾の人類学界をめぐる動きについては、丘延亮［1997a］、Chiu［1994, 2000］を参照（丘とChiuは同一人物）。
8）タイヤルに関連するシンポジウムとしては、「エスニックグループ相互交流・タイヤル民族文化変遷」（2000年7月花蓮）、「懐念族老：馬紹・莫那（マサオ・モナ）　廖守臣老師紀念学術研討会」（2000年9月花蓮）、「タイヤル民族エスニックグループ意識の構築とアイデンティティ、分裂」（2002年11月台北）や、台湾・カナダ先住民族土地と自治に関する交流活動（2005年1月スマクス集落）、などが挙げられる。台湾先住民総体に関連するものとしては、以下のような自治に関するシンポジウムも行われている。台湾蛮野心足生態協会主催「原住民自治與土地研討会」（2006年9月9日）、基督長老教会玉山神学院神学與宣教研究推廣中心主催「台湾原住民日與自治運動研討会」（2008年7月31日-8月1日）、駐ニューヨーク台北経済文化辦事処主催「変遷中的台湾原住民族政策研討会」（2009年5月27日）。

第1節　脱植民化を主張する台湾先住民の知識人

民化の必要性を説く[9]。

イバン・ノカン「『内部植民地主義』下の台湾原住民族（1945-1990）」［林文正 1991］は、日本統治期に行われた先住民族の土地の国有化が、第二次世界大戦後にも継続されたことに代表される中華民国の統治を「内部植民地主義」としており、そこで行われる、先住民族の自治運動を脱植民化運動と位置付けた。そして「総統選での公約を実行し、原住民族に土地を返還せよ」と主張している［伊凡諾幹 2005］[10]。ここでいう総統選の公約とは、陳水扁総統（民進党、任期 2000-2008 年）が、選挙期間中の 1999 年に「先住民族と台湾政府の新パートナーシップ協定」を結んだことを指し、その第三項は、政府が台湾先住民族と土地条約を締結することを明確に謳うものであった。陳水扁政権は 2002 年にも「先住民族と台湾政府の新パートナーシップ再認協定」を結び、伝統的な土地領域の調査を行い、土地条約その他の実現可能な方法によって然るべき共同管理制度の実現をめざすことが確認された［Omi 2008、石垣 2011］。イバン［伊凡 2005］によれば、この陳政権下の内政部において「原住民族土地協定草案」が検討されていたが、重要なことは、「国家の主権と原住民族の主権、そして部落の主権が対等であるとの原則」（強調は中村）を堅持することであるという。中華民国「台湾接収管理（接管）計画綱要」（1945 年 3 月 23 日発布）に基づき、「日本の占領下で官有、公有であった土地」、つまり日本統治初期に国有地にされた先住各民族の伝統的な土地は第二次世界大戦ののち再度国有地化されたが、これらは無条件に先住民族に返還されるべきであり、「原住民族

9）タイヤルのワリス・ノカン（1961 年生）の漢字表記は瓦歴斯・諾幹で、台中県で小学校教師をしながら、執筆と震災復興活動を行っていた。ワリス・ノカン［2003］を参照。

10）イバン・ノカン、林文正、伊凡諾幹は同一人物である。それぞれタイヤル名のカタカナ表記、漢名、中国語による民族名表記である。文献の表記は発表当時の署名を用いた。彼の名前表記の変遷が端的に示すように、「正名運動」（名を正す、正式名称要求運動）が台湾先住民族運動のひとつの大きなイッシューであってきた［夷将 2008、下村編訳 2002 並びに下村による解説などを参照］。

土地条約（或いは協定）」の速やかな成立が望まれる、と主張している。

政府台湾先住民族委員会の委員であったイサク・アフ（以撒克・阿復）［2005］も、民族自治による脱植民化を説き、民族的自決権を世界の先住民族運動に位置づけそれを主張している。イサクは、戦後国民党の統治を「福利植民主義」（welfare colonialism）による「漢化」としての同化、資本主義化とした［イサク 2008］。また元総統馬英九（在任 2008 年から 2016 年）が台北市長をしていた時、「先住民族の問題は遺伝子にあるのではなく、ただ機会の問題なのだ」とわざわざ言い放ち、先住民族の問題はアファーマティブ・アクションと福利政策にあり、機会提供の問題にすぎないとした。イサクによればこれは時代錯誤的で、国際人権組織や国際先住民族団体が唾棄し、また深く同化的性格を有する「福利植民主義」に他ならず、国際先住民族権利団体や国際的各宣言の謳う先住民族の自決と自治の主張とはかけ離れた認識である［イサク 2007］。彼は、先住民族の自治とは、脱植民化のたたかいというコンテクストにおける、先住民族の自決権の政治的な実践であり、自己管理あるいは自己統治（self-governance）であるとする［イサク 2005］。

1. 民族自治の課題

脱植民化とかかわり重要な概念が「自治」である[11]。「原住民族自治区法」草案が政府で現在審議中であり、さしあたり「独立」とは異なる、国民国家内での自治権のかちとりが主たる流れになっているように見える［巴蘇亞・博伊哲努 2005］（ただし後述のように、タイヤル民族議会は「復国」を念頭においている）。「自治」は自らの議題や問題そして政策を自らが決定していくという意味で、多くの場合、「脱植民化」とほぼ同義に用いられ、

---

11) 「統治」の「治」が使われる「自治」は、「正名」運動や以下に見る遡行とも関わり、自己言及的行為である。

第1節　脱植民化を主張する台湾先住民の知識人

　そのひとつの争点は、これまで国有化されてきた台湾先住民の伝統的土地の返還にある。

　2000年に成立したタイヤル民族議会は、「タイヤル民族土地宣言」（2005年）を起草し、歴代植民政府により奪われた固有の領土の返還を強く求めている［巻末の参考資料を参照］。2008年9月に訪日したタイヤル民族議会のマサ・トフイ議長（ムルフー）（当時）は、台湾史研究会主催のシンポジウム「台湾原住民（ママ）の現在を考える」において「泰耶爾民族議会と台湾原住民の自治、アタヤル族の過去、現在及び未来」とする講演を行った[12]。樟脳を始めとする豊富な資源に目をつけた日本植民地政府「理蕃人」と「アタヤル族」との間には「理蕃戦争」が起こったが、その後の統治過程で両者の間には「何時しか人間の心情が交わっていた」ことも事実であり、「相互の誠が息ずいていた（ママ）」ことも忘れてはならない、とした。この点は、同じくタイヤル民族籍の高金素梅国会議員が言う、先住民は日本帝国主義に「洗脳」されたという批判をマサ議長が意識しつつ、同時に日本人に語りかけるものでもあることに注意されたい［第4章を参照］[13]。

　マサ・トフイ議長は、台湾定着後の蒋政権を「二次的植民」とみなし、都市への出稼ぎとそれに伴う田畑の荒廃、全国平均収入の半分に満たない先住民の厳しい家計状況を訴える。先住民の「根本問題」は、土地を自らの意思で自由に利用できない点、つまり政府の「土地主権の開放」如何にあるとし、それは「アタヤル族」の「復国」運動つまり自治運動と連動す

---

12)「ムルフー」は政治的なリーダーを指すタイヤル語である［第3章で詳説する］。また政府公式文書や人類学的出版物において近年「泰雅」が使われてきたが、それとは異なる漢字表記を行っていることに留意されたい。日本語訳としては、現在日本で定着されつつある「タイヤル」をさしあたり採用した。

13) 一方、高金素梅は2008年8月8日の北京オリンピック開幕式にて、百余名の台湾先住民と共に、「私たちはひとつの家族」と題した台湾先住民の舞踏を披露した。「中華民族」の名のもとでの統一性を謳うその意味は明確であろう。「台湾原社」、台湾基督教長老教会先住民宣教委員会、台湾先住民族政策協会、先住民族籍（民進党）国会議員陳瑩らは、この行為に対し、台湾先住民族の主体性を損ない中国に台湾先住民族を売るものと批判した［中村平 2009a］。

ると主張している［マサ・トフイ 2008］。真の脱植民化とは経済的自立を含むものであるが、現行資本主義体制の下で先住民の経済的自立は極めて厳しい状況にさらされている[14]。

　江文雄（Takiyo Kacaw）の論文「自治なのかコントロールか：両岸少数民族／先住民族自治制度の実践研究：自治権を中心に」［2008］は、被植民統治の歴史に翻弄されてきた台湾先住民族にとって、中華人民共和国の民族区域自治制度との比較から自治政策を模索するものである。中国の民族区域自治制度は少数民族にとって主流漢人社会への従属性が極めて高いものである、と江は結論づけている。民族区域自治制度は少数民族に自治を与えるという聞こえのよい題目のもと、実際には民族区域に立法権を持たせず、この点で自治の精神にそぐわないばかりか中国の統治権を更に強固にしている［同上］。

　布興・大立（タイヤル名：Pusin Tali、漢名：高萬金）は『自治は台湾先住民族の唯一の生きる道である』［2008］を出版している。台湾先住民族の自治を、台湾アイデンティティの追求と台湾独立運動とに積極的に接合する布興は、2008 年 5 月からの馬英九（国民党）政権に対する危機感を明確に表明する。これは、布興が身をおいてきた台湾キリスト長老教会のひとつの主要な主張となっているという［高俊明等 2007 を参照］。独立した台湾の本土政権なくして、漢人の先住民に対する同化を防ぐことはできないと布興は言うが、この背景には、これまで台湾先住民が中国国民党支持の安定した票田となってきた事態がある。布興は明言していないが、同時に、中華人民共和国の少数先住民族に対する抑圧的事態、つまり上の江文雄論文が見てとる植民主義的状況が認識されているだろう。布興は、台湾先住民族の永続的発展と生存の尊厳と権利を確立するには、優勢的立場にある漢

14）この他、タイヤルの黒帯・巴彦は「故郷研究工作室」を立ち上げ、フィールドワークをしながらタイヤル文化の再建に取り組む。麗依京・尤瑪は「台湾原住民族部落連盟」を新竹県で立ち上げ、自治促進の研究と運動を行っている。尤瑪・達陸は、苗栗県泰安郷でタイヤルの織物を復興する「野桐工房」を主宰している。

第 1 節　脱植民化を主張する台湾先住民の知識人

民族が先住民族のために政策決定を行うべきではなく、先住民族自身が自らの政策を決めなければならないとしている。

　趙中麒は「台湾先住民『民族』生成に関する幾つかの論証」［2003］において、台湾先住民族が権利主体として「ひとつの民族」として登場しつつある現在、それが多元性を犠牲にして生成してしまってはならず、逆にその正当性は元々あった各民族の特殊性が確保され押し広げられる（原文は「発揚」）事態の上に作られていかねばならないとした。この点は、先住民族「運動」に携わる者も指摘している問題である。先住民プユマで、2009 年 9 月から先住民族委員会主任委員を務めた孫大川［2004］は、台湾先住民族が主張する「差異」について、異なるエスニックグループが互いに主体であるという「創造的な関係」を確保するためのものであり、「開放性」を帯びたものであると言う。「従ってわれわれはいかなる形式の自民族中心主義にも反対である。（中略）民族自治と民族自決を追求すると同時に、閉じられた、そして孤立した落とし穴に陥ることを防ぐ」［同上：17］としている。中華人民共和国との緊張した関係にある台湾（中華民国）という国民国家体制において、権利主体としてたたかいを進めていく「ひとつの民族」運動体を生み出していく際、その力をいかにひとつに「まとめて」いくかという問題と、この民族と文化の多元性の兼ね合いは、「運動」従事者が直面している苦境である。

　2003 年 6 月と 2007 年 11 月には、民族自治区の設立に関わる「原住民族自治区法」草案が行政院から立法院に送られ審議され、2011 年 8 月には民族議会設立を含めた「原住民族自治法」草案が審議されたが、反対もあり成立には至っていない（2017 年 3 月時点）［石垣 2011、夷将 2008 も参照］。この間の 2005 年 1 月には、先住民族の権益に関して概括的な保障をする「原住民族基本法」が立法化された［邦訳は石垣 2011］。2010 年にはこの基本法を根拠に、先住民の「伝統領域」において自然物を採集したことの不法性を否認する台湾司法史上初となる判決も出た[15]。こうしたなかで、台湾先住民族の自治をめぐる論議は中央、地方の様々なレベルで行われてい

る。2000 年以降首都台北において、「原住民族正名」や「原住民重大歴史事件」、「台湾原住民族自治」、霧社事件（70, 80 周年）などに関するシンポジウムが頻繁に開催され、関連する著作が多く出版され続けている。

　民族議会を設立することは現政府の法的裏づけを未だ獲得しえず、またすべての先住各民族にあって同様の強度と思想で進められているわけではないようだが、民族自治は陳水扁総統（2000-08 年在任）の自治を保障するという公約も背景のひとつとなり、21 世紀の台湾先住民族運動におけるひとつのうねりとなっている[16]。若林正丈 [2008a] は、こうした民族議会について「法的には未だ社会団体であるに過ぎない」としているが（448 頁）、脱植民化に関わるそうした「民間」の先住民族運動の思想や推進力をどのように言語化していけるかが継続して問われている。タイヤル民族議会の現議長ウットフ・ルバック（Utux Lbak）氏は、私との会話で、タイヤル民族議会が「法人などの政府の認可を受ける必要は必ずしもない」と話しており（2017 年 1 月）、そこには国家と対等であろうとする認識が明白にある。

　前述の孫大川 [2000] は、集落意識から汎先住民族意識が形成された背景のひとつに、「私とは誰か」「私たちとは誰か」という自らに突き刺さる

---

15) いわゆるタイヤルのスマクス欅事件（2005-10 年）で、新竹県スマクス（司馬庫斯）集落のタイヤル人が風倒木の欅を集落に持ち帰ったところ、管轄単位の林務局が 2005 年に起訴し、地方法院で有罪判決が下されたことを言う。その後最高法院が高等法院での再審を指示し、2005 年に成立していた先住民族基本法の精神に則り 2010 年に無罪判決が下された ［林益仁 2015］。

16) タイヤル民族議会は 2000 年に正式に成立を宣言した ［タイヤル（泰雅爾）民族議會 2005］。その他の民族においては、タオが 2002 年 11 月、蘭嶼ヤミ（タオ）民族議会を成立。サイシヤット民族議会準備委員会は 2005 年 8 月、民族議会の設立を議論しており、新竹県においては 2006 年 8 月に県下の集落をまとめる「部落議会」を組織した。トゥルク（タロコとも表記する）は 2005 年 10 月、トゥルク民族自治推進委員会が成立し、2006 年には「トゥルク民族基本法」草案を起草した。サオ民族議会は 2005 年 12 月に成立。ツォウは 2006 年 2 月、「原住民ツォウ民族議会」の成立を決議している。プユマは 2006 年 6 月、プユマ民族第 4 回超集落会議を開きプユマ民族議会について討議した（「台湾原住民族電視台新聞」等から私が整理）。

問いを問い続けた力を指摘している。「原住民族」の正式名称獲得運動では、自分たちの名を自分たちで決め、名乗るということが重要であり、漢民族あるいは中華民族主義的な地名を「正名」しなおすことが継続して議論されている。台湾先住民の自治と歴史をめぐる動きは、自分のことを自分で決定するという自己決定権の希求として理解され、そこには私たちとは何（者）かという遡行の動き（後述）が重なっている[17]。

2. 先住民族委員会によるタイヤル民族自治制度計画の研究

本節では、タイヤルに対する先住民族委員会による自治制度計画の委託研究［汪明輝編 2004］を見たい。2002年に台湾先住民ツォウの汪明輝をリーダーとして「先住民族自治制度計画の研究：タイヤル、アミ、ツォウ民族」研究チームが結成された[18]。研究チームは、タイヤルに関しては既に2000年に成立していたタイヤル民族議会［第4章参照］と密接な関係を保ちながら、2002年から2003年にかけ、長老会議6回、自治研究討論ワークショップ3回を各地で開催し、広く意見を収集した。

調査報告書からは、タイヤルの人々が直接間接に表明する、現行政治体制への不満が様々な形で見られる。例えば、大安渓流域のタイヤル集落は、タイヤルの人々の請願にもかかわらず苗栗県と台中県に分断されたままであり、伝統的生活空間と行政区域の離隔が存在する［同上：38-9］。意見徴集からは、タイヤルの伝統的ガガ（慣習法）の精神に則った自治の模索すること[19]、その際に歴史を知悉し品格ある長老らによる会議を意見集約の契機とすること、ただし青年や女性、現地方政治家や公務員らを加えて意見徴集すること、集落の伝統的土地領域を地図化し権利を訴える際の

[17) 「国内植民地」という表現や告発が、主体化に沿いながら表現されなければならないとした、冨山一郎［2002b：230］も参照。
[18) 本報告書は出版されていない。報告書を送っていただいた汪明輝氏に感謝する。
[19) ガガについては王梅霞［2006］、山路勝彦［1986］などを参照のこと。

根拠とすることなどが、コンセンサスとして浮上している。

　研究チームが自治について確認したことは、「発展型自治」（各民族の主観客観的条件によりその自治制度設計を不断に成長させ改良する）、ならびに「学習型自治」（政治学者などの専門家がその権威により自治方式を決めるのではなく、自治に関する認知や理念の違いをお互いに学習し合うプロセスの中で編み出していく）の理念である。その上で、自決精神というものが、本来「下から上」に、マイノリティがマジョリティに対して自身の権利をかちとっていく社会的プロセスであり、執政当局の政策は先住民族自治運動の補助となるべきのみであり、当局の下した政策が絶対条件と見なされるべきではないことが強調されている［同上：39］。

第2節　脱植民化

1．誰の問題か

　こうした台湾先住民（族）の脱植民化の課題を、台湾先住民だけの問題として対象化してはならないだろう。沖縄の被植民状況を思考する野村浩也［2005, 2007］が日本人に対して強く指摘するように、脱植民化ということを考えるにあたって、植民側の問題こそが問われなければならないからである。台湾先住民を植民して来た側、つまりオランダ、スペイン、清朝、日本、中華民国の側の問題である。本書では、私自身が属性としてもつ「日本」の植民問題を、台湾高地先住民、特に私がフィールドワークをしてきたタイヤルとの関わりから深めている。「沖縄問題」を留保なくそう語る日本人、「台湾問題」をそう語る中国人、「先住民問題」をそう語る台湾人には、それらが「自分たちマジョリティの問題」であると認識する当事者性が欠けている[20]。

第 2 節　脱植民化

　丸川哲史［2000］は、ポスト冷戦期における脱植民化の課題を、日本の問題として主張している。「イギリスやフランスの戦後と比較した場合に、戦後の日本は、皮肉にも敗戦とともに一挙に植民地を失ったがために、旧植民地からの脱植民地化の要求に直面せず、合衆国の極東戦略の一環に組み込まれる形で一国ナショナリズムへの衣替えを果たしえた」。「そのことの帰結として、戦後の日本は、かつての帝国の記憶そのものを希薄化させる中で、実質的には脱帝国化の契機を見失ったままでいる」［同上：205］。その上で、日本人が意識の上での脱帝国化を進めていくには、まず台湾や朝鮮半島などにおける「脱植民地化にともなう固有の困難を分有していくこと」が前提となる［同上：206］。

　本書では、丸川が脱植民地化＝脱帝国化としたものを、つまり中国語の「去殖民（チュヂーミン）」を「脱植民（化）」と翻訳している。この概念を導入することにより、日本側・帝国（宗主国）側の「ディコロナイゼーション」を、旧植民地側の動きと「脱植民（化）」という一つの言葉と概念で節合することが可能になる。また丘延亮［1997b］は、日本の植民地人類学とディコロナイゼーションの課題を検討する論文において、精神や内面的側面について焦点化する「袪殖民」の語を使用するが、本書の「脱植民（化）」は後論に触れるようにそれを含めるものである[21]。丘は、植民政権の崩壊と民族エリートによる政権交代が脱植民化を必ずしも意味しない点、並びに「コロニアルなものを破る言説」（中国語は「破殖民論詰」）実践の重要性について指摘している。脱植民化を遂行する記述ということ［第 3 節参照］が課題となっている。

　丸川哲史『台湾における脱植民地化と祖国化』［2007］は、台湾におけ

20）蔡英文政権下で登場した、先住民族の伝統領域を確定する際に私有地を排除するとの決定に反対する運動において、「当事者でない人はいない（没有人是局外人）」というスローガンが 2017 年に起こったことも参考にされたい。
21）中国語では他に「解殖」をディコロナイゼーションの訳とする場合もある。なお日本における帝国解体後にも継続する植民主義については、岩崎稔ほか編『継続する植民地主義』［2005］を参照。

る「漢民族」「本省人」にとっての脱植民化（原文は「脱植民地化」）と「祖国化」を、二・二八事件前後の文学運動から検討する。この中で、1947年前後の台湾における脱植民化と「祖国化」の課題の中での大きな問題が、かつての日本統治の「影」をどのように評価するか、処理するかという難問であったとしている[22]。「漢民族」を含めた台湾の脱植民化と、日本の植民地統治責任が切り離せないことは明瞭である。タイヤル民族議会は「復国」を唱えているが［マサ・トフイ 2008、巻末参考資料］、1947 年当時の漢民族の「祖国化」主張の意味（それが台湾先住民にとっては植民主義的抑圧であった可能性もあるということ）は、その観点からも問い返されなければならない[23]。

　駒込武［2008］は、日本側の責任から「台湾における未完の脱植民地化」を思考するものである。2000 年 12 月に東京で開催された女性国際戦犯法廷において、台湾からかつて日本軍の「慰安婦」とされていた女性たちが証言にあたって用いた言語は、台湾の標準語である中国語ではなく、「閩南語」「客家語」ならびに先住民の言語であった。彼女らが国語である中国語を話せない（あるいは「話さない」）事実は、彼女らが幼少期を過ごした日本植民地下において、日本語を使用することを強制される中の更なるマイノリティの立ち位置を、つまり日本語を学習する機会さえ乏しかった

---

[22] 結論として、二・二八事件から 1949 年の四・六事件までの台湾は国共内戦の小春日和ともいうべき時期に当たり、省籍を超えた協力関係により国民党主流政策とは別個の「近代中国」の建設へと向かおうとしていたことを明らかにしている。この点に関しては、視角に若干の異なりを見せつつ台湾人にとっての脱植民化を模索する何義麟［2006］と黄英哲［2007］も参照されたい。丸川は「中国」に、黄や何は「台湾」という言葉に、近代化の普遍性を豊かにする形で脱植民化の可能性を探っているように見受けられる。いずれにせよ「漢民族主導」のように見られるこの動きに、台湾先住民がどのような関係を持ったのか（あるいはほとんど除外されていたのか）は、今後の課題としたい。

[23] このほか黄智慧［2010］も「中華植民主義」を指摘し［184 頁］、「二重の植民地主義論」を展開している［黄智慧 2012 も参照］。ただしこれらの論考で先住民族に対して「族群」の語を使用している点は、国家と対等の「民族」としての権利を求めている一部先住民族運動の視点からは妥当とは言えないだろう。

立ち位置を示している。国語の支配してきた「公的」な政治空間では、彼女らが声を上げてもそれが雑音としか聞かれてこなかったその状況を、駒込は「植民地的状況」と呼ぶ。同時に、こうした彼女らとは社会地位的に異なる「台湾人」男性エリートは、小林よしのりなど日本の植民地支配をノスタルジー化する修正主義的な動きと結託している（あるいは、「中国の脅威」の前に結託せざるを得ない）。駒込によれば、こうした一部台湾人による「親日的」言動も、台湾独自の脱植民化（原文は「脱植民地化」）の課題を示すものなのだ。

若林正丈［2008b］は近代日本を「日本植民帝国」と捉え、日本自らの「脱植民地化」を射程に入れつつ、戦後日本と東アジア各国の関係を分析し、冷戦構造によって韓国と台湾の脱植民化が挫折してきたことを説く。80年代以降の民主化を契機に、韓国と台湾の遅延されてきた脱植民化の「主体性」は（再）構築への動きに向かっているが、植民主義が残した「傷痕」と「植民地体制下に特有な形で傷つけられた人間の魂を癒す過程」は緒に就いたばかりである。若林が論文末尾に「内部植民地主義の脱植民地化」たる台湾先住民をめぐる問題に注目し、特にここから「脱植民化主体の再形成」を想像していることは、本書の出発点と言ってよい[24]。

2. 脱植民化論から

ここでいったん台湾の文脈を離れ、他地域において脱植民化を思考する近年の研究を見たい。人類学者太田好信の『人類学と脱植民地化』［2003］は、グアテマラの先住民マヤの人々の「運動」がナショナルなものにとどまらない、差異をもつ「われわれ」というコンセプトによる、資本主義的国民国家への「参入」運動であることを指摘している。太田が描き出す先

---

[24] 川島真［2009］もこの若林の枠組みを参照しつつ、70年代までの日本の左翼知識人の間に台湾に対する植民地支配の問題がメジャーなイッシューとならなかったことを指摘し、韓国や台湾の脱植民化と共に日本の「脱帝国化」の議論の重要性を説く。

住民マヤは、「マヤ」を近代的な民族アイデンティティとして再定義し、グアテマラ社会への認知を図る「マヤ運動」を継続している。こうしたマヤの一見、二項対立的なナショナルな（民族主義的）運動は、多様性に基づいた脱構築的抵抗の理論的パラダイムからは時代錯誤的に見えるかもしれない。しかし太田は、幾多の暴力の中で生きてきたカクチケルの詩人カネク（1956年生まれ）が詩において使う「われわれ」という語に注意を促す。太田によればその「われわれ」は、民族の本質的立ち上げを目指すものではなく、グアテマラ内戦により崩壊の危機にある共同体を記憶の回復を通して修復し、近代に生きるための基礎にするものである。それは、本質主義的発想に基づく純粋な文化への回帰や、排他的ナショナリズムに帰結するものではない。それは、「差異をもった『われわれ』として生きる可能性」を模索するものだ［第7章］。こうしたマヤ運動は、脱植民化（原文は「脱植民地化」）の目標を国家樹立に置く理解とは異なるものであり、マヤ運動家たちの言説運動は本質主義か否かという図式では捉えきれない。グアテマラ内戦中の殺戮は、五百年も続く抑圧の歴史の一部としてマヤ運動家たちにより解釈され、その歴史を批判的に語る言葉が脱植民化となっている。太田は、過去へ遡行することから多様な未来を築きあげるマヤ運動家たちの運動とアピールに、それを記述する者こそが応答すべきであるとする［第8章］。

　継続して脱植民化を思考する太田好信『亡霊としての歴史』［2008］は、現在に亡霊として植民主義（原文は「植民地主義」）の歴史が「甦ってくる」ことを問題化した。北米先住民である「イシ」の脳は、人類学者によって保管され研究の対象となってきた。この「脳」に代表される先住民のモノや文化の「返還」が米国で問題となってきた理由は、過去の不正義を正す社会的認識が広がり定着してきたからであり、それは「先住民墓地保全と返還法」という法律（1990年）に結実した。太田が注意を促すのは、主流社会がモノや文化の先住民族への「返還」を果たし、形式上の謝罪や贖罪を行えば問題が終わるということではなく、過去への贖罪が不可能である

第 2 節　脱植民化

からこそ、むしろ「返還」を新たな関係の構築へとつなげなければならないという点である。「つなげなければならない」という表現は同時に、「既に新たな関係は始まっておりそれを表現しなければならない」という表現に重なるだろう。脱植民化とはこのように被植民者の運動だけではありえず、植民者と被植民者の関係の作り直しであることが確認される。

西川長夫［2006］は、労働力の国際的分業現象に代表されるグローバル化という現在作動中の力を、すでに空間的植民地を必要としない「〈新〉植民地主義」と名付け、それを克服する道を探るものである。矯正されるべき「方言」や「地方」概念を考えれば分かるように、国民国家は植民主義（原文は「植民地主義」）の再生産装置であってきた。その意味で、国民は必然的に多少とも植民主義者である。国民化が文明化であり、またそれが文明化であるかぎり植民主義を内包している（あとがき）。国外にあるいわゆる植民地を対象とした植民主義と、国内植民主義は、「住民の立場」に立てば本質的に異なるものとは認識されない［同上：20］。

第 1 節では既に、脱植民化を主張する台湾先住民の知識人が、中華民国による統治体制批判として「内部植民主義（internal colonialism）」概念を使用していることを見た。ここに登場する「国内植民地論」については、常に拡大展開する資本主義の不断の「植民地化」という事態が、暴力的に国境を引くという事態に重なっているという冨山一郎［2002b］の指摘がある。B・レーニンが言うように「資本主義は、その支配の範囲をたえず拡大することなしには、また新しい国々を植民地化し非資本主義的な古い国々を世界経済のうずの中に引き入れることなしには、存在し発展することができない」［レーニン 1954：629、冨山同上：222-3 参照］[25]。「台湾」先住

---

25)「植民地化」とは、資本主義的生産様式が他の生産様式と交換を介して（つまり流通過程において）結びつくものであり、そこで登場する社会とは「国家の領土」としてのみ存在する［冨山 2002b：222］。国家（帝国にせよ国民国家にせよ）の政治と資本主義経済の関わりが問題である。日本資本主義と台湾先住民の非（あるいは前）資本主義的生産様式の結びつきについての歴史的検証は中村勝［2003, 2009］の先行研究があり、第 5 章で触れる。

民にとっても、近代国民国家的な意味での国境は常に他者により引かれてきたのであり、この国家と資本の結託の歴史とメカニズムについては、「理蕃」とは何かとして第5章で検討したい[26]。

水嶋一憲［2007］は「権力の植民性（la colonialidad del poder）」概念をAnibal Quijano［2000］から導入する。現代社会を分析する上で「ポスト領土的植民主義」（原文は「植民地主義」）が問題となっているが、この概念は権力が常に植民的（コロニアルな）性格を帯びていることを示す。「グローバリゼーションと脱植民化の選択」を特集テーマとする *Cultural Studies* 誌の特別号 21(2&3)号［2007］は、資本主義、ナショナリズム、人種主義、西洋中心主義、家父長主義の絡み合いとしての植民化、そしてそれがすなわち近代化であってきたことを批判と分析の俎上にあげている。

上述の雑誌寄稿者の一人であるグロスフォーゲル［Grosfoguel 2007］は論文「認識論的脱植民化という転回：政治経済的パラダイムを超えて」において、植民地行政の消滅が世界の脱植民化をもたらしたという考えは現在批判されているとしている。そして「植民性」（コロニアリティ）概念を使用することにより、植民的資本主義と家父長的世界システムにおける植民的支配形態が現在も継続していることを喚起する。「植民性」は、支配的かつ優勢な人種化された/エスニックなグループによる、従属的な人種化された/エスニックなグループに対する、文化的、政治的、性的、精神的、認識論的、経済的な抑圧と搾取を指す。「植民性」概念はグローバリゼーション、あるいは世界規模で進む労働力の国際分業を分析する際にも有効となるとしている。またグロスフォーゲルらによって編まれた『世界システムの中のラティーノ/ラティーナたち：21世紀米国における脱植民のたたかい』［Grosfoguel, Maldonado-Torres and Saldivar eds. 2005］は、植民する側である米帝国自身の脱植民化を問題化する点において、先の丸川哲史、そし

---

26) ロシアのチェチェン問題、中国とチベット・ウイグルを含めた国内植民地論の概説は今西一［2009］を参照。タイヤル民族議会が「復国」を主張していることに留意されたい。

て本書の視角に連なるものである。

　陳光興『脱帝国』［2004］は、「新インターナショナル・ローカリズム」あるいは「台湾の左翼分子」の立場から、脱ネイション（民族＝国民）（原文は「破国族」）へ向けての文化想像を行う。その批判の矛先は、1990 年代に進んだ「準」帝国化する台湾と台湾ナショナリズムから、米国帝国主義、さらに中華帝国のレイシズムと文化的覇権意識に及ぶが、脱植民化の基本的スタンスを資本主義の拡張性批判に置いている。植民概念を拡大解釈すれば、構造的支配の権力関係（女性・階級・先住民・同性愛などをめぐる）すべてを脱植民化の対象と見なせ、それは終わりなきプロセスになると論じている[27]。本書は以上の脱植民化論の成果に立ち、帝国日本と戦後米帝下で「準」帝国化した日本、中華民国の権威主義体制と「準」帝国化に抗する動きに留意しつつ、台湾先住民とその周囲のマジョリティ双方にとっての脱植民化を設定する。

⋮ 3．浦忠成の主張 ⋮

　「原住民族文学」は自らが台湾先住民族であるという「自覚」意識の運動史と切り離せないとする浦忠成（パスヤ・ポイツォヌ）［2006b］は、植民者日本人と中国人との「たたかい」や葛藤のうちにその文学史を語る。その「たたかい」には 1930 年の霧社事件といった武力抵抗から、戦後すぐ

27）本書には「脱植民化と脱帝国化は真に展開されておらず、それは所謂グローバリゼーション時代の到来によって、その契機がようやく出現している」［陳 2004：5］という指摘がある。これは陳が挙げる「女性・階級・先住民族・同性愛者」の「たたかい」の歴史の忘却（あるいは歴史探求の軽視）であってはならず、もしグローバリゼーションが脱植民化の有効な契機であるならそれを有効に活用するためにも、板垣竜太［2008：275-9］が言うような植民地支配責任論のフーコー的な意味での「系譜」作成、あるいはアーカイブの集積としての脱植民化の歴史記述を行わなければなるまい。本書（陳）第 1 章「帝国の眼差し」の 1996 年の日本語への翻訳段階での意義、及びコメントは坂元ひろ子［1996］を参照。第 3 章「脱冷戦」の初出部分に関わる森宣雄の批判［2002］は、本書（中村）第 2 章を参照。

第1章 脱植民化の課題と植民暴力の記憶、植民地責任

にロシン・ワタンとウォグ・ヤタウユガナ[28]が行った「高山自治」構想と政府の弾圧、1980年代からの『高山青』雑誌での主張と「台湾原住民権利促進会」の運動などが含まれる。日本植民地期以降、中華民国政府の統治に継続されることになった脱植民化の問題について、ここで二点取り上げたい。ひとつは「正名（名を正す）」運動におけるワタン［1997：15］の発言である。

> 「省民政庁が中央研究院民族研究所に出した参考名称は『台湾土着族群』『台湾高山群』『台湾先住民族』『九華同胞』『山地人』などだが、どれも原住民以外の人が私たちにあてはめたもので、彼らはいまだかつて私たちに、それが好きかどうか、あるいは、受け入れられるかどうかと尋ねたことはない」［浦忠成 2006b：155 より引用］。

植民状態とは他者から名づけられることであり、脱植民とは自らが何者であるのかを自らで表明することが、ここに端的に表明される。次に、浦忠成がおそらく若干の迷いをもって描いた部分であるが、「統治者の理念に合致した思考を伝え、あるいは主流社会が好む創作方式と内容」を選ぶような先住民作家、浦が直截に言うところの「原住民文化の主体性を放棄した文学創作者の作品」と脱植民化の問題である。「統治者の思考に沿った作品は、作者が深いところまで植民され、かつ自分ではそれを自覚していないことを明確に表しており、逆に、当時の原住民族集団の心境をほんとうに述べている」としている［浦忠成 2006b：168-9］。

別の論文で浦忠成［2006a］は、国民党の党政担当をする先住民が、先住民社会が受けている差別や搾取に眼をつぶり、偽りとでっち上げの文言に

---

[28] ロシン・ワタン（漢名：林瑞昌、日本名：日野三郎）、台湾先住民タイヤル、生年1899-1954年。ウォグ・ヤタウユガナ（漢名：高一生、日本名：矢多一生）、台湾先住民ツォウ、生年1908-1954年。麗依京編［1999：92-3］、中村平［2006a］、中村勝［2006：122-32］、北村嘉恵［2008：あとがき］、宋秀環［2008］、呉叡人［2009］、范燕秋［2008a, b, 2009］、森田健嗣［2015］、菊池一隆［2015］などを参照。

第 2 節　脱植民化

より党政を翼賛する事態に言及している。以下は、国民党の党務を担当していた台東ブヌンの胡徳祥が、脱植民化を進めんとする「台湾原住民権利促進会」の初代会長胡徳夫に宛てた書信の一部である。

　「国民党は、それぞれの郷と鎮にひろく民衆服務分社を設け、三十年来、民衆のために尽くしてきましたが、その功績は素晴らしいものです。貴会のすべての会員がこれを見習うことを歓迎します。国民党はこれまでの経験を提供し、協力したいと思っています」［浦忠成 2006a：132 より引用］。

　この引用は、これ以上の解釈を必要としないであろう。浦忠成は「長期にわたる同化政策の下で、原住民知識人の思考は束縛され、過酷な刑法にがんじがらめにされ、その思索は、単調で硬直した路線を巡ることしかできず、規則を守っていて、何も変わらなかった」としている［浦忠成 2006a：133］。脱植民化とはこのように、統治＝主流社会が先住民個人の心や思考を同化していくことに対する抵抗運動でもある。
　さて先述した、統治者の思考に深いところまで植民され自分ではそれを自覚していないことにより、逆に当時の先住民集団の心境を述べているものとして浦忠成が挙げる小説が、先住民パイワンの警察官であった陳英雄（1941 年生まれ）による「覚醒」［1962］だ。

　「のちに自由祖国が台湾でさまざまな建設を行い、さまざまな施政の成果があがって、かつては痩せこけた地であった島が、建設によって豊かで平和な三民主義の模範省になったのを眼にして、自分が共産党に利用されていたことを、彼はやっと徐々に悟った。……彼は、私と接するようになって、今の警察官は、もう日本統治時代のように野蛮でないことがだんだんわかった、と言った。私が英達の面倒を見たことが、彼を深く感動させた。今朝、私が反共自覚運動について話すのを聞いて、最大の決心をし、政府に自首して、苦しい重荷をおろそうとした。……私はとても嬉しかった。多難な祖国のた

めに有意義なことをしたし、友人が明るい大道を歩むよう手助けしたのだ」［浦忠成 2006b：169 より引用］。

重要なことは、浦忠成が以上のような「深いところまで植民され」た状態を現在の高みから指弾するのではなく、その被植民化の苦しみをわが身のこととして引き受け、そこから抜け出そうとするところに脱植民化概念を設定していることである。浦忠成は、このような創作は「民族自覚」や「主体の表述」には合致しないが、やはり当時の先住民集団の「苦しい運命」を雄弁に語っているとしている。脱植民化はこの苦しい認識から始めなければならないということが、浦忠成のこうした重厚な記述から伝わってくる。

第3節　脱植民化に向かう体験と声の記述

1．フェミニズムの批判から

江原由美子「自己定義権と自己決定権：脱植民地化としてのフェミニズム」論文［2000］は、男性中心主義による女性の抑圧を「植民地化」と捉え、男性中心主義からの「脱植民地化」は、極端な近代主義や反近代主義に陥るのではなく、科学やそのほかの場における女性排除という効果そのものに対する抵抗であるとする。台湾先住民に即して考えるならば、「先住民の政治的排除という効果そのものに対する抵抗が、日本／中国中心主義からの脱植民化である」となろう。上述の陳光興［2004］の指摘からは、ここに「台湾中心主義」を入れて考える必要性もあろう。男性中心主義からの脱植民化（原文は「脱植民地化」）は、反近代主義という意図あるいは価値観だけに必ずしも求められるべきものではなく、「近代」を標榜する意

図と価値観を謳って実践され、結果的に女性排除を生み出してきたその効果そのものに対する抵抗にこそ求められる。

　江原はその上で、脱植民化のポイントとして、「自己定義権」と自身の経験を表現する言葉の重要性を説く。フェミニズムによる近代的知識批判は、女性の経験を表現する適切な言葉がないこと、経験と、経験が社会的に表現される形態との間に裂け目（「断層」）があることを明らかにした。女性の経験を理解しようとせず、排除し植民化してきた男性中心主義が問題であるからこそ、フェミニズムの政治はまず、女性の経験を表現しうる適切な語彙の形成に向かうべきなのだ。女性の植民化とは、社会的に共有された経験を表現する語彙と、他者の表現を尊重する人々の相互行為形式において確保される社会成員としての権利である、自己定義権が奪われていることを意味する。自己定義権は、女性の生活条件や経験を顕在化し言語化するという問題に、そして「自己決定権」は、このような生活条件や経験に基づいて形成されてきた女性の判断能力を男性と同等のものとして認めよ、という要求に関連する。前者においては、女性の経験の「特異性」が問題となり、後者においては、そのような特異な経験をもつ女性の、男性との「対等性」が問題となる［江原：同上］。江原の言う「女性」をとりまく植民主義は、多く「台湾先住民」と周囲のマジョリティ（「日本人」「中国人」「台湾人」を含め）との関係に当てはまり、同時に台湾先住民女性をとりまく問題に通底しよう。

　李文茹「台湾原住民族女性の『声』として語ること」［2008］は、霧社事件（1930年）をめぐる台湾先住民女性の声の表象を歴史的に探求し[29]、日本植民地時代に銃後女性として表象されてきたこと、台湾先住民族運動

29）霧社事件に関しては戴國煇編［1981］などを参照のこと。霧社事件に関する先住民族女性の経験、そしてその声を聞く時に要として挙げられているものが、Yabu Syat 等編『霧社事件：台湾人の集団記憶』［2001］と、クム・タパス『部落の記憶：霧社事件の口述歴史Ⅰ・Ⅱ』［2004］という、霧社事件に関する中国語とセデック語による二点の著作である。

の高まりの後、2000年前後から多様な再解釈の動きがあることを指摘し、先住民族運動と女性運動の双方の推進を重ねる形で、先住民女性の声の表象のあり方について問題提起する。霧社事件の掘り起こしとして進められてきた口述歴史に、決起した側の先住民セデックの伝統的社会規範とされる「ガヤ」の観点が導入された時期は、台湾社会における先住民族の権利促進運動が高まる時期と重なり、ここで「ガヤ」は先住民独自の文化を代表するものとなる[30]。本章第1節の先住民族委員会の委託研究で、「ガガ」が自治の重要な契機として指摘されていたことを想起されたい。李はここに、男性中心主義的な危険性を指摘する。

「『ガヤ』特にその家父長制的な部分が強調されるにつれて、女性の主体性はより抑圧的な立場に追い込まれるように思われる。その意味で、『ガヤ』の観点で語られる口述歴史は、原住民族女性の主体性を確立する可能性を生み出すと同時に、再度男性的な言説に回収される危険性も伴っている」[李 2008：62]。そして「ガヤ」という家父長制的な性格が強い「文化人類学的解釈」の強調は、現に部落で問題となる、先住民女性の社会進出や家庭問題を隠蔽することにつながる恐れもあるとする[同上：64]。

「ガヤ」が真に男尊女卑的な文化であったか否かは、検証されなければならない問題である。文化的にセデックと同質性が高いと人類学的に見なされるタイヤルの例だが、女性が魚とりに参加したり[中村勝 2003：101]、助手役としてではあるようだが狩猟に参加したり[劉瑞超 2001]、現在の文化復興の文脈においてではあるが男性が機を織るといった[悠蘭・多又(ユラン・ドユ) 2004][31]、性別役割の固定観念からすると越境的な行為が報告されているからである。

しかしリカラッ・アウー[32]が、小説「傷口」[2003]でタイヤルの家庭

---

30) セデックで言われる「ガヤ」は、タイヤルでは「ガガ」や「ガガルフ」と呼ばれ、人類学的にその類似性が指摘されてきた。前掲注19も参照。
31) ユランは、タイヤルの伝統的な機織を復興させ活動する女性について書いている。
32) 漢字表記は利格拉楽・阿熓、外省人の父と先住民パイワンの母を持つ。

第3節 脱植民化に向かう体験と声の記述

内暴力を描き、タイヤルは先住民族のなかで「夫から妻への暴力が最も多い民族だ」と語る時［魚住 2004：131］、それが伝統文化あるいは近代化のどちらがもたらしたものかは不確定ではあるにせよ、タイヤル女性の置かれた状況をはね返すための脱植民化の努力を、男性は受け取らなければなるまい。先住民女性に対する家庭内暴力については、私もフィールドワークにおいてしばしば耳にした。リカラッ・アウー［1998］は、漢民族女性中心の女性運動と先住民族のそれのギャップを、「上の階（漢民族女性）と下の階（先住民族女性）」のすれちがいとして描いている。三階には男性が住んでいるという比喩だ。彼女は先住民族運動と女性解放運動・フェミニズムとの節合を説き、脱植民化の重層的な問題を指摘している。多くの女性にとり自治とはまずもって、家庭内そして集落内での女性の自己決定、その意味での自治を指すと言える。

2．ポジショナリティと脱植民的(ディコロニアルな)記述の問題

　台湾先住民（族）の脱植民化と日本のそれに関わり、日本統治下の1931年に台湾で生まれた戴國煇の日本人に対する批判はいまだ有効である。なぜ武力制圧によって鎮圧された台湾先住民が「高砂義勇隊」として日本のために戦い、戦わざるをえず、いまなお日本精神を語り、日本人の「心のオアシス」となっている（されている）のか。それを徹底的に思考しない限り、日本は台湾先住民に対する日本の近代を直視しえたことにならない［戴 1979］。1930年の霧社蜂起事件研究とは、過去の研究ではなく「今日」の問題を研究することであり、「高山族」[33]に同情してかれらを「救う」ことよりも、日本人ならびに「中国人」が「自らを救う」ことにつながるほうが緊急課題である［戴 1973：138，1981：42］。1955年に来日し大学教員などを務めた戴は、自らの立場を「中国台湾省」生まれで「祖籍」を「広

---

33)「高山族」は、台湾先住民族の正名以前に中華民国政府により名指された名称である。

東省梅県」としており、彼が用いる「中国人」という語には、自らのポジションについての当事者性が込められている点に留意されたい。

台湾が大きく民主化した1990年代以降、台湾先住民の声がドキュメンタリーや文字資料といったメディアに頻繁に取り上げられ、日本社会にも響くようになってきた。特に、霧社事件生き残りのシャッ・ナブ氏による「和解祭」の実行といった呼びかけに、日本人はどう応えるか［中村平 2008b］。その一方で、タイヤル民族籍国会議員である高金素梅氏による靖国神社と日本帝国主義への批判がある［第4章参照］。序に記したとおり、台湾では総統により植民主義や国家暴力による歴史の不正義の謝罪が2016年に行われたが、それは日本社会にとって、必ずしも共有された認識とはなりえていない。

こうした状況にあり、日本の歴史学者により植民統治の暴力を実証的に明らかにする研究が進められていることは、上に見る戴の批判した課題や、台湾先住民の日本への呼びかけに対する応答とみなすことができる。傅琪貽（フチイ）［2006］、北村嘉恵［2008］、中村勝［2003, 2009］、松田京子［2014］などによる歴史記述がそれに当てはまる[34]。それらの記述には対象時期と視角に異なりがあるとはいえ、植民暴力（colonial violence）の圧倒さと、その中で何とか生活をよくしていこうと権力と交渉する先住民の動き、そして抵抗が鎮圧されていくさまが描き出されていると総じて言える。中村勝［2006］の、1874年「台湾出兵」において日本軍が行った台湾民間人への暴虐の記述は、行政的「植民地統治」以前の植民暴力の問題を日本帝国・資本主義史の中に位置づけている［同上：209-27］。

また、若林正丈［2008a］による現代の台湾先住民族運動史の記述も、こ

---

34) 人類学から脱植民化に触れつつ、日本の植民地統治、中華民国体制と台湾先住民の関係性を捉えようとするものに、タイヤルを中心とする山路勝彦［2011］、ブヌンを中心とする石垣直［2011］があり参照されたい。副題に「脱植民地化」が挙げられている山路書については、中村平［2013b］を参照。また松岡格［2012］は、植民主義と脱植民化概念について明確に意識化はしないが、主に1980年代の「原住民族運動」以前の国家と先住民社会の関係について、「地方化」概念を軸に詳細に描いている。

第3節　脱植民化に向かう体験と声の記述

こに流用することが可能である。台湾先住民族が直面する圧力のひとつとは、土地返還運動に脅威を感じた漢人の地方有力者や既得権益者らが1990年代に全国的に結成した「山地郷平地住民権益促進会」によるものであり、当会は「先住民族はオランダ人らが引き連れてきた奴隷の後裔である」などといった人種主義的主張をし、国民大会に対するロビー活動すら行っていた［同上：319-53］。

　こうした植民者と被植民者という権力関係の史的状況にあって、マジョリティの立場にある者が行う、被植民者の歴史経験と文化の記述の仕方そのものが問題化されなければならないことが、E・サイード［2006］や野村浩也編［2007］などから明らかである[35]。人間集団の主体性を描くということの問題が、植民地統治に関わった植民者／被植民者の権力関係と重なって存在する［中村平 2001、北村 1998、2008 あとがき参照］。こうした研究が示唆するように、日本人や研究者が表象によって被植民者の歴史経験を再度簒奪することを避けなければならない[36]。再度簒奪するとは、被植民者の経験を、日本人が植民地責任との関わりの中で自らを変革することなく吸収し、日本人自らの発展の糧とすることである。米国人類学がP・ブルデューなどから「慣習実践」概念を権力関係のネゴシエーション過程の記述なしに導入してしまうこと、そして誰が何のために、誰に向かって語っているのかという「観察者の問題」あるいは「内部からの把握」の問題に、サイード［2006］が警鐘を鳴らしているのはそのことである[37]。サイードは、植民者の末裔が被植民者の抵抗のスタイルを明らかにすること

---

35) 歴史経験の記述と新たな関係の生成については冨山一郎［2010］を参照のこと［中村 2011 にも触れた］。
36) この簒奪は領有と言い換えてもよいものである［岡真理 2000a］。
37) 1988年に米国で執筆されたこの論文でサイードは言っている。「これまで読んできた人類学、認識論、テクスト他、他者性についての著作の多くは、対象とする範囲や素材において、人類学から歴史や文学理論まで広がっているにもかかわらず、そのような理論的議論に影響を及ぼす要因として、アメリカの帝国主義的介入について言及しているものがほとんど皆無であるという印象を受けている」［2006：285］。

により、被植民者の抵抗戦略を結果的に統治側に暴露してしまう可能性すら存在することを示唆する。

　つまり、日本人が台湾先住民の歴史と文化を研究する際に、その知識が日本人主体を「肥やす」ものだけではあってはならず、多様かつ内部の衝突もあるが、現在、脱植民化や自治という大きな目標では一致しているように見える台湾先住民の様々な声を聞き、呼応していくべきだと考えることが、両者の既存の関係を変えていくことにつながる。本章は人類学、歴史学、思想史、政治学、文学、フェミニズムなどの研究成果を用いて、台湾先住民特にタイヤルの重層的脱植民化というイッシューを前景化しているが、目指しているものは、先住民の様々な声を聞き、彼ら彼女らが抑圧されることなく声を発することができる環境を整える点にある。他者（そして「私たち」）の主体性を描く際に重要になってくることが、描く者自らの立場と描かれる対象の権力関係と、その両者の再帰的（reflexive）関係性への注意であると考えられる。

　これについて、中村勝［2006］は日本側からの脱植民化を、加藤弘之（1836-1916年）と井上伊之助（1882-1966年）という、天皇制国家の両極に位置する日本人を分析することで描こうとする。東京大学総理を勤めた加藤の家族国家論こそは植民主義の強力なイデオロギーであったが、一方、「モグリ」の非体制的キリスト教「生活伝道者」井上は、タイヤルという他者とその宗教・生活観をありのままに受け入れんとし、中村の言う「自他を共に生き」「自他の超認識的な存在の関係」へと到達する姿勢に至った。中村の記述が迫力を持つのは、父親を首狩りにより殺害された井上が台湾先住民と真摯に向き合い、日本植民政策の矛盾に苦しむ井上の生を、その内面へと向かい、かつ内面から理解せんとする筆致である。ここに読み込まれるのは、脱植民化へと向かう歴史の記述者であるキリスト教「門外漢」の「不信仰者」中村自身の主体変容（太田好信の言うトランスポジション、後述）を感じさせる記述である。植民化のロジックを脱植民化の動きから日本人「当事者」という「内側において」見すえた、歴史と思想の記

第 3 節　脱植民化に向かう体験と声の記述

述となっている。

　本書は後述するように、基盤主義的でないところに倫理を設定し、受動性において植民暴力の記憶と出来事を分有することにおいて、日本の植民地統治の責任が取られることを主張している。暴力の記憶の聞き書きとそれが読まれることによって生ずる記憶の分有を、責任を取っていく際のひとつの重要な契機とする。本書は、記憶が分有される中で植民地責任をとっていく民族誌を提起し、天皇や日本政府を含めた日本人の応答責任に触れる。暴力の記憶を分有するという述語は、責任を取る主語と主体に先立つのであり、応答によって自らが変わる可能性をもつ。パフォーマティヴィティ（行為遂行性）や遡行ということは、ここに重なるのだ。そして暴力の記憶の分有が、癒しと共になされなければ、それは再度の暴力となってしまう。癒しとは、亡くなった者の生を、残された者が語りあい追悼することと考えられる[38]。暴力を蒙った生者の癒しの行為とは、周囲の人間がその人の悲しみや苦しみに感じ入り悩むことであり、それは自発的理性的能動的に行われるものというより、自然発生的かつ受動的な側面が強いのではないか。植民者にとっても被植民者にとっても、植民と被植民の経験が何であったのかを追究することと、責任を取るということが重なる二重の行為遂行性という事態が、植民暴力の記憶の記述とそれが読まれる場において起こり得よう。

　多くの日本の人々が台湾先住民に戦後出会い、「日本人」を名指される経験をしてきた。その中で植民主義や暴力を含んだ記憶に遭遇せざるを得ず、「日本人とは誰か・何者か」という問いがそれらの者に到来し、次節で述べるように台湾先住民との関係史を遡行し始めている［中村平 2008b

---

38）この点で、中華民国の白色テロにおいて亡き者とさせられた高一生（ウォグ・ヤタウユガナ、1908-1954 年）の生誕百周年記念国際シンポジウム（2008 年 4 月 18-19 日、於天理大学）において、学術的検討と同時に高の作曲した音楽演奏、並びに遺族が参加しての追悼が行われたこと、そして下村作次郎氏を中心に 2005 年に結成された高一生（矢多一生）研究会による雑誌『高一生研究』（計 10 号）の発行は、日本人と台湾先住民、漢人が共に脱植民化に参画した一連の出来事だったと言える。

も参照]。遡行する日本人は、台湾先住民という他者との根源的な関わりの重大さを感知し、その歴史の重みに引きずられる形で自らと日本を説明しようとする。本書における脱植民化は、こうした言説実践を含んでいる。ここにおいて道義的責任と法的責任は、切り分けられない。また責任論は、天皇・日本政府・「政商」・軍人軍部・政治家・知識人・民衆、戦後世代、男女の性と選挙権の有無など様々なレベルでのとり方が議論されるはずである。

本書では、戦後世代に属し台湾高地のフィールドワークの経験をしてきた「日本人」である私という立場から、日本と中華民国による植民統治責任を考えている。私は日本国籍を持ち、植民地を忘却してきた戦後日本を問題であると考え、男性日本人であることに束縛を感じながらもその受益者として生活している（また、ここでは詳述できないが、私の二人の祖父は共に日本の中国侵略とかかわりを持った）。と同時にそれを相対化しようとする、そのような立場に立っている。ポジションを自覚しつつかつそこからの変容を志向するこうした思想を、太田好信は「トランスポジションの思想」と名づけている［太田 1998］。

3. 冷戦構造の束縛

前節においても若干触れたが、日本人の植民経験忘却の大きな要因は、米国と冷戦体制の問題であると言われてきた。板垣竜太［2005］が指摘するように、米ソ両大国を対立軸とした冷戦体制は、「反共」において日本・韓国・中華民国の政治支配層の結託を生み出し、日本の植民地統治と戦争責任を問うことを妨げる一大要因であってきた。問題は日台間にとどまらず、朝鮮人とも共に脱植民化を進められなかった日本が想起される必要がある[39]。脱植民化がトランスナショナルかつ重層的である所以である。

---

39) 在日朝鮮人・在日台湾人は、1920 年代から参政権を持っていたが、戦後になり 1945

第3節　脱植民化に向かう体験と声の記述

　1990年代から韓国では、日本の植民地支配と権威主義体制下の過去清算を目的として、15を超える各種委員会が設けられてきた。これらの「植民地支配責任」に関わる様々な試みが、相互に必ずしも結びつかない形で、また「日本側の応答不在」という状況の中で行われてきたのであり、これらをどうトランスナショナルに紡いでいくのかという課題を板垣［2008］は提起する[40]。板垣は「東アジア真実和解委員会」を構想することにより、「日本と朝鮮半島にまたがった二十世紀の暴力について、被害の実態解明、その責任体系の解明、そして謝罪、補償、処罰、再発防止、改革などの勧告を包括的におこなう」ことを提案する［同上：275-9］。同時に、植民主義や民主化闘争における「過去」はきれいに「清算」できるようなものではなく、制度や報告書になった結果よりも、過去の出来事を放置しないで「何とかしよう」とする際の「プロセス」とそこでの葛藤をも含む議論こそが重要であり、そこに含まれた運動のベクトルを抽出することに主眼が置かれるとしている［同上：280］。既に見てきたように、タイヤルを中心とした台湾先住民の脱植民化運動において、過去に向かい合い、それを克服しようとする「プロセス」が、本書を読む私たちに幾ばくかでも分有されているのではなかろうか。

　西川長夫［2006］がジョン・ダワーの『敗北を抱きしめて：第二次大戦後の日本人』を引きながら言うように、占領期に始まる「日米合作」は植民統治／支配の記憶の忘却をもたらした。占領下に始まる「日米合作」とは、「民主主義」や資本制的物質的「豊かさ」やライフスタイル、「安全保障」体制をふくめ、日本が米国に追従し隷属する動きと言えよう。

　こうした日本の戦争責任と、戦争責任を取ることを回避してきた戦後の

　　年12月の選挙法改正で参政権が停止された。彼らの参政権は1952年のサンフランシスコ講和条約発行の時点で正式に剥奪された。連合軍占領下の日本政府のその対応は、在日朝鮮人が天皇制廃止の意思表示をすることへの懸念や、在日朝鮮・台湾人を治安対策の対象と見る状況と関連していた［米谷 2002、水野 1996, 1997］。
40）「日本側の不在」と記述する場合、徐勝編［2004］の試みやジャーナリストらの努力［中村平 2008b］が忘却されてはならないだろう。

責任、更に植民地統治責任はまず政府レベルの問題であり、そうした政府を、曲がりなりにも施行されてきた民主主義の下で選んできた日本人の問題である。日本「国内」状況においては、2007年9月に国連で採択された「先住民族の権利に関する宣言」を受け、2008年7月に洞爺湖で開かれたサミット(「主要8ヶ国首脳会議」)直前の6月に、アイヌ民族を先住民族と認める決議を行った。これまで述べてきた台湾先住民族の脱植民化の動きと力に、日本人と日本政府が学んでいくことは十分に可能だ。

第4節　日本の植民地責任と暴力の記憶の分有

　本書は第2、3章において、植民(地)統治以前と以降の植民主義に密接に関わるタイヤル語の語義の変化に注目し、語義のゆれを意識化する点に脱植民化の動きが重なっていることを、タイヤル人の間でのフィールドワークから示している。植民統治の影響は、民族自治を模索する中で、そして同時に日常生活において「スブラック」(仲良くする)・「スバライ」(和解する)や「ムルフー」(政治的指導者、頭目)というタイヤル語が使用される際に、それらの語に統治の暴力の経験が刻み込まれていることに見て取れる。日本植民統治以前の「戦争」の和解や「仲良くなること」を指す「スブラック」は、その背後の日本の植民暴力を予感してしまう磁場を登場させる言葉である［第2章］。人々の名声と支持をその都度集めるという意味で流動的な指導者を指す「ムルフー」は、日本植民統治以降に国家権力を後ろ盾とする「頭目」と同義になったが、現在、ムルフー(民族議会の議長もそう呼ばれる)を一つの重要な核に、タイヤルの民族自治が推進されつつある［第3章］。
　タイヤルの人々にとって、日本人と「日本」や「タイヤル」について話をする際、あるいは脱植民化へ向けて民族の歴史を語る際、植民暴力の記

第 4 節　日本の植民地責任と暴力の記憶の分有

憶がかすかに、あるいは明瞭に感知される事態が生じる。植民する側に立ってきた日本人とその子孫は、植民地の経験を戦後忘却する中でその感知力を鈍らせてきた。なぜなら上に見たように、冷戦体制という「大勢」が戦後日本人の主体形成に大きく影響してきたからである。この歴史を認識しつつ、「旧植民地」の人々の脱植民化に伴う困難を分有し、共にその運動に参画していくことが可能となる。冷戦体制という「外部」要因としての構造が、人々の（「内部」的）体験に折り込まれているのであり、その仮に措かれた「内／外」双方を切り分けずに思考し記述すること、より明確に言えば、植民化されてきた人々の体験を聞く中でそれを規定してきた構造の問題を想像し、分有し、分析することが肝要であろう。

1．暴力の記憶と政治（的なもの）

　植民地経験を忘却したかに見える日本人でも、台湾に赴いたり、台湾からの人々と少しでも話をしたり、台湾に関する史書や民族誌的記述を読む中で、植民暴力の記憶を感知してしまう[41]。ここで言う「感知」は、沖縄人に対する暴力を予感・感知し身構えてしまう事態を暴力への抵抗に向けて思考し記述する、冨山一郎『暴力の予感』[2002a]と「国境：占領と解放」[2002b]に触発されたものである。台湾先住民の経験に限らず、日本人が自ら行使してきた植民統治の暴力の記憶を分有してしまうところから、植民統治の責任が脱植民化の進行と同時に取られてゆくのであり、また取られてゆくべきだろう。
　冨山一郎『増補 戦場の記憶』[2006]は、沖縄戦に関わる記憶を言葉にする中で暴力に抗する可能性を探る試みである。それは、記憶を何かへの政治的資源として利用することを拒否し、むしろ、「未来」や「新しい社

41）暴力の感知は、加害者と被害者を根源的に切り分けないのではないかと考えられる。また長期化する戦争・戦闘状態においては、加害／被害は次第に絡まりあう関係になるだろう。責任の問題とも関わるこの点については稿を改めたい［柄谷 1998 も参照］。

会形態」［Butler 2000］と共に（それらを想像する中で）持ち出されるあるいは回帰してしまう記憶に注目する。歴史学などのアカデミズムにおいて「記憶の政治学」ということが言われてもきたが、記憶はそれ自身が政治なのではなく、また既存の政治力学の応援団として動員される資源として記憶が政治になるのでもない。ある種の断言と仮定が先行しながら、それでも新しい社会形態が具体的に創出されていくその中にこそ、記憶の政治という設定があるとしている［冨山 2006：16］。記憶を言葉にすることがいかなる関係性を生成させるか、ということが問題なのだ。記憶を語るということが、語りだすその場において「私たち」の生成と重なっていなければならない。記憶は個人のものでも、あらかじめ想定された集団のものでもなく、未来の「私たち」にかかわるのである［同上：266］。冨山の言う「私たち」は何らかの主義により裏付けられたものではなく、記憶が「分有」されるその場その場で立ち上げられるかすかな「私たち」である。それは、「共有」された歴史を持つナショナルな「私たち」とは異なる。後述するそうした「困難な私たち」が新たな政治空間を言葉とともに切り開くことが、脱植民化を実践する記述なのである。

2. 暴力の記憶の民族誌記述

　コンタクト・ゾーン（後述する）における暴力の記憶の民族誌記述とその遂行するものについて、ここで改めて設定したい。台湾先住民とくにタイヤルと名乗っている人々の間でフィールドワークをしてきた私は、かれらの植民（地）統治されてきた記憶と歴史を、自らの立場性を留意しつつ考えてきた。これまで見てきたように、新聞に取り上げられるようないわゆる大きな政治においては、現在、台湾先住民の民族としての自治と脱植民化が議論されている。同時に日常生活においては、植民（地）統治に関する断片的な様々な記憶が語られる。脱植民化に関して、大きな政治がともすれば民族主体を立ち上げるナショナルな力のベクトルを有することに

対し、日常で語られる記憶はそれを後押ししつつもずらすような力のベクトルを持っている。

　断片的記憶はナショナルな力をずらし続けることにより、記憶を話し、聞き書き、そして読む者の間に、ナショナルでも基盤主義的でもないある関係性を、記憶の分有という行為の結果生み出す。植民統治というコンタクト・ゾーンにおける記憶に関する民族誌記述は、そのような関係性——「困難な私たち」への遡行（後述）を行う。そうした記憶が今記述され今読まれるという遂行的なプロセスにおいて、植民地統治に関する応答責任を取り続けていく「私たち」が、固定されない形で登場する。脱植民化はこの遂行的プロセスこそに設定され得る。本書は台湾先住民、特に私が聞き書きを行っているタイヤルをとりまく脱植民化の運動を、民族誌的な記述によって描かれるフィールドあるいはコンタクト・ゾーンにおいての応答という形をとって考察する。

⁝⁝ 3.「困難な私たち」⁝⁝

　困難な私たちとは、「一切の根拠を拒否しながらも、遂行的に記述し続ける中でつむぎ出そうとする関係性」［冨山 2002a：311］を指す。ジュディス・バトラーは、ジェンダーのアイデンティティは行為が営まれる中で（つまりパフォーマティブに）構築され、行為の前に存在すると考えられる主体によってジェンダー行為が営まれるわけではないと言う。フェミニズム政治の担い手を思考するなかで、バトラーは、行為に先立つ主体を前提とするような考え方を基盤主義（foundationalism）とし、それに対して行為遂行性を措定している[42]。ジェンダーの「表出（expressions）」の背後にジェンダー・アイデンティティは存在せず、アイデンティティは、その

---

[42] Butler［1992］も参照。なお本論文を訳出した中馬［2000］は、foundationalism を「基礎付け主義」と訳している。

結果だと考えられる表出によって、まさにパフォーマティブに構築されるものである［バトラー 1999：58-9］。

　ここでいうジェンダーの「表出」は、表現あるいは行為と考えてよいものだ。このバトラーを受けて冨山一郎は、行為者一般を確定することの不可能性を言う。「行為者に見えるものは、行為の後から構築された行為の起源であり、そうであるがゆえに、この起源である行為者は、行為により不断に攪乱されていくことになる」［冨山 2000：96］。この行為者は複数でもありえ、主語である複数の行為者は、（述部として語られる）行為により不断に攪乱される。私たちというアイデンティティはパフォーマティブに構築されるのであり、そのアイデンティティは行為を表す述語により不断に攪乱され続け、さらには暴力の記憶の分有という述部行為によって既存の主体の境界を揺るがすだろう。このように設定されうる「困難な私たち」は安易な結束や連帯ではなく、絶望を経由し使われる表現であるが、つながりをあきらめているのでもない。起源を措定し神話を作り、人々を同質な存在に置き換えるのではない形で人々がいかにつながることができるのか、そこから発見された考え方である。

　田中雅一［2002］はバトラーを受けて、主体ではなくエージェントからなる「パフォーマティヴィティのコミュニティ」の研究を志向し、上野千鶴子［2005］は、言説行為の反復という過程を通じて事後的に構築されるアイデンティティを、行為に先立つ主体と設定するのではなく、バトラーの言うようにエイジェンシー（行為体）と呼ぶことを提起している。言語がエイジェンシーを通じて語るプロセスそのものがエイジェンシーであり、あるいは「言語が主体を通じて語る」媒体がエイジェンシーである［同上：25］。同語反復のように見えるが、先験的に定義された主体が語り行為するということではなく、また（民族誌の）記述自体が「私たち」を事後的に構築する媒体(メディア)と化すということなのである。

　脱植民化を主題化する本書に言う「困難な私たち」とは、こうしたエージェントやエイジェンシーのことで、分断されている植民者と被植民者の

かすかなつながりの可能性はここに希求される。また民族誌記述自体がエイジェンシーであるとみなせる。以下では、自分たちとは何者かを問う「遡行」が引き起こす、植民された暴力の経験や記憶の想起と「困難な私たち」の結びつきを見る。

4.「困難な私たち」への遡行(そこう)

　エドワード・サイードが『文化と帝国主義』［1998, 2001］で思考した「非西洋人による西洋への」遡行、つまり自分とは何者かを考え続けるという遡行ということを、東アジアの植民的近代(コロニアル)における「困難な私たち」に結びつけよう。否定線をつけるのは、それが非西洋と西洋を対置させる二分法的思考に基づいた表現であるからだ。西洋の覇権的な言説を相手にそこに分け入り、それらとまじりあう中でそれらを変容させ、これまで抑圧されあるいは忘れられていた歴史を認めさせる営為をサイードは「遡行(voyage in)」と呼び、それが「周辺」地域で多くの知識人たちにより行われてきたことに注意を促す［サイード 2001：46］[43]。ネイティビズム（土着主義）は起源を想定し、ナショナルで画一的な主体を立ち上げようとする考え方であるが、遡行はそれと一線を画すだろう。

　イギリス植民地であったトリニダード・トバゴ生まれの知識人、C・L・R・ジェイムズ（1901-1989）は自分たちの「非ヨーロッパ的ルーツ」について言っている。「（非西洋か、西洋かという問いかけが：中村）あれかこれかというかたちで提出されるのを好みません。そうかんたんに割り切れないと思うからです。わたしはどちらもと考えています」［強調は原文、同上：99-100］。単なる対抗とは異なるこうした遡行は、周辺域における反帝国主義抵抗運動と、欧米の内部における抵抗文化とのあいだに「文化的連合

---

43) 同書邦訳では「遡航」を使用しているが、本書では「遡行」とした。また「対抗と遡行」については冨山一郎［2013：補章］も参照されたい。

の基礎となるもの」を提供する［同上：120-1］。帝国日本の内部の抵抗文化と東アジア（旧）植民地における脱植民的な抵抗運動の間のそのような連合や連帯は、「困難な私たち」において再浮上している。本書は到来する植民暴力の記憶に注目し、サイードの注目するような知識人だけが遡行を行っている訳ではなく、知識人と呼ばれていない人々にあっても、それに近い行為が植民的関係の克服にあって行われていることに注目する。知識人と呼ばれない人々は、記述をし続ける中で思考を深めることは少ないかもしれないが、到来する記憶を生活の様々な場面で立ち止まって考え口にすることは遡行に近似し、本書が設定し直す「フィールド」はここに関わっている。

　主体に作動する暴力と切り離すことのできない遡行は、絶えず解体し解体され続ける主体（上に見たエイジェンシー）の運動・プロセスである。植民統治の影響はトラウマ記憶のように事後的に理解される可能性を持ち、植民地統治の影響を受けて自己形成してきた者たちとは何かということを思考する（遡行する）ことは、偶然性を含んだ歴史化（意味化）しきれない出来事を継続して思考することである［冨山 2013［1996］］。歴史化しきれない出来事とは植民地支配の痕跡でもあり、本書においてそれはトラウマ経験とその記憶である。それは歴史化されない傷であり暴力の痕跡である。自分とは何か、我々とは何かという問いには、経験した過去を言説化することによってその答えは曖昧ながらも登場し、そこにトラウマ経験が存在する場合、到来する記憶となってやってくるその経験に向かい合い言語化することは、危機的かつ重要な契機だ。また主体が絶えず解体され続ける遡行の中で行われる流用とは、他者の文化を自分のものにする戦略であると同時に、模倣しなければならないという強迫観念でもある［同上：333］。それは不意に到来してしまう暴力の記憶においても同様である。遡行はハイブリディティを賞賛するようなものではなく、自分の過去が呼び起こされ既存の主体の変容をもたらさずにはいられない、時に痛みを伴った運動である。

サイードの遡行と、バトラーを受けた冨山の「困難な私たち」は、私たちとは誰か、何かという台湾先住民の自治をめぐる葛藤、そして植民されてきた過去の記憶の到来にあって、言葉と記述を介して結びついている。その記憶の分有が、新たな私たちをタイヤルと日本の間に分有という行為の遂行的な結果として生み出し続け、そのプロセスが「困難な私たち」への遡行となり、政治（学）と詩学を遂行する民族誌［クリフォードとマーカス編 1996］は、その場を提供する。本書が「脱植民化を書く」こと自体を常に問題化していることに留意されたい。

岡真理［2000a］は、人が主体的に支配し想起することのできない、暴力的トラウマ的記憶と出来事が、語られ分有（*partage*）される事態について述べている。そうした記憶と出来事は人に到来するものであり、それを見聞きする（又聞きする）者は、無能さと受動性において記憶と出来事を受け取り、分有してしまう［中村 2011 も参照］。困難な私たちへの遡行は、植民的状況における相互関係の記憶が想起される中で、自分たちとは何かという問いに答えを求め続ける、既存の主体を解体する暴力を内在する行為である。

第5節　コンタクト・ゾーンに到来する植民暴力の記憶と応答責任

困難な私たちは、M・L・プラットのいう「コンタクト・ゾーン」において出会い、生成する。読者が被植民の経験の記憶に民族誌記述を通して出会う場もまた、コンタクト・ゾーンであることに留意されたい。プラットはコンタクト・ゾーンを、地理・歴史的に断絶した複数の主体が空間的時間的に共にあることを喚起する試みとし、これらの主体がお互いの関係性の中で相互に構築されていることを強調する。植民者と被植民者の関係は、「力の配分が極度に非対称的であるような関係」における同時存在や、

第1章　脱植民化の課題と植民暴力の記憶、植民地責任

相互にからみ合った自他の認識や実践的関係から考察される［Pratt 1992：6-7］[44]。地理的・歴史的に切り離された複数の主体が前提とされている点は考察を要するであろうが、非対称的な権力関係にある植民的状況の中で主体が形成されていくというプラットの視角は、本書が受け継ぐものである。

　ここではさらに、コンタクト・ゾーンにおいて到来する暴力の記憶を、記憶の強迫的な流用（appropriation）と考え、それを聞き＝書く行為を意識化したい。暴力を含んだ過去の流用について、マイケル・タウシグ［Taussig 1986］は、過去が現在を専有する（appropriation）事態と重ね合せて考察していた［石原 2001, 2007も参照］。過去や記憶の強迫的な流用とは、記憶が現在の私たちを専有することをも意味し、ここでコンタクト・ゾーンは暴力の記憶が到来する緊張感ある磁場と化す。終わったこととして了解された鎮圧状態を再度喚起する、暴力の記憶を描くコンタクト・ゾーンの民族誌が書かれ読まれること自体が新しい政治であり、別の未来を再構成する契機なのである［冨山 2005を参照］。

　台湾先住民タイヤルに対しての実質的な植民地統治は、武装した日本軍警によるタイヤルとの戦争と武装解除、それに続く占領という形で始まっている［第2章］。日本から来た私は、台湾先住民とくに日本統治期に生まれた人たちにとり、植民された記憶を想起させてしまう媒体である。私という日本人を媒介として暴力の記憶が暴力的にタイヤルの人々に到来する事態を書き、それが読まれ分有されることが、タイヤルと日本がつながる可能性をかすかに開くのではないだろうか。

　本書におけるコンタクト・ゾーン概念は、三つの場面を想定している。まず、植民地統治下において、日本とタイヤルが出会い、お互いを日本／タイヤルと認識し、そうした存在として相互が形成される場面。次に、私がタイヤルの人たちと出会う場面。最後に、私が上の二つの場面を描き、

44）訳文はレイ・チョウ［1999：353］も参考にした。

第 5 節　コンタクト・ゾーンに到来する植民暴力の記憶と応答責任

それが今、読者に読まれているという場面。暴力の記憶の民族誌記述とは、この三場面が重なり合う場である。日常に到来する暴力の記憶を聞き書きし、それを描く民族誌記述が読者に読まれる場面において、つまりコンタクト・ゾーンが登場する場面で、暴力の記憶は分有されるのだ。

1. 応答責任

　ところで、過去の植民地統治者である日本人が台湾で聞き書きを行うことは、植民地統治への価値判断的磁場に置かれることになり、それは否応なしに、現在顕在化している植民（地）統治責任あるいは支配の責任、つまり植民地責任の問題に節合される［永原編 2009 を参照］。帝国日本の敗戦後、三十年近く経って生まれた私のような戦後世代の日本国籍所有者にとって応答責任 (responsibility) は、日本政府の責任を国民として追求することと同時に、統治／支配された（あるいは戦場化された）側にとっての暴力の記憶の到来がそれを聞く者に否応なく分有され、そしてそれを民族誌記述として書き、読まれることの中で（つまり生成するコンタクト・ゾーンの中で）取られていくものであろう。応答責任あるいは応答可能性は、レスポンシビリティの訳語として導入された概念であり、「レスポンシブル」は「応答をなしうる」と考えられる。日本軍「慰安婦」問題を中心に、1990 年代に日本がアジアの戦争被害者から強く直接に謝罪と補償を求められるようになり、戦争・戦後責任論が強度を増して再燃した（戦争と植民地責任を問う声の系譜についてここでは詳論を避ける）。応答責任とは、他者からの呼びかけや訴えがあったとき、その呼びかけに応えるか応えないかの選択を迫られる磁場に置かれることを指し、日本人と日本社会はその対応をめぐり緊張状況にある。他者からの呼びかけへの応答は、人間関係を作り出し、維持し、新たに作り直す行為であり、他者との基本的な信頼関係を確認する行為である［徐・髙橋 2000：90-3］。
　近年の責任をめぐる論議が過去における日本の戦争責任論と異なるの

は、B・アンダーソン『想像の共同体』（1983 年出版、邦訳は 1987 年）など
に代表される、国民国家論あるいはナショナリズム批判を踏まえての責任
論であるということだ。つまり、責任を取る際のナショナルな主体の立ち
上がり方、あるいはそれをどう語りうるのかが問題となっており、国家＝
政府の責任と同時に、国民＝民族責任と個としての責任の関係性の重なり
とその腑分けが課題であると考える。

　トーマス・キーナン［Keenan 1997］は倫理性と政治性についてこう述べ
ている。倫理や政治は、主体やエイジェンシー、アイデンティティなどの
概念の優越性に行為の基盤の根拠を求めようとする時、逆に消滅してしま
うものであり、こうした行為の基盤を取り除くことにおいてのみ倫理性は
出現する。私たちが何をすべきか知らずどうしたらいいか分からない時、
あるいは私たちの行為の影響や状況といったものがはっきりと計算できな
い時、そして私たちがどこにも（自分自身にすら）振り返り立ち戻ることが
できないその時に、レスポンシビリティに出会う。

　キーナンの言う倫理性は岡真理が述べる、受動性において暴力の記憶と
出来事を受け取ってしまう事態に近く、先に見た、行為と述部から主語(サブジェクト)を
捉え返していく「困難な私たち」への遡行に重なり合う。コンタクト・
ゾーンにおける暴力の記憶の民族誌はこうした事態に敏感であるだろう。
また責任は倫理的道徳的責任と政治的責任に切り分けられないだろう。責
任を取りきることができないがゆえにその重さに耐えかね、政治的責任あ
るいは金銭の解決（補償）をもって問題が終わったとすることはできない。
応答責任の取り方には非言語的な行為も含まれるが、本書は、民族誌記述
という言語による語りなおしの行為における応答責任の可能性を、日本と
台湾・台湾先住民の脱植民のコンテクストにおいて追究するものであ
る[45]。

---

45)「私たち」への遡行ということに関わり、応答可能性＝責任と内部観測としての歴史
　　記述を結びつけた崎山政毅［2001］も参照。この点についてはまた稿を改めたい。

第 5 節　コンタクト・ゾーンに到来する植民暴力の記憶と応答責任

2.「私たち」の脱植民化という課題

　近代的な植民主義（コロニアリズム）概念は、軍事力あるいは暴力を背景に、他者を自己決定や自己発展の主体と見なさず、教導あるいは開発されるべき存在と見なし支配し、自己をその逆の存在、つまり理性的、文明的、生産的なものとして確立する力の働きを指す。その支配は国家と資本とジェンダー的差異の磁場にあり、自他の区別は国家の制定する法により確定され実体化する。そうした植民主義にあらがう動き（抵抗）と、圧倒的な植民主義の磁場にありながらそれに対して様々な交渉を行う動き（迂行）を、ここで脱植民化として想定している。序にも触れたが、コロニアリズムの訳として「植民地主義」もあるが、本書は中国語の「殖民主義（デーミンジューイ）」という語を鑑み、またコロニアリズムを植民地のみの問題としてだけでなく植民側の問題でもあることを喚起する意味で「植民主義」の訳語を採用する。そのことにより、植民側を射程に入れた「脱植民（化）」という言葉を使用することが可能となり、被植民者と植民者（後代も含めての）の節合が、概念上果たされる[46]。

　台湾北部山地のタイヤルの歴史経験においては、植民主義が経済・政治的基盤の「発展」をもたらしたという言述は、その背後の国家暴力あるいは植民暴力（colonial violence）の考察の必要性と不可分の関係にある［中村平 2013b も参照］。タイヤルたちは、タウシグ［Taussig 1992］の言葉を借りれば黙らされてきたのだ。総督府の残した資料において語られるタイヤルの声は、暴力のもとで黙らされてきた歴史において検証されるはずである。第 3 節に触れたように、台湾高地におけるこの日本植民主義の暴力に関して日本人の立場からは近年、北村嘉恵［2008］や松田京子［2014］、中村勝［2003, 2009］、近藤正己［2015］などが実証的に検証を進めており、

46）同様のことを「脱植民地主義」の語を使用して論じる、武藤一羊［2010］も参照。

第 1 章　脱植民化の課題と植民暴力の記憶、植民地責任

本書もそれらの成果の上に立ち、私の聞き書きの史的背景や別の場所とのつながりについて、これらの成果を活用している。

　傅琪貽［2006］は、1930年の霧社事件や「旧慣打破」政策、「皇民化」と軍事動員における台湾先住民の「主体的」な抵抗を代理記述し、植民地被支配の克服としての「脱植民地化」が課題だとしている。自らの主体位置を分析することなく他者の主体性を代理表象するその論に対して、本書は、傅琪貽の重視する「植民地化とそれに対する抵抗」について言葉と語りにおいてせめぎ合う潜勢力により強く焦点を当て、また現在に到来する暴力の記憶を前景化し、私自身が「植民者日本人」へと遡行するところ、つまり前述の「困難な私たち」に応答責任を遂行的に設定する試みを強く推し進める。別の言葉で述べれば、武力抵抗にのみ台湾先住民の主体性を見出すのではなく、「日本人とは何者か」という問いを遡行する中で到来する暴力の記憶が、現在切り開く新しい政治（的なもの）に注目していく。武力抵抗しなかった先住民の主体性は植民（地）統治に同化されてしまったとする歴史記述が、（現在に至る脱植民の運動に）存在する潜勢力を捉え損ねるものでないか注意されるべきである。第3節に触れた主体性を記述する者のポジショナリティを意識しつつ、それを遡行する中で登場する遂行的な「困難な私たち」を切りひらいていけないだろうか[47]。

---

[47] 台湾における帝国日本の記憶の民族誌的記述については、文化人類学を中心とした五十嵐真子・三尾裕子編［2006］、植野弘子・三尾裕子編［2011］などにより、近年日本で豊富な蓄積がなされている。編者の三尾によれば、そこでは支配・従属と抵抗、加害と被害をアプリオリに規定しない、「従属でもなく抵抗でもない」それらの「ないまぜ」になった、利用されたり排除される「日本」が「浮かび」あがったという［三尾 2016：16-7］。拙書の問題設定からは、三尾裕子・遠藤央・植野弘子編［2016］も含めて、台湾先住民にとっての植民暴力の記憶と脱植民化の（思想史的と言ってもよい）問題は、（同書石垣論文も含め）その豊富な痕跡の記述は散見されるものの、強く焦点化はされていないように見受けられる。三尾も注意を促す日本の「脱帝国化」［同上：24］に、台湾の人々の重層的な脱植民の運動がどのように関係するかという問題、また日本の植民地責任を含めての民族誌的記述などの課題に拙書は取り組む。また人類学者の漢民族女性というポジションから聞き書かれた、台湾先住民ブヌンにおける植民暴力の記憶の民族誌記述については、楊淑媛［2003a, b］も参照。

第 5 節　コンタクト・ゾーンに到来する植民暴力の記憶と応答責任

⁝⁝⁝ 3．方法論とフィールドワーク地 ⁝⁝⁝

　本章の最後に、本書の採る方法論と、主として聞き書きを行ったフィールドワークの場所と状況、どのようにしてフィールドに入っていったかについて触れておきたい。本書は暴力の記憶の分有と脱植民化という問題を軸に、植民された台湾高地先住民の歴史経験を理解することを目標に、人類学・歴史学・思想史の方法論を横断しながら記述をつむぎだしている。まず、史料としては日本の植民者が残したもの（『理蕃誌稿』『台北州理蕃誌』『理蕃の友』など）と、先住民知識人や民族議会が書いたもの（出版物を含め）を利用している。

　同時に、本書が重視した方法は聞き書きとフィールドワークである。タイヤル民族議会のパンフレットなどは首都台北に保管されているものではなく、フィールド調査によって得たものである。私は大学三年時に台湾に二週間ほど滞在し、日本の植民地統治と戦争責任に関心を持っていたが、大学卒業後の 1996 年に台湾に移住したきっかけは父の勧めだった。台湾大学の人類学部修士課程に入学する以前から、父に紹介を受けて宜蘭県大同郷のタイヤルの集落などを訪れていた。大学院は人類学部と歴史学部で選択を悩んだが、対面状況において人間の声を直接聞き書くフィールドワークをひとつの重要な手法とする人類学を選んだ。父中村勝は日本資本主義の台湾山地支配というテーマを、自分なりのフィールドワークを行いながら追究していた。父に紹介を受けて訪れたほか、宜蘭県文化センターの「先住民族高齢者の聞き書き」計画に参加し、牧師を文化センターに紹介していただいて訪れたのが宜蘭県大同郷ピヤナン（南山）集落である。これは修士課程に入ってから大学院の先生に紹介された計画で、その時の聞き書きは中村平［2003c］としてまとめた。そうしたことをしながら、知り合いを通じて宜蘭県や桃園市の集落にお邪魔したりするようになった。修士課程時には、台北から一番近くの烏来という集落の中学校に、タイヤ

第 1 章　脱植民化の課題と植民暴力の記憶、植民地責任

ル語の母語の授業に週一回参加させていただいていた。

　なるべく多くの集落を訪問したいと思い、語学学校と修士課程在籍時に、休みになれば山地の集落を訪れ、修士論文のテーマを決めるためひとつの集落に定住して、あるいは学校休暇時に何度も訪ねるための調査地を決めようとした。それが、今日まで訪問させていただいている桃園市復興区三光村エヘン（爺亨）集落だった[48]。父の紹介があったということと、台北から一番近くに多く暮らしている先住民がタイヤルの人たちということもあり、語学学校で中国語を勉強していた時（1996-1997 年）から、訪ねたことが一番多かったのがタイヤルの集落だった。

　1998 年の時点で、台湾先住民族は 9 民族が政府に認定されていた（2017 年 2 月時には 16 民族）。人口 7-8 万人ほどのタイヤルの人々は台湾の北部山地を中心に暮らしており、伝統的には台北、宜蘭、桃園、新竹、苗栗、台中、南投、花蓮の 8 県市に暮らし、台湾先住民の中で最も広範域にわたっている。この他にも、仕事や結婚の関係で都市部や他県に移住している人がいる。苗栗県、台中県、花蓮県はほとんど訪ねたことがなかったため、調査地はその他から決めた。エヘン集落は 30 戸人口 400 人ほどで、そこに決めたのは、長期間暮らすには落ち着いた場所であると感じ、台北からも半日で行ける距離にあって訪問に大きな困難を感じないこと、かつ非常に奥山にあり自然が豊かであるというところが気に入ったためだった。タイヤルの狩猟文化には以前から憧れもあり、エヘンの人たちはムササビやイノシシなど山の幸を取りに行くのみならず、魚とりにも非常に長けている。集落の下には、美しい大漢渓がとうとうと流れている。2004-2005 年のフィールドワーク時には、残念なことに上流域の土砂崩れのため、一年

48）集落は、中国語の「部落（ブールオ）」の日本語訳である。エヘン集落の周辺はタイヤル語で「ゴーガン」と伝統的に呼ばれる地域であり、日本時代末期には新竹州大渓郡に区分されていた。「ゴーガン」は日本語で「ガオガン」と表記され、エヘン集落一帯を植民地政府は「ガオガン蕃」と呼んだ。その中心は三光村三光集落（ブトノカン）であり、「ガオガン蕃童教育所」（現三光国民小学校）が設置された。

第5節　コンタクト・ゾーンに到来する植民暴力の記憶と応答責任

（写真１）エヘン集落（桃園市復興区）ラハオ周辺よりみるバロン橋方面
　　　　　（筆者撮影）

を通してずっと茶色に濁っていたままではあった。

　三光村は、隣の華陵村の拉拉山のように漢民族の商人が大量に入り、先住民の土地を買い取って民宿やレストランを経営しているというような、あからさまな開発状況もない。漢人経営による温泉旅館が一時期あったが、台風で流されてしまった。あるいは、私がよく訪れている宜蘭県大同郷の南山村のように、河川敷を大規模にキャベツ畑にし、やはり漢民族の中間商がやってきて、キャベツの買い付けにせわしない状況もない。「五月桃」や桃の出荷時期には漢民族の中間商がやってはくるが、規模としてはずっと小さい（その後、インターネットと宅配便による出荷もなされた）。

　エヘン集落の地理環境を簡単に述べておく。集落は北を復興区の前山と平地の都市、東を2,000メートル強の山々を越えて新北市（烏来区）、西を

第 1 章　脱植民化の課題と植民暴力の記憶、植民地責任

新竹県（尖石郷）、南を 2,000 メートル強の山々を越えて宜蘭県（大同郷）に囲まれている。標高 600-700 メートルに位置し、標高 1,000 メートル近辺の果樹園に住んでいる人もいる。桃園市の現市庁・桃園からは約 15 キロで、平地の町・大渓に着く。人口 8 万人強の大渓は、清朝と日本時代初期、大嵙崁（日本語読みは「たいこかん」）と呼ばれ、復興区の山地から下りてくると、買い物や車の修理などができる大きな町だ。日本時代は小学校があった。桃園は大渓よりも大きい都市で、現在はタイやインドネシアの外国人労働者も多く見られる。桃園市は面積 1,200 平方キロメートル強で、日本で最も狭い香川県よりも小さい規模である。

　復興区の山地から下りてくると、大渓より先に、日本時代は角板山と呼ばれた復興（フーシン）に着く。区の名称である「復興」は、中華民国が中国全土を回復するための「復興の地」台湾という由来を持っている。日本敗戦の後、中華民国に接収された台湾では、地名も人名も中国式のものに変更させられ、これが先に見た「正名」運動につながっている。復興＝角板山から大渓までは約 10 キロで、途中は坂を下り、日本時代はトロッコが走っていた。標高 300 メートル強の復興は復興区の中心であり、漢人の開く商店が並び、休日は観光客でにぎわう。区役所（区公所）、戸籍事務所（戸政事務所）、区内唯一の中学校（寄宿舎を持つ）がある。復興区は人口約 1 万 2 千人で、その七割がタイヤル人で、残りの多くは漢人である。面積 350 平方キロメートル強は日本の福岡市と同じくらいの大きさで、ほとんどが急峻な山地となっている。復興区の最高峰は新竹県との境界にある雪白山 2,444 メートルであり、タイヤルはこうした高地山岳地帯に住み、伝統的に狩猟や焼畑農耕を営んできた。

　エヘン集落のママ・ウマオによると、むかし道路（北部横断公路）が 1960 年代に開通する以前、エヘンから角板山を越えて大渓まで、まる一日の行程であった（タイヤル語の「ママ」は「おじさん」の意味である）。道路が通ずる以前は、日本人が先住民を使役して作った歩道が、日本時代に大嵙崁渓（こかんけい）と呼ばれた大漢渓（たいかんけい）の流れに沿って作られていた（「大漢」も中国中心

54

第 5 節　コンタクト・ゾーンに到来する植民暴力の記憶と応答責任

的な名称である)。現在エヘンに行く時には、復興あたりから山間部を行く車道になり、羅浮(タイヤル語でキヨパン)を越えると車道もかなり険しくなり、落石が多く、降雨時の落石での事故もある。現在は、大渓からバスでエヘン隣の下バロン集落まで 2 時間弱で、エヘンまではそこから 30 分ほど歩かねばならない。台北からはバスを乗り継いで 4 時間強、車ならとばして 3 時間弱かかる。大渓からのバスは、一日 5 便ほどで大変少なく、台風の季節には土砂崩れのためたびたび不通になるため、私は 2004-2005 年の長期滞在では車を購入し運転したが、それ以前はずっとバスでエヘンに通っていた。

　大漢渓沿いの北部横断公路は、ところにより 100 メートル以上の高さの断崖を曲がっていく。路肩が崩れ落ちていることもあり、大雨のときは通行を見合わせなければ、落石があり大変危険である。途中、戦後作られた榮華（えいか）のダム、蘇楽（ソロ）の砂防ダムは大きく壮観だが、集落の人々によると、既に砂でいっぱいとなり役に立っていない（その後、蘇楽のダムは決壊した）。エヘン集落は 20 年前くらいから桃栽培に着手している人が多いが、それまでは多くの人が平地に移住し工場などで働いていた。あるいは、野菜やしいたけ栽培をしていた。言葉を換えれば目玉となるような資源に乏しく、桃栽培もようやく軌道に乗ったところで、先住民集落のなかでも普遍的に見られる、経済的に厳しい奥山高地の過疎集落である。日本統治以前の自給自足的生計は、この百年間の植民主義、国家暴力、市場経済の浸透によって、大きな変化を被った集落と言える。

　中学校は車で一時間程度のところ（復興（フーシン））にあり、後山の生徒たちは寄宿生活を通常送っている。卒業後、専門学校や高校に通うためには、車でそこから更に 30 分以上かかる平地に移住しなければならず、親は子女の教育問題に頭を悩ます。山の村での生活は、野菜を自給したり水は山の湧き水を利用したりと、お金を介さない生活が送れるが、平地では何でもお金がかかるためだ。山地と平地の対比、出費が多い平地というのは、エヘンの人々がよく語るところである。

第 1 章　脱植民化の課題と植民暴力の記憶、植民地責任

　初めてエヘンを訪れたのは 1999 年 8 月だった。この時は、宜蘭県大同郷ロンピア（崙埤(ルンベイ)）集落に住む、チワス・ラワ氏（Ciwas Lawa）を先に訪れた。チワスおばあさんは、大正 4（1915）年生まれで、このとき 84 歳だった。自分で、「大正 4 年」と言っていた。本書ではタイヤル語の「ヤキ」（おばあさん）をつけて、ヤキ・チワス（チワスおばあさん）と呼ぶことにする。ヤキ・チワスは、その数年前より台湾高地先住民族に関する歴史人類学的研究を始めていた私の父に紹介された［中村勝 2003 参照］。ヤキと一緒にバスに乗って、ヤキの甥でありエヘンに住むママ・ウマオ・ケスを訪ねたのが最初の訪問だった[49]。

　このときの滞在は、エヘン集落の隣のテイリック集落での 2 週間弱の滞在が主だった。父の息子ということで赴いたエヘン集落において日本人の訪問はすぐに知れ渡り、日本語のできる高齢者をしばしば紹介していただけ、私は聞き書きを容易に行うことができたと思う。このことは、台湾先住民の他集落においても総じて同様に感じたが、それはアイヌの人々に対して日本人の研究者が調査を行う条件とは対比的であると考えられ、そのこと自体が日本人とアイヌ、日本人と台湾先住民の第二次世界大戦敗戦後の二つの異なる国民国家による包摂という歴史的条件と関わる問題である。その後、エヘンを再訪したのは 2000 年 2 月、旧暦のお正月時に 3 週間弱で、同年 7-8 月にも 1 ヵ月半滞在し、日本語を話せる日本教育世代の方を中心にお話を伺った。2001 年 1 月に修士論文を提出後、報告にエヘンに戻り、2001 年 3 月に日本に帰国した後は、2002 年 3 月と 12 月、2003 年 7 月に再びエヘンを訪れた。2004-2005 年に博士論文執筆の一環として 10 カ月ほど長期滞在し、2008 年からは韓国で就職したため訪問の機会は

49）ヤキ・チワスは先住民に対する日本の教育機関「蕃童教育所」に通い、タイヤル人と日本人、漢民族の三人の男性と深く付き合い、国民党に雇われた日本人スパイと、桃園、台北、宜蘭県の山中をあちこち移動し、晩年は天理教を信仰した。ヤキの日本語は流暢で、私はほとんど日本語だけで話をした。カタカナの日本語でつづられた人生の一部は、中村勝と洪金珠により整理され中国語に訳され、台湾で出版されている［綢仔絲萊渥 1997］。ヤキ・チワスはその後、2003 年に亡くなった。

第 5 節　コンタクト・ゾーンに到来する植民暴力の記憶と応答責任

減ったが、折に触れて訪れてきた。

　私はエヘン集落でどう呼ばれているのか、またタイヤルをめぐる言語状況についてすこし説明しておきたい。宜蘭県大同郷松羅(しょうら)集落のタイヤルの方に、「タホス」(Tahos) というタイヤル名をいただいた。それで、エヘンでもタホスと呼んでくれとお願いした（その後ケス Qesu という名前もいただいた）。しかし意に反して、中国語で「中村平(ヂョンツゥンピン)」と呼ばれることが多い。これは、エヘンのタイヤルのかたがたの多言語状況が関係している。この百年の植民主義のなかの国民教育、またテレビなどの主流社会の影響により、現在、タイヤル語が衰退の危機にあり、おおよそ 40 歳以上の方はお互いタイヤル語で話すことも多いが、それより若い世代は中国語でコミュニケーションをとっている。子どもたちはあまりタイヤル語を話せず、中国語で父母と会話することが多い。私のタイヤル語は上達せず長い会話には耐えられないこともあり、中年や青年の方とは中国語で話しているが（日本統治を経験した方々とは日本語で話すことが多い）、中国語の会話にタイヤル語の「タホス」を導入することは難しいためか、私の名は中国語で呼ばれやすい[50]。

　以上、フィールドワークの様子について説明したが、人類学や民族誌学において「フィールド」と「ホーム」の区分け自体が再考されてきたように［クリフォード 2002］、桃園市の山地だけに「フィールド」を限定して考えるわけにはいかない。本章で論じてきた台湾先住民の知識人による発言や出版、第 4 章で触れるタイヤルの政治家や民族議会議長の発言の内容と場を捉えること、それらに応答することがフィールドワークでありかつ

---

[50] 残念ながら 3-5 歳くらいの子どもたちも、中国語の「中村平」と呼び捨てにしている。親たちが「タホス」ではなくて、中国語の「中村平」と呼んでいるのを耳で覚えてしまったのだろう。私のような年長の男性には、中国語でも「おじさん」(叔叔)(シューシュー)または「お兄さん」(哥哥)(ガーガ)と言うことが通常である。親たちは子どもたちがそう私のことを呼ぶのを聞いて、行儀が悪いので「おじさん」とか「お兄さん」と言いなさいと子どもたちをたしなめるが、2004 年からの一年弱の滞在中もそれは一向に変わらなかった。

ホームワークとしての研究実践となろう。先にも触れたように、コンタクト・ゾーンはいわゆる「フィールド」に限定されえず、またフィールドとホームの二項対立は既に不可能となっている。それでは次章から、エヘン集落を中心に聞き書いた話を中心に、植民暴力の記憶と日本人という主題に分け入ろう。

第 2 章

植民暴力の常態化としての「和解」
―― 「帰順」をめぐる日本とタイヤルの解釈

はじめに

　第 1 章では、台湾高地先住民のタイヤルを中心に、広くポストコロニアル状況における脱植民化の議論を整理し、同時に日本の植民地責任という課題の所在を見てきた。本章では視点を人類学的フィールドワークに置き、コンタクト・ゾーンでなされる発話からそこに到来している記憶を想像し、そこから植民主義の暴力（植民暴力）を見返すという作業を行いたい。それにより、民族の歴史を立ち上げるのではない形で、植民主義の歴史経験を記述したい。「日本はタイヤルと平和になった・和解した」という一見矛盾をはらむ語りが、暴力の常態化としての「和解」であったことを、本章の作業を通じて私は理解するようになった。「仲良くする」「和解」（スブラック・スバライ）というタイヤル語に植民統治の暴力の刻印が押されたため、それを語る者は植民暴力の磁場から自由でいられないのだ。

　抗日の決起集落ではないエヘン集落においても、植民統治が貫徹され政府の言いなりになった訳ではなく、武力で抗日に立ち上がるという形ではない仕方で植民統治に向き合う、様々な力のベクトルと主体性が存在する。個々の被植民と暴力の記憶は、語られ解釈される中でその都度の主体

性を生み出している。「自分たち」が歴史を解釈し語る主体（主語）となる中で、日本人の聞き手に対し負けたあるいは帰順したと言わないことや「あの頃は政府の話をよく聞いていた」という婉曲な語りは、過去に実現しなかったことを志向する契機なのであり、新しい未来が切り開かれるか否かは周囲のマジョリティがいかに聞くかにかかっている。同時にその語りと解釈が聞かれ読まれる時、記憶と出来事の一瞬のあるいは継続した分有が起こり、「困難な私たち」が生起するだろう。

第1節　植民された側による「糾弾しない語り」

　私はタイヤルの人々、特に日本教育を受けた高齢者のお話をうかがううち、「糾弾しない語り」と名付けた語りに直面した。それは一見、日本の植民統治を糾弾せず、むしろ日本がもたらした近代化に感謝する語りである。私が台湾先住民高齢者のある声を「糾弾しない」と考えたこと、このこと自体が私の立場をある程度物語っているだろう。帝国日本は植民地人民や侵略先の人民に対して「近代化」「開化」の名のもと非道なことをしてきたのであり、日本人はそれに対してどう応えるのかそれが問われていると考えてきた。そのため、タイヤルのお年寄りたちが一見日本の統治を肯定する語りに、非常に戸惑いを感じてきた。そうした「糾弾しない」語りの聞き方を、タイヤルの人々が多く住んでいる桃園市復興区において、タイヤルは日本と「仲良くする」「平和になった」とする語りを本章で取りあげ考察する。

　私がしばしば訪れる、「後山」と呼ばれる山地のエヘン集落（桃園市復興区）は、1910年「理蕃五箇年計画」の開始と共に軍事侵略を受け、多くの戦死者を生み、日本植民地政府に「帰順」させられた地である。私はこのことを後山地域に通うようになってから、タイヤルの高齢者への聞き書

第 1 節　植民された側による「糾弾しない語り」

きと『理蕃誌稿』などの日本植民地政府が残した史料から知るようになった。これらの史料は先住民を指して「蕃」という差別的用語を使用しているが、当時の植民者の認識をそのままに見すえるという意味で、本書では括弧つきで使用している。

　エヘン集落は日本統治当時、「エヘン社」と呼ばれており、「ガオガン蕃」20 足らずの集落群の内の一集落であった。「後山」と「ガオガン蕃」は地理的にほぼ一致すると考えてもらってかまわない（「後山」は一般名詞としても用いられる）。この地域に対する一連の軍事侵略を、植民当局は「ガオガン蕃討伐」と呼んだ。私が聞き書いたタイヤル高齢者の「糾弾しない語り」は、この軍事侵略に対して「侵略」と断定することなく、むしろ日本はタイヤルを「平和にさせた」のであり、タイヤルは日本と「仲良くする」ようになったとする。「仲良くする」はタイヤル語でスブラック（sblaq）とほぼ同義であるという[1]。では、彼らの語りに耳を傾けたい。

　聞き書き時に 70 歳の男性ユタス（おじいさん）・ワタン・マライ。「昭和 5 年」生まれで、日本名は山路幹夫、中国名は高成立で、ガオガン教育所で 4 年勉強した。「（タイヤルは）山で日本と戦った、宜蘭のほうだ。日本は平和にさせる」。「お父さんは（考え方が）以前の人、日本が台湾を占領した時、（タイヤルは）馬鹿よ、（日本と）戦争する……山地ならタイヤルはまるで遊撃隊みたいだ。日本の弾を取る、弾はだんだん多くなる。人を殺すのは男らしい、男子漢（中国語で男らしい人という意味）だ……日本は山地（の人々）を全滅させるつもりらしい。そのとき前山からワタンという人（日本人）が来た」。

　桃園市の平地に近い地域を前山といい、エヘン集落は後山に属し、宜蘭県は桃園の隣県である。ワタンは日本人だがタイヤル語を流暢にあやつ

---

1) "Sblaq" における "s" は、「互いに」（原文：「互相」）などを意味する接頭辞である。"Sblaq" は "blaq"（良い）を語幹とする語である［黄美金ほか 2016：27-32］。黄らは sblaq を「仲良くなる（する）」（原文：「和好」）とし［同上：31］、また Egerod［1999：267-8］は英語で「make better, improve」と訳している。

第2章　植民暴力の常態化としての「和解」

り、通訳として活躍し、タイヤル語の名前をもち、タイヤルの人々に反抗をやめなさいと諭しに来た。ワタン（ユカン・ワタン）は、『台北州理蕃誌（下編）』［1923：26，137，140］に記載されている、中間市之助警部と推測される。「山地の人もだんだんと（戦争を）やめてきた。一番ひどいのが、日本が（山の人を）処理したという話だ。この辺りよ。山の人（タイヤル）は、おーこれは聞かないといかんと言って、だんだんと平和になった。あの時の戦争は蕃刀とか鉄砲とか弓。その後だったら日本の恩をみんな心の中に入れて、稲植えて、牛もみんな日本から持ってくる。みんな感謝している。政治悪くないよ。台湾よりも日本のほうがいい。今は自由すぎる」（日本語でのインタビュー）。ここでは「日本は平和にさせる」「平和になった」に注目したい。

　64歳男性のユタス・シラン・マライ。終戦当時9歳である。「日本人とタイヤルはボンボン山の戦い[2]をして、そのあとスブラック（sblaq）した」。ボンボン山は、エヘン集落から南東直線距離約11キロ。現在の梵梵山（1,713m）で、タイヤル語で bu makao（山・マカオ）と言い宜蘭県内に位置する。1910年にボンボン山において、「ガオガン蕃」各集落の戦士と日本軍警が激突したのだ。（私）「スブラックは日本語ではどういう意味なんですか？」（ユタス・シラン）「仲良くする」。（私）「じゃあ、タイヤル語で降伏するは？」（ユタス）「……」。降伏するという言葉は、タイヤル語には翻訳しにくいようだ。（ユタス）「日本人はバロンから大砲を打ったよ」。バロンは、エヘン集落から北東直線距離約2キロの隣の集落。「ガオガン蕃討伐」当時、日本軍はバロン山に大砲を据え付け、弾を発射し、周囲の「未帰順」集落を威嚇した。ユタス・シランはユタス・ワタンと同様、日本との戦争後、両者は「仲良くする」ようになったという認識である。

　このふたりは日本による教育所での教育を経験している。エヘン集落の

---

2) 桃園市と宜蘭県の山岳地帯の地理に関しては、『太平・拉拉山　登山導遊図』［台北：国民旅遊出版社、1997］を参照した。

第1節　植民された側による「糾弾しない語り」

（写真2）ユカン・ハカオ（左）とテム・ハカオ（右）。戦死したエヘン集落のムルフー（政治的リーダー）・ハカオ・ヤユッツの長男と四男。
（1935年宮本延人撮影、台湾大学人類学部所蔵）

　学童は1945年まで、1.5キロの距離のガオガンにあった「ガオガン教育所」（現三光国民小学）に通っていた[3]。2006年現在でだいたい60歳後半より年上の方は、上記のように日本語で私とコミュニケーションがとれるのである。
　61歳男性のママ（おじさん）・ウマオ・ケス。終戦当時5歳。「（戦闘におけるタイヤルの）指揮官はハカオ・ヤユッツ（Hakao Yayuc）だ。日本人はユカン・ワタン（Yukan Watan、前出の日本人警部）を派遣してきた。彼は山の言葉を話せる。そしてボンボン山の戦いの先頭に立った。彼は仲良くしな

3）日本統治時代の「蕃童」教育の、エヘン集落における展開については中村平［2001］を参照。

第2章　植民暴力の常態化としての「和解」

いとだめだと言って、ハカオ・ヤユッツと話した。だけどハカオはだめだと言った。」「ハカオはその戦いで死んだよ」（中国語での会話を日本語に翻訳した）。

　前二者と比べて、最後のママ・ウマオの語り方は、日本とタイヤルが仲良くしたと直接述べてはいない。ママ・ウマオは幼年齢のまま終戦を迎えたため日本の教育所に通った経験を持たないが、父親が日本人警察官と頻繁に連絡をとる「会長」職にあった。そのため日本語はかなりでき、私とのコミュニケーションは日本語と漢語が半々である。またママ・ウマオは戦死したハカオ・ヤユッツの弟の孫に当たることに注意されたい（後掲の表1を参照）。ママ・ウマオの語りについては後半で戻ることにし、ここでは出発点として、前二者の「平和にさせる／になった」と「仲良くする」という、どう聞きとるべきか考えさせる解釈を強調しておきたい[4]。こうした解釈が、私が「糾弾しない語り」と呼ぶものである。

第2節　「糾弾しない語り」の聞きかた

　私は日本人として、こうした「糾弾しない語り」をいかに聞けばよいのだろうと考えてきた。現在は、この「日本人として」という言い方に留保をつけたい。私が出会ったタイヤルの人々の語りを、先験的に「日本人として」聞くということは不可能である。第1章に見たように、語りに出会う際、自分を先験的な主体として想定することはできないからだ。ひとまず、「私はどう聞いたのか」と問題を立てる。

　日本がタイヤルを「平和にさせ」、タイヤルと日本は「仲良くなった」

---

4) ママ・ウマオの語りは、日本による侵略戦争の歴史が以下において明らかにされた後に、その重みを増してくるはずである。

第2節 「糾弾しない語り」の聞きかた

という語りを、そのまま「ああそうなのですか」と字句どおりに聞き流すことはできないだろう。なぜなら、上のママ・ウマオがエヘン集落の戦士ハカオ・ヤユッツを引き合いに出して語るように、「平和」に至る過程には、幾多の悲しみと暴力が存在していたことを感じ取ることができるからである。その歴史を知らなかった私はその後、タイヤルの戦士ハカオ・ヤユッツの死とその背景にあるものを、日本による台湾高地への暴力として感じながら、日本とタイヤル両者のからまりあった歴史に分け入るようになった。そのプロセスにおいて、タイヤルと日本が「平和になった」「仲良くする」という歴史の解釈を、その部分のみを取り出して受け取ることに危険を感じるようになった。本章はエヘン集落に対する日本による侵略の記憶と歴史を掘り起こす行為を通して、日本の侵略戦争がもたらした悲しみと暴力を読者と分有したい。

　出発点として、上の「糾弾しない語り」を、どのように私が解釈したかについて述べたい。「糾弾しない語り」は、過去の被植民者（植民された者）が過去の植民者に対して、コミュニケーションを求めている語りとして聞くべきだと解釈している。タイヤルの人々が日本人である私に対して、過去の悲しみと暴力を直接ぶつけることなく、未来に向けて仲良くしていこうと呼びかけているものとして聞くことが可能である。その際、過去の植民者は、被植民者の過去についての記憶を全く考慮することなく、その語りを鵜のみにして聞いてよいものだろうか。「鵜のみ」ということは、植民された者たちに到来する暴力の記憶を抜きに、自分のボキャブラリーと自分の記憶のみにおいて、その語りを想像することである。異文化理解や、人類学において「現地人／原住民の視点」(native point of view)と呼ばれてきた行為は、ここに接合される。

　「末裔」を含めた植民者が、自文化や自己の手持ちのボキャブラリーや記憶によって、植民された者の語りを鵜のみにしてよいわけではあるまい。少なくとも敗戦後30年近く経って東京に生まれ、関東地方で高校までの教育を受けた私にとっては、エヘン集落ハカオ・ヤユッツの勇敢な戦

65

第2章　植民暴力の常態化としての「和解」

いぶりとその戦死や、日本軍がバロン山に大砲を据えつけ「ガオガン蕃」各集落を威嚇した事実は、未知のものであった。被植民者と植民者の過去の記憶にはずれがある。植民者が被植民者の認識を考慮することなく、「平和にさせた」というそのひとことだけをもぎ取ってきて、「台湾（もしくはタイヤル）は親日的」さらには「日本は台湾（もしくはタイヤル）の近代化に貢献した」という論調を生産することはできない。

「日本はタイヤルを平和にさせた」という呼びかけは、タイヤルの人々が日本人に対して語りかけ、コミュニケーションをとろうとする、はじめの、はじまりの一言である。しかし、その呼びかけは自動的に和解につながるのでは決してない。「糾弾しない語り」を和解につなげられるかは、その呼びかけを聞いてしまったほう、つまり植民者の側に求められているという認識に、私は本研究を遂行していくうちにいたった。

植民者と被植民者間の和解に関しては、森宣雄［2002］の陳光興［2002］に対する批判が参考になる。陳光興は、戦後台湾における外省／本省という両省籍の衝突が引き起こした両者の断絶をいかに解決するかという視角から、和解という語を提出している。省籍問題の解決として両省籍の情緒構造が異なった要因に規定されてきた——冷戦が外省人を、植民統治が本省人を規定した——ことを認識することをあげる。これに対して森は、陳の外省人認識——亡命者——を批判的に検討し、植民者としての認識の可能性をあげる。森は、省籍問題の解決策は、陳のように二つの情緒構造を並置するという作業にとどまらず、外省人の植民行為にさかのぼって検討することを説く。外省／本省間の断絶克服（和解）は、外省人＝植民者という歴史の検討抜きには進まないのである。ここで、本章が検討する日本人／タイヤル人間の断絶克服（つまり和解）は、枠組みとしてパラレルであると考えられる。

植民者はいかに被植民者の過去の経験を想像できるのか。ひとつは、被植民者に聞くことであり、もうひとつは、植民者が残した歴史資料から過去を想像することである。ここに、和解を求める語りに応答するために、

歴史経験を掘り起す、もしくは記憶に分け入っていく――遡行する――という事態が生起する。

第3節　エヘン集落にせまる植民地侵略戦争

　帝国日本は 1895 年、日清戦争の結果台湾を領有するが、この年から 1910 年のエヘン集落「帰順」までの約 15 年間の植民地政府と台湾住民の抗争を、簡単に振り返っておこう。1895 年に、日本軍は5ヶ月ほどの平地住民の武力抵抗を「鎮圧」し、台湾総督は「平定」を宣言する。日本はこの間に、記録に残されているだけでも台湾住民1万4千人を殺害し、その後 1898 年からの5年間に1万人以上を殺害ないし処刑した［小熊 1998：73］。住民のゲリラ戦はその後も継続し、統治当局はその勢力を「土匪」と呼んで制圧しようとした。別の統計では、1898 年から 1902 年までに処刑された「土匪」は、記録に残されているだけでも3万2千人に達する［伊藤 1993：87］。

　平地住民のゲリラ戦は、1902 年前後までに急速に制圧されていった。このころから、総督府は制圧の矛先を山地住民に向けるようになる。台北、新竹州など北部山地住民の「帰順」を図った「理蕃五箇年計画」は、1910 年から 14 年にかけて、多額の予算を本国から得て執行されることになる。これにより日本側は山地住民から1万8千丁の銃器を押収し、北部山地における名目上の「平定」を宣言する。こうして台湾総督府は 1910 年代半ばに「ほぼ全島をコントロール下においた」［若林 2001：43］とされるが、本章は北部山地の集落においてその背後に何が動いているのかを記述する試みであり、被植民者の主体性に迫る試みとなる。

　台湾北部山地に位置するエヘン集落をとりまく状況を見よう。エヘン集落の住民は 300 年ほど前に、現在の台中県に位置する、北港渓上流の「ピ

第 2 章　植民暴力の常態化としての「和解」

ンセブカン」という地から移り住んできた。日本人によりエヘン集落は「ガオガン蕃」と分類されたが、それは彼らの自称「コー・ゴーガン」（ko gogan）によるものである。「ガオガン蕃」はタイヤルの研究者によって、現在「ガオガン群」と呼びかえられている［廖 1984］。ガオガン群は日本統治初期には 19 集落が存在しており[5]、そのうち 8 集落は日本による移住政策により現存していない[6]。

　日本植民勢力はエヘン集落にいかに近づいていったのか。1906 年、日本は「ガオガン蕃」の下流に位置する「大豹蕃」の「大豹社」と阿母坪を軍事占領した。両地は「ガオガン蕃」の位置する桃園市山岳地帯への山脚にある。よって「ガオガン蕃」への実際的な侵略の前史は、この事件までさかのぼると見てよい。日本当局は「蕃人」の勢力を抑えるため、電流を通した鉄条網で「未帰順蕃地」を囲い込む。この鉄条網が隘勇線であり、エヘンの人々はタイヤル語で「harai tngucyak」（「銅線・麻痺」）と、今でもそれを語り継ぐ。日本警察は 1906 年に、阿母坪から北部山脈を越えた現宜蘭県のリモガン集落に至るまでの、直線距離 40 キロもの隘勇線の建設を目指し、入山した。リモガンからの前進隊は、「ガオガン蕃」の領地をかすめ挿天山[7]まで達した。阿母坪からの一隊は、枕頭山[8]にて「大嵙崁

---

5) ハカワン、サルツ、エヘン、カラホ、ブトノカン、シブナオ、ピヤワイ、カギラン、ソロ、テイリック、バロン、クル、ブシヤ、イハボ、ピヤサン、カラ、タカサン、タイヤフ、ハガイの 19 社。

6) クル、ブシヤ、イハボ、ピヤサン、カラ、タカサン、タイヤフ、ハガイの 8 集落。各集落の移住の過程、特にその強制的性格の有無は検討中の課題である。例えば、1933 年、クル集落住民は平地近くのカソノ集落に移住した、もしくはさせられた［盧 1998：17；フィールドワーク資料］。復興郷郷民代表会（フィールドワーク当時）秘書・簡清安（Taito Utao）氏（クル集落生まれ）と郷民代表会職員・劉莉娟（Yawai Tarus）氏によれば、クルのタイヤルは日本の移住政策に抵抗したとのことである。また中村勝によれば、カラ集落は 1920 年前後に日本当局により、経済的口実をもとに全戸を離村または離散させられ合理的に廃村に至らされた［1996：121］。カラ集落住民は宜蘭に移り住んでいる。中村は移住の強制性について、直接的な武力によるものだけではなく、「近代化」がおしすすめられるなかで経済的「合理性」をもって行われたとしている。更に、被植民者にあっての「近代」への欲望を視野に収めた記述は、統治と支配概念の再検討とともに今後重要だと考えられる。

蕃」と思われるタイヤル人の反抗に出会う。植民地当局は軍隊を導入し、3ヶ月余りをこの「討伐」に費やす（いわゆる枕頭山の役）。タイヤルの反抗は日本軍の力に抑えられ、結果長大な隘勇線が北部山地を縦断し、タイヤル人の生活を圧迫することになる［廖 1984：279］。

第4節　「ガオガン蕃討伐」とエヘン集落の「帰順」

　このようにして、じわじわと台湾北部山地のタイヤル人を圧迫していった日本勢力は、1909年に「ガオガン蕃」11集落を、4回に分けて「仮帰順」させたと史料に残した[9]。「仮帰順」とは、各集落の「土目」もしくは「土目代理」[10]をリモガン監督所タラナン分遣所などに呼び出して、銃器を提出し官の命令を承服するという誓約書に拇印を押させるものである。日本側が「仮帰順式」と呼んだのは、「ガオガン蕃」全集落がまだ「帰順」していないため、仮に帰順を許すという意味合いからである。エヘン集落は第二回「仮帰順」の際に「服従」についての申し出を行うが、提供銃器が少ないと判断され、「誠意」不十分との理由で申し出が拒絶されている［伊能編 1918：658-9］。エヘン集落に対する1910年からの「理蕃五箇年計画」による植民地侵略戦争は、以上の前史をもって行われるのである[11]。

7）現北挿天山（1,907m）。新北市との境よりの桃園側に位置する。
8）631m。桃園市の前山に位置する。
9）第一回「仮帰順式」では、タカサン、ハガイ、シブナオの各集落、第二回イバオ、バロン、ブシヤ、カラの各集落、第三回ブトノカン、リモガン、タラナンの各集落、第四回ピヤサン集落である［伊能編 1918：652-4；658-9；662-4；677-9］。
10）「土目」とは、各集落においてリーダー的存在と当局に考えられていたもの。当局によるその選抜には、恣意的な可能性が否めない。この点はタイヤル社会の政治システムにかかわるものであり、「頭目」の成立過程と重ねて第3章で論じる。
11）本書において植民地侵略戦争としたものは、これまで「先住民征服戦争」などとも言われている［北村 2008：54-5，第4章第1節］。近藤正己［2015］は「理蕃五箇年

第 2 章　植民暴力の常態化としての「和解」

「ガオガン蕃方面隘勇線前進」という名称で始められる「理蕃五箇年計画」は、1910 年 1 月に起きた宜蘭庁の警察駐在所所員と家族の殺害事件を口実に、同年 5 月より発動した[12]。「前進隊」と名づけられた討伐隊には軍警双方が動員され、宜蘭、新竹、桃園庁の 3 方面から「ガオガン蕃」を攻撃した。エヘンの人々にも語り継がれるボンボン山、シナレク山[13]での激戦を経て、11 月に 3 隊が集結し解隊式挙行にいたる［猪口編 1921：547-680］。ここにいたって当局は「ガオガン蕃」地域の「鎮圧」に成功したと考えたのである。

総督府の「準官製施政史」と言われる［呉 1985：5］、井出季和太『台湾治績史』［1937］はその様子を以下のように要約している。1910 年「7 月 13 日蕃人はその生命線である『シナレク』山の戦に敗北して以来、勢日に蹙(ちぢ)まる」。クル集落の占領、カウイランまでの交通の確保ののち、最重要地点のバロン山上[14]を占領し砲台を築き、威嚇砲撃を加えたため「彼らは遂に屈服」し、銃器弾薬を提供し「降を乞ひ」、ここにガオガン各集落の「帰順を見る」に至る。すなわち「ガオガン蕃」64 名はバロン山にて「帰順示達式」に参加し、「遂に彼らもその兇刃を戢(おさ)むるに至った」［同上：437-9］。ここで不明とせざるを得ないのはタイヤル側の死傷者の数であり、植民者の資料にその数字は出てこない。

計画」による日本のトゥルク（太魯閣）への侵略を「戦争」としている。タイヤル側の認識も民族議会議長がタイヤルの伝統領域を「国」と表現し、高地先住民知識人の多くが先住民族を日本や中華民国と対等の存在と見なしていることなどから、本書では「戦争」の語を採用する。
12）宜蘭庁九芎湖蕃務官吏駐在所の、所員と家族 8 名が殺害された事件。当局が「渓頭蕃人」、「ガオガン蕃人」らから収集した情報によると、事件の実行者として、「ガオガン蕃カラホ社頭目ユーカン、スーヤンほか蕃丁」と、「キナジー蕃丁」、「マリコワン蕃丁」の名が挙げられた［猪口編 1921：51-3；547］。後述のとおり、「カラホ社頭目ユーカン、スーヤン」（Yukan Suyan）は、バロン山の日本軍基地に捕らえられ脱走した逸話を持つ有名戦士である。
13）シナレク山（bu sinarek）、現尖山（1,852m）、エヘン集落東方直線距離約 8 キロ。
14）現馬崙砲山（1,230m）。エヘン集落北東直線距離約 2.5 キロのバロン集落そばに位置する。

第4節 「ガオガン蕃討伐」とエヘン集落の「帰順」

　第1節のママ（おじさん）・ウマオの証言のとおり、エヘン集落の武将ハカオ・ヤユッツはボンボン山の戦いで戦死した。ママ・ウマオはハカオの弟の孫に当たる。ヤキ（おばあさん）・ピスイ・カウィル（インタビュー当時79歳、故人）によれば、ハカオは戦闘でけがをして木の洞穴で死んだ。「背が低いけど、一番強い」人だった。彼の死体は、日本人に見つからないように山奥の滝の裏側に隠してあり、現在も遺体はそこに残っているはずだという。前述のユタス・シラン・マライは、日本人にハカオの首を取られるのを心配して滝の下に隠したという。ハカオ・ヤユッツの戦死は、『台北州理蕃誌（下編）』［1923：171］に8月4日とある。「ハカヲ・ヤユツ」は「エヘン社頭目」にして「ガオガン左岸蕃の総指揮者」とし、「其ノ戦死ハ大ニ敵群ノ気力ヲ殺キタリ」とされている［同上］。なお、彼の息子ベフ・ハカオ（Behu Hakao）は、その後エヘン集落の駐在所に警手として雇われた（後掲の表1を参照）。

　『理蕃誌稿』においては、この「帰順示達式」（10月20日）のあとに、「帰順式」（11月20日）が行われたとある。「帰順示達式」ののちも日本側は銃器の押収を継続し、「ガオガン蕃」のとなりの「マリコワン蕃」に対して、砲撃を加えて脅迫している。当局は銃器の実際の提出状況が悪いとたびたび嘆いており、ここからは「蕃人」たちの抵抗がうかがえる。「帰順式」には「ガオガン蕃各社頭目以下」[15]が参加したとあるが、エヘン集落の誰が参加したかは不明である［猪口編 1921：643-8］。

　総督府の「ガオガン蕃」に対する事実上の「平定」宣言は、「ガオガン蕃取締に関する内訓」（1910年12月7日）に見てとれる。曰く、「ガオガン蕃」に対する隘勇線の前進は「その目的を達するを得たり」。今後の経営方針としては、引き続き「密造」銃器の押収にあたり、速やかに教育を施し、「蕃人を愛撫し信頼の念」を固めさせること、などを挙げている［猪

---

15) 日本統治は、各集落を「蕃社」あるいは「〇〇社」と呼んでいた。

口編 1921：143］[16]。その後日本勢力は、「マリコワン蕃」「キナジー蕃」への侵略に転ずる。当該「両蕃」と日本軍は1911年、エヘン集落の西北直線距離7キロの李棟山の戦いにて激突することになる。

　日本人警察の駐在する「分駐所」がエヘン集落に置かれたのは、1915年前後である［頼 1988：94-5］。エヘン集落から1.5キロの距離にあるガオガンには、より大きな「駐在所」が設置され、100名を越す警察と隘勇が駐在した。1910年代後半に至って、「ガオガン蕃」各集落には警察が配置され、日本統治勢力の本格的支配下に入ることになる。1910年代後半には警察によってエヘン集落の頭目が選出された[17]。初代頭目ワタン・アモイは、日本との戦いで死んだ武将ハカオ・ヤユッツの父方のいとこにあたる［後掲の表1、また台北帝国大学土俗人種学研究室 1935の系統図を参照］。

第5節　「帰順」は「仲良くする」（スブラック）なのか

　以上、植民者側の史料を中心に、エヘン集落が「帰順」にいたる経緯を見てきた。ここで、冒頭に見たエヘンの人々による日本の侵略戦争の解釈に戻りたい。日本教育を受けた世代には、日本人と「仲良くする」ようになった、日本人は「平和にさせた」という解釈が存在した。ここではさらに、フィールドワークで出会ったより具体的な話から、タイヤル側の解釈を積み上げたい。

　エヘン集落のとなり2キロ、テイリック集落の男性ユタス（おじいさん）・ベフイ・ナボ（「大正10年」生まれ、初めての聞き書き時78歳）。第三回

[16) 教育特に日本語の重視、家族国家イデオロギー、「蕃人」に対する「可愛い」「子ども」の比喩など、台湾山地で展開した日本植民主義の特色については中村平［2001］を参照。

17) エヘン集落頭目の選抜過程については第3章を参照。

第 5 節 「帰順」は「仲良くする」(スブラック) なのか

高砂義勇隊でニューギニアに赴き、九死に一生を得て台湾に帰ってきたタイヤルである。1999 年に初めてお会いしてから、私はユタスから日本時代のお話を日本語でうかがっている。ユタス・ベフイは私に語って聞かせる。「バロンに (日本の) 砲台があった。Teqliaq (テイリック) まで飛んでくるよ[18]。タイヤルが悪いことをするので、(日本は) そうする (大砲をうつ)。僕らは破片を使って、それをたたいて伸ばして、くわを作る。『ああ、日本人はありがたいな』って」。

　(私)「それは何時ごろの話なんですか？　ユタス (おじいさん) が生まれる前？」(ユタス)「お父さんの話を聞いたんだ。(中略) バロンの一番高いところに、日本の兵隊がおった」。(私)「日本との戦争はどうだったんですか？」(ユタス)「やっぱりあった。実際は日本人は、タイヤルを教育したいという気持ちで (戦争を) したんだ。あの時、ひとりの警部がおる (前述の日本人通訳)。ワタン (Watan) と (タイヤルの) 名前をつけたらしい。ワタンはガオガンに頭目を集めて言った、『どの頭目が日本人を殺すのか？』って。カラホ[19]の頭目が (自慢して) 言った、『わたしが率先して日本を殺す、わたしはとても勇敢の人』って。(日本は) あの人間を捕まえて、バロンに持っていった。本当は撃たれるはずなんだ。(カラホの頭目は) ユカン・スヤンという名前のタイヤルだ。(日本はユカンを) 家 (兵営) の一番上に置いた (監禁した)。その前は、みな兵隊が寝てるよ。(そのとき) 警部がささやきして (ささやいて) (ユカンに) 話した。『君は殺される』。要領があったよ、あの警部。バロンの下に鉄条網があったけど、(警部は) あのタイヤルに後ろから『早く逃げて、飛んでいけ』と話して、門を開けた。山地人は (兵隊の) 腹の上を踏んで外に逃げた。鉄条網の上から逃げた。タイヤル (ユカン・スヤン) はうち (カラホ集落) に帰った。(日本は) しゃくに触ったらしい。まだ日本はいじめに来たそうだ。そしたらユカンの足

---

[18] 直線距離にして 4 キロ強である。
[19] カラホ集落。エヘン集落の南東直線距離約 5 キロ。

第 2 章 植民暴力の常態化としての「和解」

に鉄砲があたった。それでユカンは死んでしまった。あの（ユカンの）孫がまだおる（生きている）よ。名前は知っていない（知らない）。そのときはちょうど、日本が指導に来た時。明治らしい。その話はみんな分かってる（知っている）。年寄り連中がよく話してくれる。仕事して休んだ時、いろいろ話を持ち出すよ。実は日本の警部もタイヤルに同情する心がある。（ユカンに）改心しなさいと言ったのよ。でも（ユカンは反抗して）最後に死んでしまった。そのとき私のお父さんは玉峰[20]あたりにおった。こっちに入ったら（移住してきたら）、（そんな）話がみんな分かってしまう（みんなが話すので自然と分かるようになる）」（強調は中村、以下同）。以上が、1999 年に初めてお会いした時に、ユタス・ベフイが話してくれたお話である。

翌年、私はユカン・スヤンについての同じ話を、ユタス・ベフイから気づかぬまま重複して聞き取っていた。日本との戦争の時、あるときタイヤルは、「警部から呼ばれた。各社（集落）の頭目は集合せよと。みんな行った。カラホ、バロン、エヘンも。日本人は、『日本を殺そうという人は誰が命令したのか？』と聞いてきた。ユミンはうまいよ[21]。『そういう人は分からない』『指導した人（日本人）を殺すのはもってのほかです』なんて言った。そのときカラホのユカン・スヤンは、『わたしが言った』と言ってしまったんだ。ユカンは当然捕まえられて、バロンに連れて行かれた。鉄条網が張ってある。バロンの一番高いところ。大砲もある。ユカンは、そう言ったら日本がほめてくれると思ったらしい。実はユミンも、本当は率先してる（率先して日本を攻撃した）」。

「ユカンは日本の計画で、明日銃殺されることになった。警部（前述の日

20）マリコワン群の一集落。ユタス・ベフイの父親はマリコワン群の出身で、テイリックに移住してきた。
21）テイリック集落頭目のユミン・ロクル。1910 年 10 月 20 日の「帰順条件示達式」に際して、「蕃人」の代表を務めたと記されている［猪口編 1921：643-8］。早くから日本側と接触し、ネゴシエーターの役割を務めた人物であったようだ。このユタス・ベフイの話から、ユミン・ロクルは日本人に対しては表面上従順な態度を保ってはいるが、実は背後で様々な画策を行っている様子がうかがえる。

第 5 節 「帰順」は「仲良くする」(スプラック) なのか

本人通訳) はタイヤル語が分かる。ユカン・ワタン (Yukan Watan) という (タイヤルの) 名前があった。(日本名は) イシダだったかな？とにかくその警部が、ユカンを逃がしてあげたんだ。もちろんユカンは逃げたよ。あの警部も人を愛するらしい。あの警部も、(今度は日本人に)『(みんな) 早く、逃げたぞ』と言った。兵隊は鉄砲でやって (鉄砲を撃って)、ユカンは隠れて、カラホまで帰った。第二回にまた (バロンに) 行かなかったら、死ななかった。ユカンはまたバロンに行ったよ、日本を殺した。そしたら兵隊に足を撃たれて、病気になって死んでしまった」。

(私)「それは何時ごろの話なんですか？」(ユタス)「わたしが生まれたか、学校一年生あたり。あれ (ユカン) の子ども、ハユン・カウィル (Hayun Kawil) も勇ましかった」。(私)「ハユン・ユカン (Hayun Yukan) という名前じゃないんですか？」 タイヤルは父子連名制 (「自分の名・父の名」が名前になる) をとるのが普通であり、ユカン・ワタンの子・ハユンは、ハユン・ユカンとなるはずである。しかしハユン・カウィルとユタスが述べたため、私が疑問に思って質問したのである。父・ユカンが日本との戦いで早死にしたため、子・ハユンはうしろに母の名をとって、ハユン・カウィルと呼ばれたとのことである。

(ユタス)「カウィルはお母さんの名前。ハユン・カウィルの息子がログ・ハユン (Longu Hayun) とレサ・ハユン (Laisa Hayun)。二人とももう死んだ」。(私)「ユカン・スヤンの話は、ブ・マカオ (bu makao、ボンボン山) の戦いの前の話ですか？」(ユタス)「ブ・マカオが先。タイヤルは激しく日本人を殺した。日本人はシナレク、バロン、マメー[22]に大砲を置いた。ユカン・スヤンの話はわたしが生まれたころかな[23]。カラホの人間もわたしに話してくれた」。

[22) マメー集落。ガオガン群のとなりマリコワン群の一集落。李棟山頂からやや下ったところに位置する。
[23) ユタス・ベフイが生まれたのは 1921 年のはずなので、ユカン・スヤンの話はそれより 10 年程前の出来事である。

第 2 章　植民暴力の常態化としての「和解」

　ユタス・ベフイのこの話の重点は、日本の警部の「要領」や同情心、「愛」を、日本人の聞き手である私に伝えようとするところにあるようにも聞こえる。初めの話では、大砲での攻撃すら「ありがたい」と語られる。日本の侵略性が脱色された形で、日本人である私に強調して伝えられる。「糾弾しない語り」の典型といえよう。

　以上のような話をふまえたうえで、冒頭の「糾弾しない語り」を再考したい。タイヤルの人たちは、前節に見たような日本との激烈な戦争を経てもなお、なぜ「平和にさせた」「仲良くする」ようになったと解釈するのか。もしくは、本節で紹介したユタス・ベフイの語りに注目するならば、日本が大砲を打つのは「タイヤルが悪いことをする」からという解釈を、私は一体どのように聞くべきなのか。

　まず、「仲良くする」という解釈が、タイヤルの従来の文化や民族性に根ざしているとする解釈を考えてみたい。結論では、植民者日本人の末裔である私が、この解釈に全面的に依拠して「糾弾しない語り」を考えることは退けられる。しかしこの解釈は、2002 年の現在、タイヤルの人々が自らの主体性を復活・創造する際に非常に重要なものとなっていること、そしてスブラック（sblaq、仲良くする）やスバライ（sbalay、和解）という語の現在の意味を考える際に重要な要素をなしていることを鑑み、ここに日本語読者に提示したい。

　伝統的タイヤルの戦争（mciriaq）において、勝ち負けは必ずしも明確なものではなかったと推測される[24]。冒頭部分にてユタス・シランが答えているように、「降伏する」という単語はタイヤル語に翻訳しにくい。日本人によるタイヤルの慣習調査報告書には、それを裏付ける記載がある。タイヤルの「敵対関係の終止即講和はこれを『ミシビラク』と云う。お互いに親好を為すの義なり。本族間には又征服又は降伏に該当すへき語を有せす。故に従来清軍又は我討伐軍に屈服したる場合にも尚之を『ミシビラ

24）場所により "mciriq" とも発音・表記されるようである。

ク』と言へり」［臨時台湾旧慣調査会 1915：381］。「ミシビラク」（msblaq）とはすなわち、ここまでにたびたび登場してきた、スブラック（仲良くする）に他ならない[25]。

このように、タイヤル語には「降伏」「帰順」に相当する語が存在しないという点から、「仲良くする」という解釈を考えることができる。つまりタイヤル人は日本のいう「帰順」の何たるかを理解せず、自分勝手に「仲良くした」と解釈していたとする考え方である。タイヤルの民族性もしくは伝統的な社会文化的特性によって、日本が押し付けてきた「帰順」を解釈しているとする考え方である。既存の認識体系によって「帰順」を解釈しているとする見方である。

伊凡・諾幹［Iban Nokan 2000］は、「大嵙崁蕃」ならびに「大豹蕃」における「帰順」について、森丑之助［1917］による上にあげた慣習調査報告書と同様の分析を引きながら、こう述べている。日本との抗争に際して、「蕃人は独立した精神を強くもっており、帰順とは和解に過ぎないと言える。そのため、帰順儀式にあっても、蕃人は一般に、意識の中では日本人と対等の地位にあると考えていたのである」［同上：28］。そのため、帰順した翌日に反旗を翻すという例にはこと欠かなかった［同上：29］。伊凡によるこうした歴史記述は、抵抗するタイヤルの主体性を抽出し、民族主体を創造する試みと読める。第1章に見たように、1980年代からの台湾の民主化と同時に「原住民族」（中国語）の復権運動が進められており、先住民族の主体性の模索が追究されている現状がある[26]。

しかし、日本植民地統治を経験したのちにもなお、スブラックという語が、清朝時代あるいは日本統治以前の語義をそのまま有しているのだろうか。タイヤルの人々は、圧倒的な日本軍の力を後ろ盾とした支配を目の当たりにし、また駐在所が各所に作られ日本統治に巻き込まれていく中で、

---

25)「ミシビラク」（msblaq）は動詞の変化形だと思われる。
26) 小林岳二は、先住民についての歴史研究自体が、先住民族像の模索の手段となっていることを指摘している［1997：73］。

第2章　植民暴力の常態化としての「和解」

日本と「仲良くなった」「平和になった」と、字義どおりに本当に信じることができたのだろうか。

　まず確認しておかねばならないのが、「仲良くする」「平和になる」という言いまわしが、鎮圧し統治しはじめた日本人側から発せられている可能性である。冒頭のママ・ウマオ（64歳）が語るように、日本人通訳者ユカン・ワタン（中間警部）は、「仲良くしないとだめだ」とタイヤル側に通告してきたという。日本側のその後の対応は、仲良くするためには武力をも辞さなかったわけであった。武力によりタイヤルを鎮圧・平定したことを、日本側は「仲良くなった」「平和になった」と言語化したのであろう。タイヤルたちは植民者のこうした日本語の語りを、「蕃童教育」や日本の植民統治が遂行される中で、流用せざるをえなかったと考えられる。抵抗が抑えられ、それを「平和」や「仲良くなった」と強圧的に言語化されるこの矛盾した事態を、タイヤルたちは一体いかに理解したのか。

　日本による軍事制圧を「仲良くなった」「平和になった」としてタイヤル語で語る際、スブラックという言葉は、過去に存在した意味を変質させはじめてはいなかっただろうか。スブラックした（「仲良くした」）はいいが、日本は集落における政治や宗教や経済生活に干渉してきた。日本の統治に対する拒絶感・拒否反応は当時明らかに存在していたのである。タイヤルに干渉する植民政策に対する懐疑と批判は、アメーバ赤痢の発生（1925年）などに際して高まっていたことが、植民者によっても記録されている［原田編 1932：767-8；926］。圧倒的軍事力をもつ日本と武装解除されつつあったタイヤルは、対等な意味で仲良くなったといえるのだろうか。その疑問を感じたとき、スブラックという言葉を使わない者もいたであろうし、無力感を感じながらつまり語義の変質を感じながら、スブラックという言葉を使った者もいたであろう。

　例えば、先に見た「ガオガン蕃人」による銃器の「隠匿」は、「帰順式」ののちも存在する現象だった[27]。日本側は銃器を提出、または銃器の登録を迫るが、タイヤル側にはそれを拒むものも存在したわけである。銃器の

第 5 節　「帰順」は「仲良くする」（スブラック）なのか

提出を拒むタイヤルが、果たして「われわれは日本とスブラックした」とタイヤル語で語ったとは考えにくい。銃器の提出を拒む者は、おそらく日本とスブラックしたと語らなかったであろう。たとえ日本とスブラックしたと語った者がいたとしても、その者もスブラックの意味の変質を取りまく磁場から自由ではいられなかっただろう。それはタイヤル語スブラックの、伝統的語義をめぐっての緊張した抗争状態である。

　スブラックの伝統的意味は、植民地体制の圧倒的な力を前に、次第に無力化していったと考えられる。1910 年代にエヘン集落に駐在所が設置され、隣のガオガンに教育所が設置されるなか、スブラックの伝統的語義は無力化していく。駐在所や教育所の設置が端的に象徴する日本植民地体制の常態化は、「すでに日本とタイヤルは仲良くしている」という認識をタイヤルに強制する。銃器の提出を拒むものは非合法化され、日本とタイヤルはまだスブラックしていないと認識する者は危険分子と見なされる。統治という体制の常態化こそが、スブラックの伝統的語義を無力化し骨抜きにする。日本の引き起こした侵略戦争からは侵略という性格が取り除かれてゆき、エヘンの人々は 1910 年に生起した現象に対して、それは日本との「仲良くする＝スブラック」「和解＝スバライ（sbalay）」であったという解釈を行うようになる[28]。スブラックの語義をめぐる抗争状態は、ここに至って新たな局面に入ることになる。しかしここで想起したいことは、

---

27) 以下の史料を参照。「ガオガン蕃取締ニ関スル内訓」として台湾総督は、「ガオガン蕃ハ已ニ平キタレトモ善後ノ経営其ノ宜シキニ適ハサレハ十日燧之一日寒之ノ虞アリ」、そのため以下の内訓を発した。一、「銃器弾薬ノ密蔵ヲ厳重ニ捜索シ之ヲ押収スルコト」、二、「常ニ蕃情ヲ探査シ新タニ銃器弾薬ヲ取得セシメサルコト」［猪口編 1921：143］。以上より「ガオガン蕃」タイヤルたちは、「帰順」後も当局の意向に容易に従わなかったことがうかがえる。
28) フィールドワーク後、タイヤルの「和解（sbalay）」についての研究も登場し［官大偉 2015］、また 2016 年の総統の先住民族に対する歴史の不正義への謝罪においても、この語を用いて和解について言及されている。エヘン集落での聞き書きでは、意味が重なる部分もあるが、「sblaq：二人が仲良くする（なる）、双方の関係が良くなる」「sbalay：和解する」という解釈も聞かれた（balay は「真、本当」という意味）。

スブラックの、伝統的語義をめぐっての緊張した抗争状態そのものなのである[29]。

第6節　日本人が日本語を用いて聞き書きすることの制約

　日本語を用いて私が台湾先住民の植民地経験を聞き書くことの制約や条件を、いかに考えればよいだろうか。ここで植民暴力との関係で登場するポジショナリティの問題と、日本語と母語という問題について確認しておきたい。
　霧社事件での毒ガス使用についての証言を得るため、1990年に台湾中部高地をスタッフとテレビ取材に訪れたRCC中国放送の尾崎祈美子（1963年生）は、取材中に、事件の生存者であるバカン・ワリスさん（女性）の態度に日本人である尾崎に対する「怯え」［尾崎 1997：49］を感じ取っている。バカンさんが霧社事件の先住民側の決起を、日本人から責められていると感じたのかもしれないと尾崎は考える。

　　（案内役の方が）「この人たちは毒ガスの話を聞きにきたんですよ。事件のことを責めているのではないんですよ」ととりなしているのを見て、私はハッとした。自分が日本人であることを忘れていたのだ。いきなりやってきた日本人から、霧社事件のことをどう思うかと聞かれれば、彼女にしてみれば事件のことを責め立てられているように感じるのも無理はない。バカンワリスさんの父親や兄弟たち、そしてもしかしたら恋人も、蜂起に参加して日本人を襲撃したのだ。そしてそのために、マヘボ村の子供も老人も無差別に爆撃

---

29) 強調されるべきは、スブラックの語義が浮遊し確定しがたいものになっていたことのみにとどまらない。語義のゆれは、植民地支配が生み出した＜鎮圧――反逆＞の緊張した磁場にあって生起するものである。この点は冨山一郎氏に示唆を受けた。

第 6 節　日本人が日本語を用いて聞き書きすることの制約

されて殺されたのだった。／「女はわからないよ」とかたくな態度で肩をふるわせるバカンワリスさん。彼女が 60 年前に体験した日本人による制裁の恐ろしさを見る思いがした。私も同じ日本人なのである。[49-50 頁]

　バカンさんが感じているものは恐怖、あるいは暴力の予感だろう。日本人が日本語によって質問するなかで登場する記憶は、過去の暴力の想起とともに登場する。一方、漢人研究者が中国語を用いて日本統治についてタイヤルの高齢者に聞き書きしたものの中には、直接的な日本統治への批判（いわば糾弾する語り）が登場している［第 4 章第 4 節を参照］。これらのことは、日本人が日本語で聞き書きをすることの制約について反省と思考を促すだろう。
　また、台湾の文脈から外れるが、森亜紀子『日本統治下南洋群島に暮らした沖縄移民』[2013] が聞き書きした「南洋」経験の沖縄移民の語りには、母語によって天皇への怒りを表明したものが含まれている。南洋興発の製糖工場で働く男性（小学校の同級生だった）と結婚し、サイパン島に渡った比嘉すみ子さん（1918 年生、女性）が森に語っているものだが、戦争で亡くした子どもを思い出すと、夫は天皇のことを持ちだしたという。

　　「いつもわったー親父、わじわじー（しゃくにさわる様子）していた。天皇陛下、トゥンヌクスー（鶏の糞）陛下って言いよった。子供たち全部死なすからさ。防空壕から出すから、みんな『天皇陛下バンザーイ』するのに、天皇陛下は反対に日本兵を自由にさせて、死なすさ。それで、『天皇陛下あらん（ではない）、トゥンヌクスー（鶏の糞）である、なんで止めなかったかー』と。怒ってさ、そう言っていた。戦争止めるのが天皇陛下だって。」[195 頁、括弧内は森による補足]

　比嘉さんは、サイパンで 1944 年 6 月に米軍の猛攻撃が始まったあと、三人の子どもを抱えながら夫とともに防空壕を逃げ隠れしていた。しかし

81

第 2 章　植民暴力の常態化としての「和解」

「防空壕の一番奥に入っていたが、子持ちはみんな出なさいって出された」［194 頁］。「一人の子が泣いたら、千人の人間が殺されるよー」ということが言われていた。「日本兵二人来て、子持ちを出すわけ。して自分たちが入るわけ。一番汚いのが日本兵。みんなこんなやられたって」［194 頁］。比嘉さん夫婦はそして三人の子を亡くした。夫の腕には焼け焦げた弾の破片が入りこんでいたが、子を亡くしたショックで「痛い」とも言わなかった。米兵が接近する状況で、子らの遺骸は壕に残していかざるを得なかった。「どんな苦労もした、生きてはいるが」［195 頁］。

　上の「トゥンヌクスー」を含んだ語りが、沖縄の言葉でなされていることに注意を促したい。そのことは、私が台湾の山地において、先住民タイヤルの高齢者の記憶の聞き書きを日本語で行った制約や条件についての示唆を与える。つまり、私が主として日本語で聞き書いた（皇民化教育を含む）日本植民主義の言説枠組みのなかでの語りの限界をどう考えるのか、という問題である。それは、「ありがたい」とか「仲良くなった」という字面のみから「親日」性を読み込んでしまう問題でもある。日本語を用いて台湾先住民の植民地経験を聞き書くということの条件について、植民暴力との関係で登場するポジショナリティの問題と、日本語による聞き書きという制約をここで改めて喚起しておきたい［第 4 章第 4 節も参照］[30]。

30）漢人の人類学者である楊淑媛［2003b］は、フィールドで出会ったブヌンと日本の間の霧鹿事件（1914 年）や逢坂事件（1933 年）の暴力的な記憶を記している。ここで詳細な検討は行わないが、殺戮の間に行われた日本女性へのレイプの語りは、聞き手としての漢人のポジショナリティを推測させる。日本人への聞き手に、同じようにこの話が語られるかどうか疑問とせざるを得ない。

第7節　語りが生み出されるコンテクスト

　次に、再びエヘン集落近隣での聞き書きに戻り、「糾弾しない語り」がいかなる社会的コンテクスト（脈絡）においてなされたか、という側面を考えておきたい。発言や認識が、「何時、どこで、誰に」語るかによって変化してくる、状況依存的なものである可能性は否定できない。以下ではエヘン集落の高齢者の語りを、一、中華民国台湾における彼らの位置、二、聞き書きを行っている私の日本人という属性と彼らの関係、の二点から述べたい。
　国民国家中華民国（Republic of China）[31]の管轄下にあるエヘン集落は、端的に言って「周縁」にある。中華民国において人口2パーセントほどの先住民を取り巻くのは、人口の圧倒的多数を占める漢民族／漢人である[32]。漢民族には、第二次世界大戦後、蒋介石政権と共に大陸から移住してきた外省人と、主に明・清朝期に移住してきた本省人というカテゴリーが人々に認識されている。また近年、政府の労働政策により外国人労働者（多くはフィリピン、タイ人）が急速に増加し、ベトナム人花嫁も増えている。
　先住民は言語や習慣の違いから、漢民族が主導権を握る労働市場になかなか食い込めないでいる。漢民族の大多数を占める福佬人（閩南人）は福佬語（ホーロー）を話し、それは先住民が学校で習う国語（中国語）とは別の言語である。そのため、コミュニケーションをとる時点で既に障壁が存在する。先

---

31) 中華民国は国際連合や日本には一国として認められていない存在だが、台湾島と澎湖島、金門・馬祖島を実効支配のもとにおいている。
32) 漢民族の友人のなかには、日本人である私から「漢族（ハンズー）」と言われることに違和感を覚える人もいた。安易な一般化は出来ないが、普段先住民族をしるし付け（マークアップ）している人たちが、日本人から「漢族」としるし付けされることに違和感を持ったのではないかと感じることが、私の経験で時にあった。

住民の企業家は少なく、農村部では果樹や野菜栽培に従事する。または都市に出て日雇いや工場労働者になるか、自宅での下請け手工業にいそしむ労働形態が多い。近年彼らは、都市部で外国人労働者との雇用競争に敗れ、自分の村に帰るがよい職に恵まれない。農業も、「水源保留地」などさまざまな制約で政府の干渉が入るため、なかなか自由な開発ができず、ある程度の規模の開発には土地の申請など、下部行政機関との連携が必要である。漢人式の習慣（公務員に「袖の下」を送るなど）に慣れない先住民は、観光開発でも漢人たちに一歩先をいかれてしまう[33]。教育制度においては、高校・大学入試において得点に下駄をはかせる優遇措置が取られているが、いわゆる都市の「よい」学校に子弟を就学させるには、様々な問題が存在する。まず子弟を下宿させる環境が必要であり、次には子どもが親と離れて暮らすことから生ずる、情緒不安定や非行の問題である。山間部には塾などの補習制度もなく、情報面においても圧倒的に不利である。一部漢族からは「ホァナ」（蕃仔）という差別用語が投げつけられ、差別は依然として継続中である。台風期には電線が故障しやすく、復旧作業ははかどらず、二日三日の停電は普通である[34]。私も、度重なる停電によってフィールドワーク作業が中断し、また友人との連絡もままならず、しばし困惑した。このような状況では、山地の子どもが都市の子どもに比べ学力が伸びないのも、彼ら自身の努力不足に帰せられない。こうした点は、エヘン集落が台湾において周縁状況にあることをよく示していよう。

　次に、エヘン集落の高齢者の語りをコンテクスト化する二点目、発言が誰に語られているかを考察しよう。私の日本人という属性と、エヘン集落タイヤルの人たちの関係が問題となろう。初期のフィールドワーク当時、私の属性には、日本人、男性、20代後半の若者というカテゴリー、台湾

---

[33] エヘン集落のとなりのバロン集落は、桃栽培や檜の神木で有名な観光地であるが、当地の観光業は平地から上がってきた漢人に独占されている。
[34] どうせこんな山奥は何の関心ももたれないのさ、と自嘲気味につぶやくエヘンの人もいた。

の大学の修士課程学生（高学歴者）といったものが想定された。さて、私がエヘンの人々と相対する際に突出してくるものが、日本人という属性である[35]。エヘン集落の人々は、私が「どんな」日本人かにかかわりなく、日本人という単一のカテゴリーに押し込もうとする。その理由を私は、タイヤルの人々が日本人を過去に密接な関係（さらには侵略）をもった人間集団、しかし現在はあまり頻繁には対面することのない人間集団だと認識しているからだと考えている。

あるタイヤル男性（70歳）はイタリア旅行に行った際、出会った日本人に無視されたことを強調して私に語る。その背後には、「昔あんなに密接な関係があった日本人に無下にされるなんて」という、無念にも似た気持ちが見え隠れしていた。イタリアでこの男性に出くわした日本人は、好意的に解釈すれば不運かもしれない。彼の個人的な脈絡、例えば何かの用事で忙しかったなどは全く不明であるが、タイヤルのこの方の語りでは、一方的に「悪者」にされてしまうからである。しかしこのささやかな事件は、桃園市山地の文脈において、「傲慢な日本人」もいるというふうに解釈されてしまっている。タイヤルの方に出会った日本人は、日本人を代表するものとして日本人というカテゴリーにくくられる。「どんな」日本人かにかかわりなくという点は、例えば私が反植民主義・帝国主義の思想をもっていようがいまいが、また例えば国粋主義の思想をもっていようがいまいが一切構わずに、という意味においてである。そして、エヘン集落の特に高齢者は、訪問してきた日本人を往々にして歓迎し歓待してくれるのである。私は1990年の後半から、合計日数にして一年半弱をエヘン集落周辺にて滞在しているが、日本による戦争の侵略性や植民統治の責任を口に出して問いつめられたり、直接に「帰れ」などと言われた経験はない。

もちろん、すべてのエヘン集落高齢者が、日本人を一様に歓迎し歓待す

---

[35] もちろん状況によっては日本人以外の属性が突出してくることも考えられるが、日本人とタイヤル人の関係の歴史を問題とする本章においては、その他の属性に関してはとりあえずおくことにする。

第 2 章 植民暴力の常態化としての「和解」

るわけではない。例えば、ヤキ（おばあさん）・サユン・ベフイ（1923 年生）は、コレ集落から 18 歳の時にエヘン集落に嫁いできた。コレ集落は、エヘン集落より直線 5 キロのマリコワン群に属する集落である。彼女はコレ集落では「蕃童教育所」に通わなかったそうで、そのため日本語があまり話せない。私が寄宿していた家のヤタ（おばさん）・ヨシによると、ヤキは小さいころ母が亡くなり、家事をするため学校に行けなかったということだ。このような人が日本統治についてどのように考えているのかは、不明とせざるを得ない。つまり私が聞いた話は、往々にして日本人に対して積極的な人々から得られたものになりがちであるということだ。

　それをふまえたうえで、エヘン集落周辺のタイヤル人が、いかに「日本」を語るか、またイメージするかを示したい。ひとことで言えば、それは日本の優勢な位置の取り方である。大別し、「日本」は桃園市の山地に対して、以下の 4 点において優勢な位置を占める。

　一点目が技術・物質文化の優越である。例えばフィールドワークにおいて私は、しばしば日本の飯盒の評価の高さを耳にした。日本に帰国したのち、再びエヘン集落を訪れるために国際電話をした際、お世話になっているママ・ウマオ（64 歳）から「飯盒を持ってきてくれ」と頼まれる。ある日本人は親友のエヘンの方に、国際便で数十箱の飯盒を贈っている。また、魚突きを好む彼らにとって、日本製の水中眼鏡は性能の面で台湾製をしのぐため好まれており、彼らの用いる釣具の多くは日本製である。日本製が本当によいのか私に判断はつかないが、少なくとも彼らの認識においてはそうである。彼らが現在多く栽培する作物である桃の品種について、日本のものは甘味が高いとして好まれる。バロン集落のユタス・タナ・ノカン（故人）は日本に娘が結婚して行ったこともあり、これまでに 6、7 回ほど日本を訪問し、長野県などの農家から桃の枝を入手し研究・開発に余念がなかった[36]。私はタイヤルの人々から、「日本で今一番高い果物は

---

36) ユタス・タナは 1926 年生まれの元第三回高砂義勇隊員である。

第 7 節　語りが生み出されるコンテクスト

何か」などとよく聞かれることがある。彼らは日本の農業事情に非常に関心をもっているし、農業発展と経済的自立のためにと、日本から桃の苗を大量に持ち込み、エヘンの方に寄付した日本人も存在する。こうしたことは日本の技術・物質文化の優越を物語る。

　日本国のイメージも総じてよいものである。バロン集落の陳栄敏牧師は最近の日本旅行の感想をこう言う[37]。「大阪城とか、明治神宮にも行った。タイムカプセルを見た。あー文明人はどんなことでもするな、と思った。先進国家だ」。ブトノカン集落のユタス・ハユン・ナブ（故人、1927年生）は日本旅行の際、以前台湾にいたことのある日本人に会ったが、旅館で日本の礼儀を知らず恥をかいた話をしてくれた。ユタスは第二次大戦末期、高雄の軍事工場で働いた経験を持つ。日本は道路にごみが落ちておらず、衛生面に非常に気を使っているという見方は集落の人々のみならず、台湾全島において聞く話である。日本は物価が高く、食べ物は手が込んでいて精緻なものが多いという見方も普遍的である。もちろんこうした見方に、いまや山地のすみずみまで普及したテレビが寄与していることは言うまでもない。総じて、日本国のイメージは集落の人々の間で非常に高い。

　次に日本語の優越である。日本教育を受けていない40代の男性（サルッ集落）は、日本に行ったとき日本語が出来ず、「悲しい思いをした」という。この方は、父の世代が流暢に日本語を操れるのに自分ができず、残念に思っているのである。彼らが東南アジアに行って、現地の言葉が出来ず悲しむだろうか。ここには「日本語が出来て当然」と思う考えが背後にある。植民統治時代に普及した（させられた）日本語は、桃園市山地においてもその地位を高め、現在に至っているといえる。

　日本人の地位の優越も垣間見ることが出来る。タイヤル女性が日本人男性と結婚したが関係がうまく続かず、離婚に至るケースをよく耳にする。

---

37) 陳栄敏牧師はインタビュー当時70歳（1930年生）、タイヤル名はレビン・シランである。バロン教育所で7、8年学んだ後、空襲がひどくなったため、千代の台教育所に一年間補修に行ったという。

日本人とタイヤル人の結婚では、日本人男性とタイヤル女性の確率が圧倒的に多い。その場合、これまで述べてきたように、日本の国力が強く台湾山地人の力が弱いという関係においては、「山地人が日本人に捨てられたのではないか」という見方が往々にして生まれがちだ。離婚の実際の状況はプライバシーの問題もあって深くは聞くことができないが、そのような見方が集落の人々の間に存在することは、私にも容易に想像できた。そのため、あるタイヤルの女性が台北で日本人と交際しているが、女性の母（63歳、日本語がかなり話せる）は両者の将来の関係を心配し、結婚には反対している。

　以上、「日本」が桃園市の山地に対して優越な位置を占めていることを、四点にわたって見た。タイヤルの声を聞き書く私は紛れもないその日本から来ているということであり、私はそのような存在として認識されているのだ。これら日本と桃園の山地の力関係、そして先に述べた、先住民の中華民国における周縁の位置を重ね合わせて考えてれば、本章の冒頭で述べられた「糾弾しない語り」が、ある社会的脈絡の中に位置づけられよう。中華民国における民族的弱者であるタイヤルの人々は、中華民国外部の日本とのつながりを強調し、もしくはつながりを持つことで、中華民国における彼らの位置を確立しようとしてもいるのだ。この事態を、タイヤルの人々による、「日本」の流用行為とみなせよう。流用行為の背後には日本の（文化的・経済的）優位という不均衡な力関係が存在している。さらには本章で見たように、日本の軍事力による武力鎮圧がその根底にはある。そうした関係のもとで、日本人との親近感は現在においても創造されているのである。「糾弾しない語り」は、力を持つポジションに立つ日本人に向けて語られているということが考慮されなければならない。その語りの背後には、中華民国におけるタイヤルの苦境と、マジョリティである漢民族に対して自分たちの存在を主張せざるを得ない、先住民族という主体の創造運動が織り込まれていることを理解しなければなるまい。

第8節 「糾弾する語り」について、そして二分法の破綻

　これまで「糾弾しない語り」について、「仲良くする」（スブラック）という語の意味のゆれと、その語りが生み出されるコンテクストを見てきた。しかし当然の如く、私に対し「糾弾する語り」は全く向けられないのかという疑問が存在するだろう。実は、以下で述べるように、「糾弾しない語り」と「糾弾する語り」を、明確に二分することはできないのである。その前に、「糾弾する語り」に見える語りを考えたい。

　これまで、日本による侵略戦争を、「平和にさせる」「仲良くする」とするタイヤルの解釈を強調してきたが、実はまれにではあるが、タイヤル側が「降参する」「負ける」と日本語で語る例に出会っている。これらの声は、よく耳をそばだてないと聞き取ることが出来ないものである。三つの例を挙げる。

　冒頭にも発言を引用させていただいたママ（おじさん）・ウマオ（聞き書き時64歳）。「南山（宜蘭のタイヤル集落）のほうは、早く（日本に）降参したよ」（日本語）。宜蘭県は桃園市の隣県である。エヘン集落となりブトノカン集落のユタス・シラン・ノミン（聞き書き当時70歳）は「（宜蘭のタイヤル）は早く投降した」（日本語）と言っている。これらは、エヘンを含むガオガンのタイヤルを宜蘭のタイヤルと対比させて語る際に、半ばぽろりと飛び出した言葉である。なぜ自分たちガオガンの状況については「降参」「投降」と言わないのか。第5節に伊凡・諾幹［2000］による解釈で見たように、「降参」と言わず「仲良くする」と言うことは、自分たちガオガンのタイヤルの主体性を現在において確立する行為であるからなのではないか。

　またママ・ウマオは日本統治時代について、あのころのタイヤルは日本

第 2 章　植民暴力の常態化としての「和解」

人の「話をよく聞いたものだった」（很會聽話）と中国語で語ってくれたことがある。言いつけをよく聞いた・守ったとも解釈できる発言である。すぐに私は、「土地返還運動」などで首都台北に抗議デモに出向く、エヘンを含めたタイヤルたちの行動を思い浮かべる。デモとは政府の話を素直に聞かず交渉に出向くことであり、そのように日本時代を相対化するママ・ウマオの主体性は、そこに浮き出ている。

　ママ・ベフイ・マライ（聞き書き当時 51 歳、故人）は、しばしお酒を共にしてくれる気さくな方であるが、日本軍と戦って血だらけになった人の話をあるとき中国語でしてくれた。ママ・ベフイの父・マライ・ノカン（Malay Nokan、故人、1906 年生）は、彼のおじであるワタン・ハカオ（Watan Hakao）が日本人と戦って、傷を負い血だらけになった様子を幼心にはっきり覚えていた。ワタン・ハカオは滝の裏にその遺体が隠された武将ハカオ・ヤユッツ［第 4 節］の三男であり、父と共に戦いに参加していたのである［表 1 を参照］。これを語ってくれたママ・ベフイは、このように生々しい経験を身近なものとして感じているはずであるが、それでも私を糾弾するということはなかった。この話は、彼と知り合ってすこし時間が経ってから話してくれたものであり、日本を糾弾しかねないこのような話を、彼がすぐには私に話さなかった（話せなかった）という点は、注意しなければならないだろう[38]。なお、ワタン・ハカオの兄ユカン・ハカオの写真が残されていた［写真 3］。彼らの父ハカオ・ヤユッツが 1910 年に戦いで斃れてから 25 年後に、日本人に向けて口琴（ルブゥ）を吹く様子のものである。

　カソノ集落在住の戦後生まれの簡清安・劉莉娟の両氏によると、タイヤルは日本に抵抗したのみならず、「西村事件」（ボンボン山もしくはシナレク山の戦いを指すと思われる）において日本に勝った。西村は日本により派出所が設置されてつけられた地名であり、現在も日本語や中国語でそう呼ば

38）ママ・ベフイは 2005 年 12 月、ワナかけに山に入り不慮の事故で逝去された。

第 8 節　「糾弾する語り」について、そして二分法の破綻

（写真 3）口琴（ルブゥ）を吹くユカン・ハカオ。エヘン社警察官吏駐在所。
（1935 年宮本延人撮影、台湾大学人類学部所蔵）

れている。枕頭山事件や李棟山の戦いも日本が負けたのだと言う。この話は、私が 2000 年 8 月 17 日復興郷郷民代表所（名称は聞き書き当時）に赴いた時、中国語により行われた。日本教育を受けた世代の下の世代によるこの異質な語りは、私によるすっきりとした解釈を今なお許さない。少なくともここで言えることは、日本による侵略戦争の解釈をめぐって、タイヤル内部においても、個人においても、その出来事が確定しない事態が継続しているということである。主体性はここに浮き彫りになる。

　現在は桃園市の平地と、山地のエヘン集落に散在する子どもたちの家を回り住むヤキ・ピスイ・カウィル（聞き書き当時 79 歳、故人）。（私）「タイヤルは日本と戦争したんじゃないですか？」（ヤキ・ピスイ）「負けるでしょ、タイヤル。（中略）ブ・マカオ（ボンボン山）（の戦い）もハカオ・ヤユッツの時かもしれん。日本が台湾に来ないと、（タイヤルは）ものごとが分か

91

第 2 章　植民暴力の常態化としての「和解」

らないでしょう。（日本人は）桑の木を山の人に分けて、かいこを養った。（かいこの）まゆで飛行機の落下傘を作る。（かいこで）糸を作るのよ」（日本語）。

　後半部分は「糾弾しない語り」に舞い戻っているが、そのなかに埋め込まれた「負けるでしょう、タイヤル」という言葉は、日本との戦争状況をはっきりと認識し解釈している[39]。「負ける」という言葉が、女性高齢者から発せられているという事態にジェンダー差を読めばよいのだろうか。以上の二つの例とも、日本との戦争を敗北したと認識しているのであるが、それらはよく耳を傾けないと聞き取れない性質のものである。「敗北」は、はじめの語りでは自分たちではなく宜蘭のタイヤルに言及するなかで間接に登場し、次の語りでは日本が押しつけた「近代化」賞賛の声にともすれば隠されてしまう。

　エヘン集落近隣のタイヤルの人々は、「ガオガン蕃」への日本の侵略戦争を「負ける」とも「日本と仲良くする」とも認識しているのだ。先に触れたようにこうした事態にあって、スブラックの語義は浮遊した、確定しがたいものになっている。先に見たスブラックの語義をめぐる緊張感ある抗争状態は、現在においても継続中なのである。伝統的な意味での和解＝スブラックを保持しようとする見方と、日本植民主義による和解をスブラックとする見方のせめぎ合いは、現在においても決着を見ないのだ。もしくは、日本人である私を前に、その緊張状態がタイヤルの人々に想起される。そこには日本人とタイヤルの現時点での力関係が背後にある。そうした中にあって発話される「スブラック」や「仲良くする」という語には、植民地侵略戦争により消された無念の声が感知されるのである。

　日本との戦争に「降参する」「負ける」という認識は、侵略者に対する糾弾に結びついてもよいはずである。しかし、タイヤルの人々は、日本人である私という存在を目の前にして糾弾する語りをぶつけはしない。糾弾

---

[39] これに対し、「ものごとが分からない」タイヤルという表現は、「蕃童教育」などにおいて日本人から繰り返された言説であると思われる。

第 8 節 「糾弾する語り」について、そして二分法の破綻

する語りをぶつけないのは、タイヤルの人々の私への礼節であるとともに、前節からみてきたように、日本とタイヤルの（暴力を含んだ）力の関係が背後にあり、先住民（族）の主体性創造という流れの中でなされる選択だからなのである。

　そうしてみれば、本節での三つの発話は、糾弾しているとも言えるし、していないとも言える。タイヤルの人々の発言を、「糾弾する語り」と「糾弾しない語り」に明確に腑分けすることは不可能になる。ここで冒頭のママ・ウマオの語りに戻ろう。日本人警部ユカン・ワタンは「仲良くしないとだめだと言って、ハカオ・ヤユッツと話した。だけどハカオはだめだと言った」。「ハカオはその戦いで死んだ」。ここには直接に、「平和になった」または「侵略した」という言葉はない。しかし、これまでエヘン集落に対する侵略戦争の歴史と、発話がおりなされる現時点のコンテクストをみてきた私たちは、ママ・ウマオの語りの背後に存在している暴力の記憶の到来を感知しているはずである。発言を「糾弾する語り」と「糾弾しない語り」に腑分けすることは問題ではなくなり、タイヤルの人々に到来する暴力の記憶をいかに感じ取るかが課題になる。

　第 1 章に述べた冨山一郎『暴力の予感』に触れつつ、暴力の潜在化／常態化について日本の近世と中世の暴力の様態を論じているのが村井良介『戦国大名論』［2015］である。村井は冨山書から、「暴力は行使されて初めてその効果を発揮するのではなく、その行使が予感されたときからすでに効力を発揮」する［245 頁］と展開した。村井にとり戦国大名を検討することは、中世戦国期に暴力行使が常態化することと、近世における暴力の潜在化を二項対立的に整理するのではなく、法により安定化されていく秩序の背後に暴力があることを認識することにつながっている。本章の議論に戻れば、台湾高地において日本の植民暴力は既に発動していたのであり、和解や仲良くなる、平和にさせるといった言葉の中に、その植民暴力による鎮圧の継続が発見されうる。

　「親日的」な要素の徴候を読み取り、それはなぜかと問うていく方法は、

第 2 章 植民暴力の常態化としての「和解」

出発点としては有効だろう。しかし、その枠組みだけにとらわれ「親日」の原因のみを語り終え、その枠組みに疑いを持たなければ、親日言説を研究によってより確固としたものにしてしまう危険が存在する。「糾弾する語り・しない語り」「親日・反日」という枠組みは、単純に過ぎよう。研究が研究対象を類型化し固定するため、定義するために行われるのだとしたら、研究者はその社会的影響力を十分に考慮する必要があるだろう。本章は「糾弾しない語り」に出会ったところを出発点としたが、その語りをそのまま鵜のみにしだけでは、日本とタイヤルが戦い、多くの悲劇を生んだという史実との整合性もつかない。「糾弾しない語り」の背後には、戦士ハカオ・ヤユッツをはじめとして、植民側の認識にはかき消されてきた多くの声と暴力の記憶が飛びかっている。その声と記憶が霊媒としての私にのりうつり、植民暴力の記憶と歴史経験を語らせる[40]。「糾弾しない語り」をもって、タイヤルを「親日」であると固定化することはできない。日本が平和にさせたという語りが切り開こうとしているものは日本とタイヤルとの対等の和解であり、それが脱植民化の別名である。

まとめ

本章は、タイヤルの人々が私に向けた「日本はタイヤルを平和にさせる（平和になった）」という語りかけから始めた。そこには同時にタイヤル戦士の死という、侵略の暴力を感じさせる記憶が到来していた。日本人である私がそれらを理解するためには、エヘン集落に対する日本の侵略の歴史に分け入らざるを得なかった。次に、圧倒的軍事力を後ろ盾にする日本に

---

40) 霊媒としての歴史家、呪術としての歴史については森宣雄［2001, 2005］、Taussig［1986：24 章］を参照。

まとめ

よる支配のもとで、「仲良くする」(スブラック)という語の意味が動揺し、語義の抗争、さらに言えばこの語に亀裂が走っていると呼べる事態を指摘した[41]。また現在タイヤルの人々が私に対面するという状況を、中華民国における先住民タイヤルの苦境と、日本と桃園市山地の経済・文化的な力関係から考察してきた。これらを総合して、冒頭に掲げた「平和にさせる」という語りは和解を求める未来に向けた語りであるとする、本章の主張に戻りたい。

繰り返そう。「日本はタイヤルを平和にさせた」という呼びかけは、タイヤルの人々が日本人に対して語りかけ、コミュニケーションをとろうとする、はじめの一言、はじまりの一言である。その呼びかけが自動的に和解につながるのでは決してなく、「平和にさせる」という語りを和解につなげられるかは、その呼びかけを聞いてしまったほう、つまり植民者の側に求められている。

エヘン集落と周囲のガオガン群に対する日本の侵略は、悲しみと暴力の歴史だった。そして、植民統治によりもたらされたタイヤルの人々の苦境は、現在もなお継続している。本章は「平和にさせる/になった」という語りをそのまま鵜のみにしてしまうのではなく、被植民者の背負っている歴史そして現況を想像し感知していくことを通して、その語りに応答しようとする。「スブラック」の語義のゆれから、暴力の常態化としての「平和」「和解」が継続してきたことが理解された。日本とタイヤルの間の対等な和解は、具体的な対面状況において植民者側が被植民者の声の意味とその呼びかけが指すものを想像し理解しようとするところに、かろうじて発生するものであろう。本章はそうした意味での和解行為を、台湾高地における日本による植民地侵略戦争をめぐる歴史の解釈を通して実践しようとするひとつの試みであり、遡行する「困難な私たち」とはそうした実践のなかで登場するのである。

---

41)「亀裂」の語は博士論文の試問時に受けたコメントによる。

第 2 章　植民暴力の常態化としての「和解」

表 1：エヘン集落戦士ハカオ・ヤユッツを中心とする系譜関係

△：男性、○：女性
特に所在を示していないものはエヘン集落在住者（物故者を含む）。
カッコのなかは移住先の地名。
キョウダイ関係を同列に並べ、わかる限り出生順に上から下に配置した。妻を省略した。

△ Tanaha Nomin ― △ Watan Amoi（頭目・**ワタン・アモイ**）
△ Watan Nomin ― △ Hakao Yayuc ― △ Yukan Hakao ― △ Botu Nokan ― ○
　　　　　　　　　（ハカオ・ヤユッツ）（写真）　　　― △ Malay Nokan ― △×2
　　　　　　　　　　　　　　　　　　　　　　　　　　　　　　　　　　　― **△ベフイ・マライ**
　　　　　　　　　　　　　　　　　　　　　　　　　　　　　　　　　　　― ○（新竹）
　　　　　　　　　　　　　　　　　　　　　　　　　　― △ Batu Nokan ― △×3
　　　　　　　　　　　　　　　　　　　　　　　　　　― △ Yumin Nokan ― △×3（不明）
　　　　　　　　　　　　　　　　　　　　　　　　　　　　　　　　　　　― ○（不明）
　　　　　　　　　　　　　　　　　　　　　　　　　　― △ Behui Nokan ― △（前山）
　　　　　　　　　　　　　　　　　　　　　　　　　　　　　　　　　　　― △×3（不明）
　　　　　　　　　　　　　　　　　　　　　　　　　　― △ Tuaru Nokan ― △×3（新竹）
　　　　　　　　　　　　　　　　　　　　　　　　　　　（高砂義勇隊）
　　　　　　　　　　　　　　　　　　　　　　　　　　― ○×2（不明）
　　　　　　　　　　　　　　　― △ Behu Hakao ― △ Upas Behu ― △×3
　　　　　　　　　　　　　　　　（警手）　　　　　　　　　　　　― ○（三光）
　　　　　　　　　　　　　　　　　　　　　　　　　　　　　　　　― ○（桃園）
　　　　　　　　　　　　　　　― △ Watan Hakao ― △ Taya Watan ― ○×2（宜蘭）
　　　　　　　　　　　　　　　　（宜蘭）　　　　　　　　　　　　― △×2（宜蘭）
　　　　　　　　　　　　　　　― △ Taya Hakao
　　　　　　　　　　　　　　　　（不明）
　　　　　　　　　　　　　　　― △ Temu Hakao ― △ Hakao Temu（中国大陸）
　　　　　　　　　　　　　　　　（写真、不明）　― ○×2（桃園、不明）
　　　　　　　　　　　　　　　　　　　　　　　　― △×2（桃園、不明）
　　　　　　　　　　　　　　　― △ Tuaru Hakao（Nabai）（前山）
　　　　　　　　　　　　　　　― ○ Sayun Hakao（Nabai）（不明）
　　　　　　　　　― △ Yumin Yayuc（不明）
　　　　　　　　　― △ Iban Yayuc ― △ Boai Neban ― ○ Ciwas Lawa ― △（台北）
　　　　　　　　　　　　　　　　　　（宜蘭）　　　　（宜蘭）
　　　　　　　　　　　　　　　　― △ Watan Neban ―（不明）
　　　　　　　　　　　　　　　　― △ Koyao Neban ―（不明）
　　　　　　　　　　　　　　　　― △ Qesu Neban ― △**ウマオ・ケス** ― △×2
　　　　　　　　　　　　　　　　　（会長）　　　　　　　　　　　　― ○×2（桃園）
　　　　　　　　　　　　　　　　　　　　　　　　　　　　　　　　― ○×2（花蓮、台南）
　　　　　　　　　　　　　　　　― △ Utao Neban ―（不明）
　　　　　　　　　― ○ Yawai Yayuc

第 3 章

ムルフーから頭目へ
――呼びかけられる天皇と日本

はじめに

　第 2 章では、1910 年の「ガオガン」をめぐる日本とタイヤルの軍事衝突による暴力の記憶を見た。人類学者、特に日本人人類学者がフィールドワークの過程で遭遇した帝国日本の「残像」を、いかに自らの研究に取り込んでいくのかという「人類学」的問題意識が表明されてもいる［中生 2000：34］。「記憶の発掘」［同上：263］とも呼ばれるその行為を、「日本人として」行うのか「人類学者として」なのか、あるいは個としてなのかという問題は一旦保留するとしても、被植民者の歴史経験のなかの帝国日本の残像にいかに向き合いそして記述し、何のためにその行為を行うのかが問われている。
　帝国日本の残像あるいは植民地経験の記述の問題にかかわる本章は、台湾高地先住民タイヤルの桃園市エヘン集落における政治的人物（首長）――「ムルフー」（mrhuu）――をとりあげる[1]。ムルフーをとりあげたの

---

[1]「ムルフー」について本章初出時に「マラホー」と表記したが［中村平 2003b］、これらの語が日本にまだ普及していない状況にあっては、植民地政府により用いられた「マラホー」より現地の発音に近い「ムルフー」を導入したほうがよいと考え「ムル

第3章　ムルフーから頭目へ

は、日本人である私に対して語られる、深い歴史的な意味を含んだタイヤルの方々の語り――「天皇は日本のムルフー」といった――を理解するためであり、現在において語られるムルフーの語義を思考するためである。その歴史には日本の植民地統治の刻印が押されていると言えるが、そうした歴史を振り返ることにより、タイヤルの人々と私の現在における対面状況――コンタクト・ゾーン――において、何が生起しているのかを捉えたい。

　本章はまず、日本の植民地統治が常態化していく前後にタイヤル社会がどのような政治制度を持っていたかという点、いわゆる伝統的政治制度を検討した上で、植民地政府によって新しい「頭目」制度がエヘン集落においていかに形成されていったかを、主として文献を中心に分析する。これによってエヘン集落のタイヤルが、既存の政治システムの観念を用いて国家制度を認識していった（もしくは解釈していった）とまず理解したい。その上で、エヘン集落周辺のタイヤルにおけるムルフー（政治的リーダー）という言葉の意味が変化し始めたのみならず、その語義をめぐって緊張関係が生起しているさまを、日本人である私に向けられて発せられた言葉「天皇は日本のムルフーだ」から考察していく。結論を先取りすれば、日本による植民地統治の記憶とムルフーという具体的な語に付随する緊張した事態は、第1章に見たような民族主体化の脱植民運動の流れに関わりつつ、日本人である私の出現によってコンタクト・ゾーンの現在において活性化する。それは、記憶の「残像の発掘」という言葉よりは、植民地責任を問いつつ「到来する記憶」という表現が適切であるような、現在において活性化するアクチュアルなものなのである。

フー」を採用する。

第1節　タイヤルの伝統的政治システム

　タイヤルの伝統的な政治システムは、「社」（qalang、集落）[2]と社を超えた「社同盟」のレベルに分けて考えることができる。李亦園ら［1963］はタイヤルの「社」について以下のように述べている。社とは「外に対して一つの独立した単位であり、同流域の社同盟に参加することによって、他社との間に均衡状態を維持する。うちに対して内政は独立したものであり、他社の干渉を受けず、社内の人間の安全を守る」［同上：127］。

　まず、社の内部組織について説明しよう。衛恵林［1965：115-8］は、各社に一人の「頭目」（mrhuu）[3]、または複数の「副頭目」がいると述べている。「頭目」は、日本統治中期よりタイヤル語で「マラホー」（発音は「ムルフー」に近い）にあたるものとされてきたが［台湾総督府 1918：275、1931：256］、これは注意を要する記述である。「頭目」とは外来の統治者が設置した制度であり言葉であるからだ[4]。日本統治勢力の影響を受ける前の状況について報告されていることは、「祭儀団体」と「狩猟団体」が、個別にそのリーダー（mrhuu）を持つという点である[5]。社内の各組織の範囲に

---

[2] 日本統治時代タイヤルの各集落は「蕃社」とも呼ばれていた。
[3] 衛によれば"melɔxo"であるが、本書は Egerod［1999］の表記にならった。タイヤル語の調査を戦後行った Egerod は、ムルフーを"chief; lord, founder, ancestor; government"と三つの意味に解釈している［同上：167］。
[4] 衛も述べるように、例えば角板山社（現桃園市復興区）には、もともと四つの狩猟団体（猟団）にリーダーが各一人いたが、清朝期、そのうちの二人が正頭目に、二人が副頭目に指名された［1965：116］。ただし清朝期から、「頭目」という言葉が用いられていたかは定かでない。衛の記述は、各地域の国家との接触状況を整理することなく「伝統的タイヤルらしさ」を追究し、それがいつの時点のものなのかを正確に伝えていない。
[5] 祭儀団体のタイヤル語は"qotox gaga"（一つ又は共同の・ガガ、以下「祭団」とする）。同じく狩猟団体は"qotox litang"（一つ・狩り、以下「猟団」）。

第3章 ムルフーから頭目へ

ついてはタイヤルの各地方、調査時期によって諸説がある。明治29（1896）年より調査を行った森丑之助は、「血族団体」としての「ガガア」数個が集落（社）を形成しているとする［1917：48-59］[6]。明治42年（1909）から大正3（1912）年にかけて調査を行った小島由道ら臨時台湾旧慣調査会によると、エヘン集落（社）が属するガオガン群[7]では、一集落にいくつかの「祭団」「猟団」が存在する［臨時台湾旧慣調査会 1915：320-5］。

伝統的タイヤルの社会では、農耕儀礼に関する祭祀が行われていた［折井 1980：44］[8]。彼等が信仰の対象とするものはウットフ（utux 若しくはrutux、ふつう神と訳される）であり、ウットフは天の神と地の神などに分かれ、同時に「先祖の霊」という意味を含む［衛 1965：131-2］。「祭団」はウットフを対象に共同で農耕儀礼を行う集団であり、ガガの「最も重要な、そして最も基本的な機能の一つ」であると言われる［折井 1980：58］[9]。エヘ

---

6)「血族団体」は、「同社内にある宗族関係の家と家とより成り、同一血統の一族より組織す、この一団の内にありては通婚せざるを原則とし」［森 1917：146-7］とある。つまり同一血統による団体と考えればよい。ただし森も述べるように例外もあり、血族団体の範囲は必ずしも明確に定義されるものではない。森の生涯、研究に関しては宮岡真央子［1997］、笠原政治［2002］を参照。

7) 大嵙崁群は、現在の桃園市復興区大漢渓下流域に住むタイヤル、ガオガン群は大漢渓上流のガオガン渓流域に住むタイヤルである。臨時台湾旧慣調査会の小島は、大嵙崁とガオガンの両者（両「部族」）の違いを、自称と他称にあるとしている。大嵙崁「番」は「むすぶとんのふ」、ガオガン「番」は「がおがぬ」（「ぬ」は小文字の「ぬ」）と呼ばれていた［臨時台湾旧慣調査会 1915：9］。ここでは、差別的な言葉である「番」を「群」と呼びかえた［廖 1984 も参照］。

8) 過去におけるタイヤルの主要な農作物は粟と陸稲であり、その農耕儀礼はおおかた以下の二季に分かれていた。冬季（12月から2月前後）の種まき儀礼には、開墾祭、種まき祭、除草祭があり、夏季（7、8月前後）の収穫儀礼には、刈り入れ祭、新穀入倉祭、初物食見祭があった［衛 1965：133-6］。

9) 以上しばし出現してきた gaga（セデックのガヤ、万大のガガルフ）には、主に三つの違ったレベルの意義が含まれる。一つは「団体」である。もし gaga を qotox gaga と言うならば、通常その意味は共同で祭祀を行う団体を指す［折井 1980：58］。二つ目は「規範」であり、gaga は「先祖の訓戒」「習慣」「道徳規範」「タブー」の意味を含む。三つ目は「制度」であり、上述の「団体」と「規範」の総合であり、タイヤル文化の特色がここにあるという［同上：8-9］。ガガが語られる際、そのどの意味を指しているかに注意しなければならない［山路 1986：54］。

ン集落においては、こうした「祭団」や「猟団」が複数存在し、それぞれにその団体を取りしきるリーダーがいたと推測される。

　次に集落（社）を超えた「社同盟」についてであるが、これは付近の数集落（社）が相互に連合して作る同盟を指す。タイヤル語では「コートフ、レリュン」「コートフ、ガオン」と、「オットフ、カイ」「オットフ、パカヤル」、そして「コートフ、パハバヌ」「コートフ、バボアヌ」[10]という三種が報告されている［臨時台湾旧慣調査会 1915：317-8］[11]。これらが指している実際の性格は各々異なり、一つ目の「コートフ」（一つの、共同の）「レリュン」（大きな渓流）、「コートフ、ガオン」（小さな渓流）は「同流域連盟」と訳せ、同流域中に散布する多くの集落（社）を包括する言葉である。二つ目の「オットフ、カイ」と「オットフ、パカヤル」は、大湖、汶水（ぶんすい）と北勢などのタイヤル諸群で用いられる言葉であり、「カイ」と「パカヤル」は「談話する、相談する」などの意味を持つ。あえて訳せば「相談する同盟」となろうか。三つ目の「コートフ、パハバヌ」と「コートフ、バボアヌ」は、敵や異族に対する「攻守共同」の団体である[12]。このように見ると、衛恵林がまとめたように、タイヤルの集落（社）を超えた「社同盟」は、「地方の系譜的」（localized genealogical）関係、地縁関係、経済利益関係、そして防衛関係からなる組織と言える［衛 1965：117］。ただし社同盟が常設の制度か臨時のものなのか、つまりどのような状況にて成立するものかについては明確ではない。

　以上、タイヤルの集落内外の組織を人類学の知見に基づいて概観してきた。地域差はあるものの、集落の内には血縁や狩猟、祭祀活動を軸に集団が形成され、その集団にはリーダーが存在するさまが浮かび上がった。し

10）双方ともに「ヌ」は小さい字で表記される。
11）ローマ字による表記はそれぞれ、qutux llyung, qutux gong, utux kai, otox pkajal, qutux phaban, qutux bbwan である［中央研究院民族学研究所編訳 1996］。
12）phaban は habun（突く、刺す）に、bbwan は bu'（射る）というタイヤル語に由来を持つ。

かし見え隠れする複数のリーダーの相互関係について明らかでない理由は、もともとタイヤルのリーダーが固定した存在でなかったことに拠るだろう。もうひとつの理由は、以上見た人類学者の解釈に、清朝や日本の政策の影響を極力排除する形で、つまり外来勢力を明確に位置づけることなくタイヤルの政治システムとは何かと問う態度が存在したことにある。頭目や集落（社）という外来の言葉をその時代的コンテクストを排除して用い、タイヤル社会を記述してきたことは問題であった。これらをふまえてエヘン集落の状況を歴史具体的に見るが、そこではタイヤルらしさが植民統治者との関係において改めて浮かび上がる。また同時に、非固定的なリーダー「ムルフー」が、植民地統治によって固定した「頭目」になっていくさまが明らかになろう。

第2節　エヘン集落「頭目」の誕生

　本章は後文において、帝国日本の「残像」を思わせる「天皇は日本のムルフー（mrhuu）だ」という表現を取りあげる。日本教育を受けた世代のエヘンの人々の表現である。先に述べたように、これまでムルフーは「頭目」と同義のものと解釈されてきた。この表現を正確に理解するには、ムルフーを単にリーダーや頭目と言い換えただけでは不十分であり、伝統的ムルフーと、日本人によってもたらされた頭目との差異を明らかにする必要がある。

　今日、日本植民勢力の影響以前のムルフーの性格をつかむことは、非常に困難な課題である。日本植民勢力の影響を「ガオガン蕃帰順」の1910年以降に見積もったとしても、当時を実際に体験した人はすでに亡くなっている[13]。しかも、それ以前から樟脳生産に携わる多くの日本人や漢人が入山しており、清朝期を含め外来者のエヘン集落に対する影響がどのよう

第 2 節　エヘン集落「頭目」の誕生

（写真 4）エヘン集落頭目・ワタン・アモイ（中央）
（1932 年台北帝国大学土俗人種学教室撮影、台湾大学人類学部所蔵）

なものであったかは、正確には不明とせざるを得ない。本節では植民統治者が残した『理蕃誌稿』を主要な史料として、「頭目」制度が確立していく 1910 年前後から 1920 年代を見ていく。残念ながら、日本植民勢力の影響以前のムルフーの性格が非常に曖昧であるという問題は、依然残らざるを得ない。しかしムルフーと頭目という言葉の意味する範囲を鮮明にさせ

13）第 2 章に述べたように、総督府『理蕃誌稿』は、1910 年にエヘン集落が武力闘争を経て日本に「帰順」したと記述する。また 1915 年にエヘン集落の隣のガオガン社に駐在所が設置され、エヘン集落に分駐所が設置されたという証言も存在する［頼 1988：94-5］。この間の「帰順」の詳細については本書第 2 章ならびに中村平［2001：33-5］を参照。

第3章 ムルフーから頭目へ

るために、もしくはなぜムルフーが頭目と同義とされてきたのかを知るために、本節では「頭目」制度の確立について歴史的分析を行う。

エヘン集落における私のフィールド調査では、初代頭目がワタン・アモイという人物であったことが分かった[写真4参照]。ワタン・アモイを知るあるおじいさんは、ワタンが「金持ちさん」と呼ばれていたと述懐する。ワタン・アモイは、なぜ、そしてどのように頭目となっていったのだろうか。

統治初期、おおよそ1910年の「ガオガン蕃帰順」以前の日本人は、頭目ではなく「土目」という言葉を用いて、「ガオガン蕃」各集落のリーダー的存在と交渉していた。この土目という言葉は、エヘンの人々の間には現在聞かれないものであるが、なぜ土目という名称を当局が用いざるを得なかったのか[14]。それはタイヤル社会の特性に理由がある。北部山地を「鎮圧」するに当たり、警察当局は頭をひねらざるを得なかったはずだ。集落らしきものは存在するが、各集落においてどの人物が政治的代表者として交渉相手足りえるか、はっきりしなかったからだ。先に人類学的知見をもとに見てきたように、タイヤル社会においては政治、軍事、狩猟、祭祀のリーダーが必ずしも一致しているとは言えず、その意味で、各集落の最終的責任者は固定化していなかった。そのため、統治側は各集落においてリーダー的存在を無理やり探し出しそれを交渉相手とし、「仮帰順式」を

---

14) 例えば、「ガオガン蕃」中平地に近い三集落(タカサン、ハガイ、シブナオ)は、1909年に「仮帰順」した。この際、日本側の深坑庁長が三集落のリーダーと取り交わした「誓約書」には、「土目」「副土目」という語が用いられている[伊能編 1918:652-4]。ただし同時に「頭目」「頭目等」という語も使われており[同上:653;658;662]、この時点では、「土目」「頭目」の使い分けは必ずしも明確ではなかったと推測される。伊能嘉矩によれば、土目、頭目という名称は清朝期から用いられており、その権限に違いがあるわけではないという。土目、頭目は少なくとも台湾が清朝の版図に入った直後の、康熙23(1684)年の「土官の制」にまでさかのぼることができる。この年、台湾知府蔣敏英は、中国本土「辺陲」における土官または土司に擬して「番社」の「頭人」を土官と称し、その後土官を「熟番」各社におき部下の統率にあたらせた[伊能 1928:426]。この土官は乾隆32(1767)年以降の公文書では「土目」となり、光緒12(1886)年には「頭目」に改称された[同上:427]。

挙行したのである。当局が言う「土目」は、当局によって恣意的に選択された可能性が否定できない。なお『理蕃誌稿』には、残念ながらエヘン集落の土目の名前は記載されていない。

　さて、エヘン集落における「頭目」の選定を推測できる大きな要因が、「蕃人」の「内地観光」（日本観光）である。「内地観光」は1897年から1929年までに計10回、毎回13名から60名が、主としてタイヤルから選ばれて行われている。その目的は「指導啓発」のみならず、間接的に「蕃人」を「威嚇」し、その「敵愾心の消滅」を計るところにあった［伊凡 1997：3］[15]。初期日本勢力に最も反抗的であり、佐久間総督期「理蕃五箇年計画」（1910-1914年）の主要対象がタイヤルであったことを考えると、タイヤルを中心に行われたこの「蕃人内地観光」の意図もよくわかる。「ガオガン蕃」においては、第三回（1911）にテーリック集落「頭目」の「ユーミン・ロックン」が、そして第四回（1912）にエヘン集落の「勢力者ワタン・アモイ」が選抜されている［同上：7-8：16-7］[16]。エヘン集落においても、ワタン・アモイが日本に行ったことは現在も語り継がれている事実である[17]。ワタン・アモイこそがのちにエヘン集落頭目となる人物であるが、1912年のこの時点では、為政者によりまだ「勢力者」と呼ばれていることに注意しよう。当時の日本による「勢力者」という言葉は、頭目より地位は低いが勢力を持った者という意味で用いられ、集落に複数いる場合が多かった。

---

15)「内地」観光については、「前山蕃」（大嵙崁群）「総土目タイモミッセル」の1897年に行われたものから、台湾先住民のその参加の意図を読み解こうとする松田京子［2014：第2章］も参照されたい。

16) 第四回「蕃人内地観光」は、タイヤルの「頭目勢力者」50名（桃園庁10、新竹庁8、台中庁5、宜蘭庁12、南投庁15名）が、1912年10月1日から10月31日まで、京都・名古屋・大坂・広島・小倉・東京を訪問している［猪口編 1921：331-6］。

17) ワタンら3人のタイヤルは、天皇の前で、日本人力士もしくは柔道の選手と相撲または柔道をしたと伝えられている。その際天皇はワタンらの伝統的な服装を見て、笑い転げたという。伝統的服装とは、男性の下半身の衣装で、前のみを隠し後ろは臀部が見えているようなものである。その服装が日本警察の指示によるものであったかは定かでない。なお、社人に伝えられている「天皇」は、大正天皇（1879年生、1912年即位）か、皇族と推測される（明治天皇は1912年7月29日に死去している）。

第 3 章　ムルフーから頭目へ

　1912 年時点でのエヘン集落には、いったいどんな政治的リーダーが存在していたのか。フィールドワーク中にも意識して高齢者に聞いてみたが、その全貌を把握するには及ばなかった。エヘン集落とその近隣にいらっしゃる方の最高年齢が、80 歳前後であるためだ。そのため、1912 年時点でのエヘン集落の政治状況については推測の域を出るものではないが、植民者によって重要な資料が残されている。森丑之助の『台湾蕃族志』[1917] である。

⋮ 1．森丑之助の解釈 ⋮

　主として自分が 1896 年から 1914 年にかけて［同上：8-10］調査した資料を元に、森はタイヤルを 23 の「部族」に分類し、各「部族」各集落（社）の構成状況について細かく報告している[18]。「ガオガン蕃」19 集落のうちのエヘン集落は、「頭目ユカン・パイホ」と「族長ユミン・パイホ、ワタン・ハカオ、ユカン・カユ」が六戸、「頭目ワタン・アモイ、同タレ・サベ」が字イバオに九戸、「頭目バイホ・タラン」が字ビユガンに九戸をそれぞれ率いるとある［同上：56］。つまりエヘン集落は「ガガア七族」からなり、各ガガのリーダーとして、森は 4 名の「頭目」と 3 名の「族長」を挙げている。1912 年のエヘン集落は、以上の 24 戸 155 名からなる一つの集落（社）である［同上：36；58］。
　エヘン集落内の 1912 年におけるこれらのグループ構成は、第 2 章で述べた 1910 年の日本との軍事衝突と、エヘン集落の「帰順」の後のものである。このことは、暴力を基底とした植民国家権力のもとで、官製「頭目」が確立していくということを理解する際に注意しなければならない点である。森は族長を血族団体中の長者と定義している［同上：150］。この定義

18）「部族」についてはさしあたり山路勝彦［2011］、中村平［2013b］を参照。廖守臣［1984］など現在の台湾では一般に「群」を用いている。

第 2 節　エヘン集落「頭目」の誕生

にしたがって話を進めると、エヘン集落には七つの血族団体（＝ガガア）が存在し、各血族団体は一人の長（すなわち族長）を持つ。頭目と族長の違いは何かというと、頭目は「一集落」の安泰と秩序を維持し、対外的にはその集落を代表する存在だが、集落内の各血族団体の内政には干渉できない。族長は各血族団体内の秩序を保つ。また頭目は同時に一つの血族団体の族長である［同上：148-50］。その 1 人が「頭目ワタン・アモイ」であるという訳だ。

　仮に以上を森理論と名付けると、それには以下の点で疑問が生じる。エヘン集落が一つの集落であるならば、なぜ頭目が 1 人ではなく 4 人もいるのか。エヘン集落は対外的に、いったい誰を頭目として選抜していたのか。そもそも対外的に交渉を行う固定した頭目職は果たして存在したのか。それとも、エヘン集落はもともと三つの集落だったのだろうか。それが植民勢力と出会うことによって、一つの集落としてまとまっていったのだろうか。森理論はこの点を十分に説明してくれていない。

　エヘン集落はもともと三つの集落で、それが植民勢力と出会うことによって一つの集落としてまとまっていった、とする考え方を否定することはできない。それをふまえた上で、しかし私は以下のように考えている。エヘン集落は別の集落（qalang）とは区別される、一つのまとまった共同体であった。その根拠を、「カラン・エヘン」（qalang ehen、エヘン集落）という言葉に求めたい。この言葉の存在自体がエヘン集落の独立性を示していると思われる。エヘン周辺の集落には、テイリック、ブトノカン、サルツ、ハカワンなどの集落があり[19]、エヘン集落は、それら周辺の集落との対比において 1912 年当時も「カラン・エヘン」と呼ばれていたはずである。森理論に欠けているものは、集落の定義の問題であるが、ここではそれに深入りせず、他集落との関係によってエヘン集落の境界が設定される

---

19) 現在それらはそれぞれ、qalang teqliaq, qalang butonokan, qalang saruc, qalang hakawan と呼ばれる。

としておく[20]。

　集落内に複数の頭目が存在することについては、以下のように考えれば話の整合がつく。つまり、森の調査当時、エヘン集落は七つのガガアと呼ばれる血族団体があった。その七つの集団のそれぞれにリーダー的存在がおり、ワタン・アモイもその1人であって、エヘン集落に常設の総頭目は存在していなかった。日本勢力がやってくるまで、エヘン集落全体を統率するような権力を集落の人々は必要としていなかった。もしくは対外勢力に対して、一時的にリーダーを立てて応対することはあったが、それは固定的なものではなかったのだろう。

　「頭目」と「族長」という分類は、あくまで森が解釈したものであって、便宜的なものでしかなかった。「頭目」（ユカン・パイホ）はなぜ「族長」（ユミン・パイホ、ワタン・ハカオ、ユカン・カユ）と区別され、「頭目ワタン・アモイ、同タレ・サベ」はなぜ双方とも頭目であり、片方が族長でないのか。日本勢力が干渉する以前のエヘン集落にあって、政治的リーダーの性質が固定的なものではなかったと考えればそれを理解できる。森が調査をしたとき、「頭目ユカン・パイホ」は、その他の「族長」より対外交渉において大きな権力をもっていると見えたのだろう。また、「頭目ワタン・アモイ、同タレ・サベ」の2人は、同じくらいの権勢を有していると森に見えたのだろう。

2．人類学者のビッグマン概念

　以上のような主張の根拠は、先に見たように、戦後の台湾人研究者によ

---

20) 日本語にせよ中国語にせよ、「社」という外来の言葉を用いてそれを定義すること自体、もともと流動的であったかもしれないカラン（qalang、社）を固定化する営みであることに注意されたい。また黄応貴は、台湾先住民ブヌンのトンボ集落に、一つの集落のメンバーを確定するような共同儀式が存在することを報告している［黄 1995：90-1］。しかし、エヘン集落においてそのような儀式は確認されていない。

第2節 エヘン集落「頭目」の誕生

る台湾先住民についての社会と文化の研究成果に負っている。ここではビッグマンという概念を用いて、さらに説明を補強したい。黄応貴［1986］によれば、タイヤル社会の政治制度はビッグマンシステムである［同上：4］。ビッグマンとは、個人の能力によってその社会の成員に認められ、推されて政治的リーダーになる人物であり、それは同じく台湾の先住民であるパイワンのチーフダム制にみられるような、先天的な血統による首長とは異なる。ビッグマンシステムによる社会は、武勇や演説、性格によって人望を集めたものがリーダーになり、特に強力な指導者がいない場合、何人かの準ビッグマンによる群雄割拠的な状態になることが予想される[21]。

一つの血族団体に2人の頭目、もしくは一集落に複数の頭目が存在するという、森が観察したエヘン集落は、まさにそうした群雄割拠的な状態にあったのではないかと推測される。つまり、一つの血族団体にも複数のリーダー的存在がおり、複数の血族団体からなる一つの集落にも、複数のリーダー的存在がいたのである。以上のように見ると、先にふれた『理蕃誌稿』の「蕃人内地観光」の記述に、ワタン・アモイが「勢力者」とされ

---

[21]「ビッグマン」は、メラネシアの政治的リーダーを指すものとして人類学者が使い始めた言葉である。理念型としてのビッグマンは財の集積と再分配を通じて権力を獲得するが［吉岡 1987］、これに関してタイヤル社会では報告されていないため、タイヤルのムルフーはメラネシアの理念型としてのビッグマンには適合しない。しかしここでは、先の黄の用いる意味でビッグマンという語を設定しておきたい。「ビッグマン」の内容の多様性については議論がある。モーリス・ゴドリエは、ニューギニア東部高地のバルヤ人にはビッグマンモデルが当てはまらないとして、新しくグレートマンモデルを提出した［Godelier 1986］。そこにおいては、結婚における女性が商品とみなされるか否かによって、ビッグマン（みなす）とグレートマン（みなさない）が差異化される。また Huang（黄応貴）は、台湾先住民ブヌンにビッグマンとグレートマンモデルを当てはめ、その共通点と差異点を主張している［Huang 1995］。栗田博之［1995］はビッグマン・グレートマン論争を振り返り、論争は「何々族の社会において、経済・政治・宗教などの中で相対的にどの領域が最も重要かということを語ることに等しかった」のではないかとし、むしろビッグマンを「実力主義」に相当する大まかな概念にとどめておき、それを用いて別の社会を解釈することを説く。現時点での資料的制約もあり、本章のビッグマン概念は、個人的な能力を持ったものがリーダーシップを握るという栗田の見方、また黄応貴［1986］、石磊［1990］を採用している。

第3章　ムルフーから頭目へ

ていたことも説明がつく。

　要するにエヘン集落においては、常設の総頭目と呼べる存在がいなかったのだ。「ムルフー」（マラホー）という語が 1910 年代、複数形（「ママラホー」）を有していたことも、この仮説を補強する［台湾総督府 1918：275］。そのため、権勢があるようにみられたワタン・アモイは、森には「頭目」と記述され、『理蕃誌稿』には「勢力者」と記述された。そしてそれは、ワタン・アモイがこのころから、エヘンの人々にムルフーと見られていたことと一体であった。ムルフーは決して常設の政治的リーダーではなく、また一血族団体に 1 人と決まっていた訳でもないのであろう。森の言う「頭目」「族長」はおそらくともに、タイヤル語でムルフーと呼ばれていたはずである。

　そうしたエヘン集落の、政治的リーダーが複数存在する群雄割拠的な状態から、ワタン・アモイがなぜ、いつ、どのように日本人の言うところの「頭目」として選ばれていったのだろうか。この問題を追究するに史料は非常に少ないが、先の第六回「蕃人観光」（1912 年）に彼が選ばれたことは大きな意味を持つ。「蕃人観光」はタイヤルに対する「教化」であり、「文明」と強大な軍事力を見せつけることによって、日本に反抗しないことを植え付けるためのものだったからである。日本警察は、観光参加者がその後自分の集落に帰ってそのような啓蒙活動にいそしみ、集落のリーダーとなってくれることを期待したであろう。そして参加者の人選は、集落のなかであまり影響力のないものでも困るし、影響力があってもあまり官に反抗的なもの（「教化」の見込みのないもの）でも適切でなかったであろうことは、容易に推測される。ワタン・アモイは、エヘン集落においてそうした人物だったために選ばれたのだ[22]。

　ただ、彼がいつ選ばれたかについてははっきりせず、「頭目任命式」のようなものの存在も確認できない。それはおそらく、以下のようなこと

---

22) ワタン・アモイと、森の挙げる他「頭目」「族長」の関係については不明である。

第2節　エヘン集落「頭目」の誕生

だったのではないか。日本人警官にとって、頭目の選択は重要であり、警官が選んだ人物が反旗を翻すようなことがあってはならなかった。反旗を翻したならば、頭目選びの人選はもう一度やり直しだった。そのため、警官は心のなかで頭目を選んでいても、それを公開し公言しなかった[23]。公開して裏切られれば官の面子まるつぶれだからである。そして初期においては、別にそれを公開する必要もなかったに違いない。公開しなくても、頭目はしばしば警官と接触しなければならなかったため、集落の人々に自然と知れ渡っていったであろう。警官と頭目との間の関係もまた、時間をかけて作っていく性質のものだった。

　以上のような理由で、ワタン・アモイがいつ警察に頭目として選ばれたかははっきりしないのだ[24]。少なくとも1912年の段階では、森による「頭目」（エヘン全体でも4人いることになっている）という呼称と、『理蕃誌稿』による「勢力者」という呼称が並存していた。この時点においては、部外者の目にはエヘン集落の代表が確定し得なかったのであり、それは、日本植民地政策を蒙る前のタイヤル社会の伝統的政治リーダーに関しての性格から導き出される、必然の帰結だったのである。

　最後に付記しておきたいことは、『理蕃誌稿』に記されている、ワタン・アモイ頭目が確立していった過程を探る重要な一件である。1914年8月11日の、「頭目手当の支給」という出来事である［猪口編　1921：518-9］[25]。

---

23) もしくは、警察が手当（後述）によって頭目を確定する以前、警察は必要に応じて社内の勢力者を利用し分けていた可能性もある。
24) ただし各「蕃社」の駐在所には、「蕃社台帳」が備え付けられていることになっていた。「蕃社台帳」は1904年の訓令第73号にて定められ、台帳には「土目」「副土目」「勢力者」の記入が求められていた［伊能編　1918：321-4］。1910年には台帳の様式の変更があり（訓令第167号）、これ以降、各蕃社のリーダーは「頭目」として統一されることになる。なお、この際、頭目の選抜が、「官選」によるものか「社選」によるものかを明記せよという点、頭目が一社に数名あるときはこれを列記せよという点、に留意されたい［猪口編　1921：115-30］。エヘン集落の駐在所は、1910年代中ごろには設立されたと推測される。この台帳に、いつから誰が「頭目」として記入されていたかは問題であるが、現在それを確かめる資料は存在しない。
25) 桃園庁長から「ガオガン蕃」「マリコワン蕃」「キナジー蕃」各社頭目に対しての示達。

第3章　ムルフーから頭目へ

これによると、「ガオガン蕃」において選ばれた頭目は、毎日もしくは隔日に駐在所（「ガオガン支庁」、現三光）に出頭し、警察の命令の伝達、公務に従事しなければならなり、代わりに手当が月8円支給された[26]。ワタン・アモイが「金持ちさん」と呼ばれたことは、頭目手当の受給をうかがわせるものでもある。1914年はワタン・アモイの「内地観光」から2年近く経とうとしており、ここで彼が頭目に選ばれた可能性が十分にある。ちなみに『理蕃誌稿』には誰が頭目に選ばれたかの記述はない。以上、ワタン・アモイが1912年の内地観光、14年の頭目手当の支給という出来事を機として、エヘン集落の唯一の頭目として選ばれていった過程を見た。

第3節　頭目をとりまく緊張した磁場

こうして官に選ばれた頭目ワタン・アモイは、エヘンの人々にどのように受け入れられていったのだろうか。ここで想起しなければならないことは、日本側が「ガオガン蕃」に対し、「討伐」の名において軍事侵略を完遂し、各集落を「帰順」させていたという背景である。頭目の選抜は、背後に存した軍事的暴力抜きには貫徹されなかったのである。

エヘン集落は1910年に日本当局と戦い、死傷者を多数出した。この戦いは日本側からは「理蕃五箇年計画」(1910-1914年)中の「ガオガン蕃討伐」と呼ばれたものであり、「ガオガン蕃」各集落は、その結果「帰順」させ

---

26) 「ガオガン蕃」においては頭目総員38人、月手当支給人員は8人とされた。つまりすべての頭目が手当てを支給されたのではなかった。参考までに当時の「蕃地巡査」、隘勇、「蕃人」の「使役」の手当・給料を示す。1911年の「蕃地巡査」の「月手当」は15円から［猪口編 1921：119］。1904年の隘勇の給料は月7円から［伊能編 1918：349-6］。日本人（内地人）隘勇に関しては、1912年から5円からの「手当」が給料に加算されている。1911年の通達では「蕃人」の「使役」は1日35-50銭［猪口編 1921：253-4］。

第3節　頭目をとりまく緊張した磁場

られたことになっている。ワタン・アモイの父方いとこであるハカオ・ヤユッツ（Hakao Yayuc）はエヘン集落を統率する武将であり、この戦いにおいて戦死した［第2章を参照］。ハカオ・ヤユッツはおそらく「ムルフー」と呼ばれていた存在であった。戦争の敵であった日本当局から、ワタン・アモイがその数年後に手当てをもらう行為を、ワタンはとエヘンの人々はいったいどのように認識し、その行為をめぐりいかなる緊張関係が生じていたのであろうか。目下のところそれを想像する資料は少ない。少なくとも確認できることは、親戚を日本に殺されながらもワタン・アモイが頭目になるということであり、軍事鎮圧という暴力のもとで行われた頭目の選抜であり、国家権力のもとでのエヘン集落の政治的リーダーの固定化、常態化である。

　頭目は警察との人々の間に立って（立たされて）、一体どのような働きをしたのか。この問いについては、『理蕃誌稿』中の、エヘン集落の隣に位置する「ブトノカン社蕃丁の暴行」や、鉄条網の取り扱いに関しての一件（双方ともに1917年）に当たっての、頭目の役割を見てみるとよくわかる［原田編 1932：343-4；353］。例えば「ブトノカン社蕃丁の暴行」では、当局は強盗事件の犯人探しをブトノカン集落頭目に命令し、犯人（ブトノカンの人々）を出頭させた。頭目は同時に当局に対して、犯人一家の赤貧を訴え、寛大な処分を要請し、当局は情状酌量の結果、体罰を免じ、大竹百本の物品罰のみを課したという［同上：343-4］。

　頭目は警察の意図を集落の人々に伝える仲介者であり、警察の統治を補助する存在である。しかし同時に集落内の人民の側に立って、警察に交渉を行う存在でもあった。簡単に言えば、警察の強制してくる日本化・「近代化」と、集落の人々の守り伝える「旧慣」という両者に挟まれて、その両者を妥協し融合させる働きをした。頭目についての一般的な理解はこれでよいだろう。もちろんこうした言い方は、頭目が様々な「時」、「場所」に置かれて「近代」と「旧慣」のどちらを優先的にとり扱ったか、または別の選択を生み出したかというダイナミズムもしくは緊張関係を抹消して

113

しまっている。本章では、さしあたってその基本的性格をこのように見ておくことにする。

　以上、エヘン集落における頭目ワタン・アモイの登場を見てきた。従来エヘン集落の政治的リーダーは流動的であり、それは現地の言葉ではムルフー、人類学の用語では、実力主義という意味でのビッグマンの概念に相当する存在であった。そしてその政治的リーダーは、1910年代に日本植民地当局によって、軍事暴力を背景として頭目という形で再編されたのであった。このときからムルフーと頭目が、同義のものとして語られるようになった。しかし後述するように、統治が常態化していく中にあっても、頭目をとりまく緊張した磁場は継続していくのである。

第4節　頭目ワタン・アモイ以降

　エヘンの人々によると、ワタン・アモイは、第二次世界大戦が激しくなったころに亡くなったということである。人々から「金持ちさん」と呼ばれ、相当な貯金を有していたというが、このことは、彼が警察から頭目手当を受けていたことを推測させるものである。晩年、痛風を患ったといわれる彼の影響力が低下するにしたがい、エヘン集落には、新たな自助会「会長」（カイチョーと発音される）職が日本統治当局によって設置される[27]。統治当局は総力戦体制が進行する中で、頭目による「蕃社」統治から、自助会による統治へと切り替えてゆく[28]。エヘンの人々によれば、ケス・ネ

---

[27] 自助会は、「高砂族の進化」に応じて「公民訓練」を施し、「国家生活」と「公共団体生活」に慣らしめ、他日「普通行政区」に編入することを目的として、1939年から施行された（高砂族自助会会則標準ニ関スル件）。戦争動員期に行われた成人・社会教育のうち最も重要な機関といえよう。公民として近代的な法観念を教え込むことが、その重要な課題であった［伊凡 1998］。なおエヘン集落において、自助会という名称はフィールドワーク時において知られていない。

第 4 節　頭目ワタン・アモイ以降

（写真 5）エヘン集落にて。
一番右がバトゥ・ワタン（山田和夫・林照和）戦後三光村村長。
（1935 年宮本延人撮影、台湾大学人類学部所蔵）

バン氏が会長であったと言い伝えられている［第 2 章の表 1 参照］。
　なお、戦後日本が引き上げ、中華民国の統治が始まったのちの状況について若干触れておく。ワタン・アモイの息子バトゥ・ワタンが、戦後エヘン集落をとりまく 4 集落が統合し成立した三光村の第一代村長に選出され

28）総督府は 1932 年の「頭目章規程」（訓令第 84 号）において、頭目の地位を公認し確立するために、頭目章（直径 3.03 センチ）を各社頭目に配布した。しかし 1939 年の自助会制度施行ののち、頭目制度を次第に廃止・無力化していく意向を明らかにした。『台湾警察法規』中の「頭目制度に関する件」（1941 年）を参照されたい。それによれば、頭目章の制定以降、近年「蕃地」内の「治安」確保および高砂族の「教化促進」に伴い、頭目の地位とその統制力も昔日の如きものではなくなり、ことに高砂族自助会創設後は、同会の「活用」によって頭目存置の要なき地方も多く、しかし現在すぐに本制度を廃止することもなく、これから死亡、老衰等によって欠員が生じた場合、また地方の特殊事情により頭目存続の必要ありと認められる場合のほかは、欠員の補充を行わない［台湾総督府警務局 n.d.］。

第3章　ムルフーから頭目へ

る。バトゥ・ワタン、日本名山田和夫、漢名林照和［写真5参照］は1919年生まれで、私がエヘンに赴いたときには既に故人であった。日本時代にエヘン集落の青年団長を務め、第四回高砂義勇隊に参加した。エヘンの人には彼を「先輩者」「人格者」と呼ぶものもいる。

後に述べるように、村長がムルフーであるかは確定しがたい状況が存在している。日本時代の会長や中華民国時代の村長が、タイヤル語でムルフーと呼ばれるか否かについては、タイヤルの人々の間にそしてその言葉自身に、意見の相違と語義のゆれを見るのである。これを私は、語をめぐる意義の抗争（語義の抗争）と考える。本節まで、頭目と会長、村長の成立過程には、国家権力によってその後ろ盾を持つにいたる近代的政治制度に、タイヤルが自ら加担し、また同時に巻き込まれていったさまを記述した。

第5節　「天皇は日本のムルフー」という表現に出会う

　以上のようなタイヤルの一集落における政治システムの変化は、現在の日本人にとっていかなる意味を持ちうるのだろうか。本節では「天皇は日本のムルフーだ」というタイヤルの高齢者の表現を通して、エヘン集落タイヤルの政治システムの変化が、2000年代前半においても重要な意味をもっていることを追究していく。特に日本人である私がエヘンの方々に歴史経験を聞き書く際、その場において何が生起しているのかを思考することが重要である。1990年代末期から台湾北部で行っているフィールドワークにおいて私は、日本教育を受けた世代の男性の間で、天皇は「日本のムルフー」（mrhuu na zipun）という表現に3回出会ってきた。タイヤルのお年寄りから投げかけられたこの言い回しは、天皇とムルフーについて、もしくは植民地下における日本とタイヤルの接触について、私に探究させる契機となった。

第 5 節　「天皇は日本のムルフー」という表現に出会う

　前節までは、エヘン集落タイヤルの政治システムの植民地期における変質を、植民側を含めタイヤル外部のポジションからなされた記述から再構成してきた。本節以降では、対話し聞き書く者の視点と立場を明らかにすることによって、現在の対面状況において何が生起しているのかをいかに認識できるか考える[29]。前節までの「外部」からの歴史と文化の分析は、本節で扱う「天皇は日本のムルフーだ」という表現を理解するにあたって再登場せざるを得ない[30]。以下に、「天皇は日本のムルフーだ」という表現と出会ったコンテクストを、やや詳しく提示する。

　ひとりはユタス・バトゥ・ノカン（Batu Nokan）[31]、日本名・石田ヤスエ、1915年生まれの元第三回高砂義勇隊員[32]である。1942年から4年間を、日本のために南洋において「大東亜戦争」を戦い、九死に一生を得て帰国した。現在は平地に近い三民に、息子とその孫たちと暮らしている。私は彼のことをエヘン集落の人たちから紹介されて、オートバイでエヘンから三民まで、1時間以上の山道（舗装はされている）を下って訪問した。私はユタス・バトゥを2日続けて訪問したが、その2日目、日本語の「国」はタイヤル語で何と訳したらよいのか、ということを話している時だった。

---

29) ここでの「外部」はあくまで便宜的なもので、「非タイヤル」程度の設定であり、厳密に人間や言説、文化を内部と外部に切り分けることはできないと考える。
30) 人類学を含め植民的言説／知と、内部の視角からの記述の違いについては冨山一郎氏と火曜会の場に示唆を受けた。本章初稿執筆時において、「日本人」という意識をもって歴史と人類学を台湾大学というアカデミアで学んできた私が、そのような先行言説を学びながら「歴史」に分け入ろうとしていたことを付記しておきたい。
31)「ユタス」（おじいさん）は男性高齢者に対する尊称である。
32) 第三回高砂義勇隊は、林えいだいの『証言 台湾高砂義勇隊』［1998］において、帰還途中にホーランジャ沖で爆撃を受けて、全員が戦死したように描かれている［同上：145, 160, 169］。しかし柳本通彦の第三義勇隊の研究［1998］や、タイヤル人・劉徳禄［1998］の証言にあるように、第三回義勇隊の第一中隊の多くは生還している。本文中の下に見るユタス・ベフイ・ナボによれば、「昭和17年」に高雄を出発し、終戦後「フワル島」での収容を経たのち、1946年に台湾に帰遺した。彼が所属した隊の中隊長は「繁村」、小隊長は「伊集院」である。この中隊長は、林が写真集『台湾植民地統治史』［1995：134］で掲げる名前と写真と一致しており、ユタス・ベフイの語りに間違いはないものと思われる。

前日、タイヤル語に堪能な天主教（カトリック）の神父に、「国」は tmrahgan と訳している[33]と聞いていたので、それを質問した。

（私）「tmrahgan って何という意味ですか？」（ユタス・バトゥ）「日本の天皇陛下、mrhuu na zipun（日本のムルフー）、総統。一番いい人間がムルフー。あの人間が学問いいから。部長さん、班長さんと同じ」[34]。「天皇陛下」は日本の「ムルフー」であり、「一番いい」人間であり、「学問」があり、中華民国総統のように権威をもっていると述べられている。ユタス・バトゥは聞き書きをしてからまもなく、故人となった。

もうひとりはユタス・ベフイ・ナボ（Behui Nabu）、日本名・島津秀夫、同じく元第三回高砂義勇隊員で 1921 年生まれ［写真 6 参照］。エヘン集落の西隣 2 キロの距離のテイリック集落に妻と次男の家族と共に在住している。私は 1999 年から、ユタス・ベフイから継続的に何度も日本時代の話をうかがってきている。天皇や神社のことについて聞いている時のことだった。終戦後ユタス・ベフイが輸送船でニューギニアから帰る途中、ガダルカナル島の手前で船が沈没したが、偶然助かった。新竹神社でもらったお守りを、お腹に当てていたからかもしれない。でも戦後になってそのことを考えてみると、「（戦時はお守りという）紙に頼った。（アマテラスは）

---

[33] エヘン集落がある桃園市において、キリスト教は中華民国時代になってから急速に普及している。漢語の聖書には「你的国来臨」とあるが、その場合、三民在住数十年の巴神父（イタリア人）は、「国」に対して tmrahgan を用いているという。「你的国来臨」は日本語では、「天の御国が近づいた」「御国が来ます」「神の国は近い」などと訳されている［マタイの福音書 3-2, 4-17, 6-10, 10-7、マルコの福音書 1-15、ダニエル書 2-44、ルカの福音書 10-9, 11-20, 21-31 などを参照］。また神父によれば、tmrahgan には mrhuw（神父のつづりによる）が含みこまれているという。Mrhuw とは本章で検討しているムルフー（mrhuu）である。Tmrahgan は、「ムルフーが統治する国・地」という意味であることが推測される。なお、フィールドワークにおいては「国」を cinbwanan と訳す例にも出会った。この語は同時に「祖先」を含む言葉である。ムルフーは伝統的にも「現存する人」の意味であったから、日本語の語感を考慮して、ここでは tmrahgan を「国」、cinbwanan を「祖国・祖先」と試訳しておく。

[34] この対話においては、tmrahgan が「天皇陛下」と同義であるように感じられるが、必ずしもそうではない。上の注の解釈を敷衍して、「天皇が統治する国・地」とすれば整合性がつく。

第5節 「天皇は日本のムルフー」という表現に出会う

(写真6) ユタス・ベフイ・ナボと戦時に南洋まで携帯した雑のう (筆者撮影)

天の神様だ。天皇が守ってくれたとは考えない。天皇も人間だと考えた」。

(私)「天皇を見たことがありますか?」(ユタス・ベフイ)「ない。絵はある。顔がきれいな半身の写真を見たことがある。よく(学校の)先生が持ってくる。菊の紋章もある。(中略)天皇と utux(神または祖先の霊)は違う。でも mrhuu na zipun と考えるよ」[35]。

最後に、ユタス・ハユン・ナブ(Hayun Nabu)。上のユタス・ベフイの弟にあたる。戦争末期、高雄の軍事工場で働いていた経験を持つ。戦前はテイリック集落に住み、戦後はガオガン(ブトノカン)に住み、2001年に74歳で亡くなられた。「(天皇は)親玉だ。(日本のムルフー?)ムルフー。トーキ[36]とも言える。王様だ。日本のムルフー、ムルフーの言うたことには服

---

35) 集落の人々の話を総合すると、天皇の像は写真ではなく肖像画であったようだ。
36) 「トーキ」は、ムルフーと並んで政治的リーダーをさす言葉である。軍事作戦にあたって先頭に立つもの、という解釈を聞いたが、ムルフーとの差異についてはなお検

第3章　ムルフーから頭目へ

従する。ムルフーになる人間は悪いことは言わない。（日本の天皇は悪いことは言っていなかったんですか？）ない。山地の人は日本人に対して感謝している。丸岩さん（テイリック集落の警察）のおかげだ」[37]。

1. ムルフーの語義と頭目、天皇制と帝国日本

　ユタス・ハユンの語りには、天皇がはっきり位置付けられている「日本」が近代化を促進し、感謝するとの認識がある。この背景には、中村勝［2003］が指摘する、日本の「恵与」（当時の言葉では「恵與」）を手段とする「恩」と「威」（つまり暴力）併行の皇民化経済政策がある。天皇を家長とする温情主義的＝家父長的政策であり、そのロジックが家族国家としての帝国日本を支えた。上の三人はその国家のために戦ったのであり、その頂点に天皇が位置すると教育を通して教えられ（「教化」され）ていた。天皇は「日本のムルフー」（mrhuu na zipun）という表現を通して、タイヤルの伝統的政治システムを日本人が現在において振り返る意味と、「ムルフー」の語義を考えたい。一見この表現は、元義勇隊員が既存の（植民地政策の影響を受ける以前の）政治システムを用いて、天皇という外来の新しいものを解釈しているように見える。後に先行研究との関係で検討する、旧来のシステムと新システムの「並存」状況である。

　　討を要する。平地漢民族の福佬語「頭家（ホーローゴ）（タオケー）」（会社、集団の社長、長という意）から入った言葉かもしれない。
37) 以下はユタス・ハユンの語りの続き。「こうして生活しているのも日本のおかげ。水田の作り方、苗木の要領、牛を東京から送ってくれる。塩がない時、分けてくれる。建物を作るとき、檜（ひのき）がある（檜で作る）。テイリックは模範部落。同じチンサイ、中は石灰、針金と釘は免費（mian fei、ただ）。山地人が日本人を尊敬するのはその点。それだけでなくていろいろある。（戦後）農業の博士が指導に来る。（中略）（戦争のときは）台湾の人も日本を幇忙（bang mang、手伝う）する。（どうしてですか？）日本のおかげで台湾は発展した。農業から何から、日本人が指導に来て、食べ物の種も日本人が送ってきた。日本杉も。いい人間は勉強させる（できるものは選抜して平地で勉強させる）。学校に勉強したとき、本、鉛筆は10銭の金もいらない、みんな免費」。こうした語りを解きほぐすにはより深いコンテクスト化が必要である。

第5節 「天皇は日本のムルフー」という表現に出会う

　しかし以下のようにも解釈できる。「天皇は日本のムルフー」という言葉・考え方は、日本統治期にムルフーという言葉が、頭目という意味を含むようになってから発生したものと考えられる。ムルフーのもともとの語義が変化したのであり、既存のシステムは植民地政策の影響をこうむっている。つまり、日本教育を受けた世代が、日本語で日本人に天皇とムルフーを語る際、ムルフーをめぐる旧来のシステムと新システムが、単に「並存」しているとのみ認識するのでは十分でない。そこに欠けているものは、日本人を前にして、植民地統治の記憶が元義勇隊員に想起されているという事態がコンタクト・ゾーンの現在に生起していることを認識し想像するという行為だ。新旧の二システムは単に並存しているだけではなく、ムルフーが語られる今において、その二システムが争いせめぎ合っているのである。

　これまで見てきたように、日本勢力侵入以前の政治的リーダー（ムルフー）は、一集落に何人もいるような非固定的存在（ビッグマン）であった。ムルフーは狩りに長け、演説がうまく、統率力をもつといった、個人的能力と魅力を有する存在であった。しかし1910年代にワタン・アモイが日本警察の眼鏡にかない、新しく頭目に選抜され、エヘン集落に国家権力に裏打ちされた頭目制度が導入された。ワタン・アモイはその後もムルフーと呼ばれることもあった、とエヘン集落の高齢者は言う。頭目とムルフーが同義になった、あるいは頭目とムルフーが同義になりうる状況が発生したのである。これはムルフーという語義に頭目という意味が追加されたことを指している。ムルフーの権威は人々のコンセンサスのほかに、国家権力がその後ろ楯となるものに変わった。ムルフーには、（日本）国家と結託した権力者という意味が新たに付与され、意味は豊富化した。

　語義は、ある意味から新しい意味に簡単には変化せず、新旧二つの意味は現在でも交錯する。例えば、村長、郷長（聞き書き時。2014年より区長）、県知事、中華民国総統はムルフーと言えるかという私の問いに対して、エヘン集落には肯定する人もいれば首をひねる人もいる。「金持ちさん」と

呼ばれるワタン・アモイを、ムルフーだと積極的には認めない方もいる。ワタン・アモイの親族には、ワタンをムルフーと積極的に認める方が多いようである。ワタンがムルフーか否かについて、エヘン集落周辺のタイヤルの人々に明確なコンセンサスがあるわけではないのだ。ムルフーという言葉は、植民地統治以降、国家に裏付けされた頭目という新しい意味づけがなされてから、今やその意味が確定しがたいものになっている。

　元高砂義勇隊員らは「天皇は日本のムルフー」という表現を、植民地化以前の政治システムの中の「天皇は日本のビッグマン」という意味で解釈しているのではない。彼らは、近代国家帝国日本の政治システムとの密接な関連において、天皇を表現しているのだ。彼らの解釈はその意味で、当時の天皇を「正しく」解釈している。「正しく」というのは、「万世一系」の天皇こそが大日本帝国を「統治」し、天皇は「神聖にして侵すべからず」存在であり、「国の元首」である[38]という意味で、彼らに理解されているという点を指している。簡単に言えば、天皇が近代国家との関連において理解されているということである。彼らは、憲法の第何条かを明確に認識はしていないかもしれないが、伝統的政治リーダーとは異なった、近代国家における天皇の位置を理解しているといえよう。

　なぜそれを理解するようになったのか。簡潔に述べれば、軍事衝突、武装解除、帰順、教化、医療から交通、稲作などの生活の改善、そして総力戦の遂行が天皇の名の下で行われてきたことで、近代国家の天皇を理解するようになったのである。1911年には総督（佐久間左馬太）が台北観光中の「ピヤハウ社頭目ウイランタイヤ」に対して、「我日本帝国ハ上ニ天皇陛下マシマシテ恐レ多キ大頭目ナリ」と豪語していた［中村勝 2009：476、強調は中村平］。「蕃童教育所」で使用されていたと考えられる教科書において、「天皇陛下」は「わが国で一番尊いお方」であり、大日本帝国は「万世一系」の天皇をいだく「皇室と国民が一つ」になっている国である、と

38）以上大日本帝国憲法第一・三・四条。

第 5 節 「天皇は日本のムルフー」という表現に出会う

明確に記されている[39]。また実際の教育場面においても、こうした天皇制イデオロギーが教えられ（「教化」され）ていたことは、日本教育を受けたエヘン集落周辺の世代が語るところである[40]。「天皇陛下」（「天皇」ではない）と「万世一系」は、日本統治と日本が語られる際、エヘン集落においてしばしば聞かれる言葉である。教育勅語をそらんずることのできる方もいる。先にユタス・ベフイの語りで見たように、天皇の肖像画はガオガンの教育所に置かれ、運動場では毎朝、国旗の前で君が代を歌い、「皇居遥拝」を行っていたという[41]。家には神棚が置かれた[42]。

---

39)『台湾教育沿革史』[1939] には「蕃人用教科書」として、以下の教科書が用いられていたとある。「蕃人読本」[1915]、「(公学校用) 国語読本第二種・第三種」[1923]、「(公学校用) 国語書き方手本第二種」[1923]、「公学校修身書第二種」[1930]、「(公学校用) 国語読本第二種」[1930]、「(公学校用) 日本歴史第二種」[1933]、「公学校地理書第二種」[1933]、「公学校理科書第二種」[1935]。私が閲覧することのできた「公学校修身書第二種」「(公学校用) 国語読本第二種」に関して言えば、国家と国民意識（権利抜きの）、そして天皇の存在を植えつける意図が明らかである。国民を「我が子のようにかわいがって下さいます天皇陛下のご恩」といった記述にあふれている。北村嘉恵 [2008] は『蕃人読本』における天皇表象を検討し、近代国家の元首としての天皇は示されておらず、「ワルイ モノ」を取り締まるような「安寧秩序」維持の側面に限定されているとしている [118-9 頁]。北村は宜蘭庁における初期の対先住民の「教育」政策が、子どもを「人質」として総督府の管理下におくものであったことを実証している [同上：第 3 章、第 8 章、中村勝 2003：462-8 も参照]。史料が、「蕃童教育所」に児童を住み込ませることを「収容」と表現している点にも注意したい。「蕃童教育所」に代表される先住民「教育」を特に統治初期において推し進めたものは、巷に流布している「一視同仁」の同化政策の統治理念ではなく、山地の「掌握」と「開発」、「鎮圧」という至上命題であり、先住民「教育」政策とはその中で経済的に安上がりな手段として登場したものであった [北村同上書]。なお第 1 章に触れたロシン・ワタンも、幼少期に父親と日本警察の間で「人質」として日本の教育を受けていることが、ロシンの息子林茂成氏によって記されている [中村平 2006]。
40) 天皇制イデオロギーと先住民を含めた植民地台湾の状況については弘谷多喜夫 [1985]、また「天皇制幻想国家」として検討する中村勝 [2009] などを参照。
41) ユタス・ベフイの語り。「教育所では皇居遥拝をする。運動場で、国旗に向かって、君が代の歌を歌う。あれちょっと悲しい（内容）。こけのむすまで。子どものころ意味分かんなかった。（大きくなって）だんだん分かった。光復後三民主義の歌は、本当に聞きたくなかった。今だったら、いいように歌える。（天照大神は）日本の神様と思ってつかった。あれは（お守りを）光復後、開けてみた。中何も書いてない。字だけ。学校で（は天照大神のことを）習っていた」。

第 3 章　ムルフーから頭目へ

近隣のバロン集落で日本教育を受けたタイヤルの陳栄敏牧師は言っている。教育所に通っても字も書けない人はたくさんいた。先生に聞こうにも恐くて聞けなかった。「四年生でも、天皇陛下と書けなかったくらい」で、そういうひとは「後で独習した」(強調は中村による)。この発言は日本語で私に対してなされた。おそらく「後で独習した」は、居残りを命じられて「独習させられた」と聞き取るべきであろう。書き取りができない「落ちこぼれ」の子どもが、恐い先生のいる学校で、自主的に居残ろうとするだろうか[43]。そして何より、こうした教育制度を通じて、天皇の存在は人々に教化されていった。天皇―台湾総督―警察―頭目という社会権力の体制が浸透していったのである。元高砂義勇隊員とは、こうした天皇制イデオロギーのもと日本のために命を投げ出して戦った人たちである。天皇と日本という名のもとに、戦争の圧倒的暴力に身をさらしさらされてきた人たちである。

タイヤルの既存の認識システムを用いて「天皇は日本のムルフー」という表現を解釈すれば、「天皇は日本人の中で個人的能力をもつ存在(ビッグマン)」となるが、天皇は集落の人々のコンセンサスをもって選抜された存在ではなかったため、この解釈は成り立たない。この表現を私に語ってくれた 3 人のタイヤルの方は、上のような日本教育を受けてきた世代であるが、学校教育をはじめとする国家意識形成の制度[44]に足を深く踏み込

---

42) エヘン集落となりのバロン集落の陳栄敏牧師(ユタス・レビン・シラン、72 歳)。教育所の教育を 8 年、農業講習所で 1 年学んだ。「強迫的に木の札(大麻のことか)をつくって拝む。(そこには) 天照大神と書いて(あって)、お供えする。毎朝晩、お辞儀をする。宮城に向かって敬礼するのと同じ」。
43) 1999 年のフィールドワークでは、万大集落(南投県)、テイリック集落(桃園市)、サラマオ・シカヨウ集落(台中県)、桃源村(台東県)を各一週間程度訪問していたが、それらすべての場所において、警察(教師を兼任していた)について「厳しい」「恐い」という体験と記憶が多く語られた [中村 2000]。そこでは警察の有していた威厳とともに、殴るなどの体罰が存在した。
44) 教育政策以外にも、宗教政策(神前結婚など)、経済政策(水稲耕作奨励)、衛生政策(薬が天皇からもたらされたとされていたことなど)、総力戦・戦争動員などを通して、エヘン集落の人々に日本の国家意識が誕生していったと考えられる。国家意識の

第 5 節　「天皇は日本のムルフー」という表現に出会う

んでいた彼らは、日本政府が天皇を公式に意味付けしたように、正しく理解していた。

　ムルフーをめぐる語義の豊富化から、政治的人物を語るタイヤルの伝統的語彙のシステムは変化し始めていたことが分かる。ただし旧来の意味が全く失われてしまった訳ではない。ムルフーの古い意味が衰退していく過程では、意識するにせよしないにせよ、その言葉の意味の正統性をめぐって解釈の闘争が交わされ続けていることは想像に難くない。ここにおいて、ムルフーの単一の「正しい」語義を、研究者が確定してしまってはなるまい。もしくはムルフーの古い意味が衰退してしまったと述べることによって、研究者が行為遂行的にそれを葬り去ってしまうことは避けたい。ここでは、新旧の意味が単に「並存」しているだけではなく、それらがこの表現において緊張関係をはらみながら、せめぎ合っていると見るべきなのだ。

　ムルフーの語義の豊富化とせめぎ合いは、日本植民統治による植民主義の刻印である。その歴史をひもとくことが、脱植民化への一歩となろう。既存のシステムは常に変質の可能性をもち、日本の植民地政策はタイヤルの既存の認識システムを変化させる大きな契機だったと考えられる[45]。そして以上のような「正しい」天皇理解は、天皇を権力者とする家族国家イデオロギー[46]として具現化した日本国家意識の、「正しい」理解に等しかっ

　　形成が制度化されたのが日本統治時代である［中村 2001］。
45）植民地政策が現地の認識体系をすべて変えた訳ではない例を、ひとつ挙げておこう。自然物を示す語は変化しにくいようだ。例えば彼らがよく捕獲する魚類の体系は、この百年間でそれほど変化したとは考えられない。日本人は鮭を現地に持ち込み、エヘンのタイヤルはそれを kleh kacin（魚・牛）と呼んだ。牛のように大きい魚、もしくは赤肉の魚、という意味である。この例は既存の認識システムを変化させずに、新しく導入されたものを認識・解釈した例だろう。
46）家族国家イデオロギーが大日本帝国の統合原理として働いたメカニズムに関しては、伊藤幹治［1982］を参照。またその具現化は日本語の強制、水稲の導入など日本統治下の台湾山地でも散見される［中村 2001 を参照］。「家」制度は近代国民国家に適合的に形成された家族モデルであり、逆に国民国家もまた、家族モデルに適合的に形成されたと考えられる［上野 1994：69-70］。

た。統治者によってもたらされた家族国家イデオロギーは、被統治者に同質の言語と習慣を持つことを前提とし、その成員どうしの情緒的紐帯を強制するあるいは生み出すものだった。天皇制－家族国家イデオロギーは2000年代前半においても、日本教育を受けた世代が、日本人である私に日本との密接な距離感を強調する際の基礎を提供する。これをタイヤルによる日本植民地経験の流用とみなせ、その背後には、流用を引き起こす植民主義の力の構造があることに注意したい[47]。

第6節　語りを生み出す構造、語りが生み出しているもの

　流用行為の背後にある構造はなんだろうか。西暦2000年前後の中華民国台湾において、日本教育を受けたタイヤルの男性が、日本人という聞き手を前にこの発言を行っているという点が重要となろう。まず、台湾山地と日本の間の、経済的文化的な力関係が指摘されなければならない。端的に言えば第2章で見たように、植民統治が終了した今でも日本の経済的文化的優位は変化していない。こうした力関係のなかで、発言が生み出されていることに注意する必要がある。

　次に、国民国家中華民国における、先住民族としてのタイヤルの位置である。第1章で述べたように人口の2％に過ぎない台湾のマイノリティである台湾先住民族は、戦後国民党政府の中国化政策においても、民族と文化の自主性を主張することを抑圧されてきた。台湾の民主化運動は

---

47) 流用概念については太田好信［1998：第1章］を参照。流用とは、端的にいえば「押しつけられたシステムをある一定のやり方で利用する」ことである。太田は沖縄の人々による文化的流用行為の背後に、沖縄（語）と本土（標準語）間の「社会的な力学」「力関係」を指摘している。過去が現在（の私たち）を専有することについて触れた、本書第1章第5節も参照。

第 6 節　語りを生み出す構造、語りが生み出しているもの

1987 年の戒厳令の解除をもたらしたが、それと軌を一にして先住民族は自らを中国語で「原住民族」と名乗り始める。先住民族が自己のアイデンティティ（中国語で認同）を復権・創造するという流れが、1980 年代後半から大きなうねりとなって現れている。

　汪明輝は、彼自身台湾先住民ツォウであり、ツォウの民族自治を推し進めているが、1997 年の論文でツォウを「現在構築されつつあるひとつの民族」と述べている[48]。民族は国民国家の法体系において、現在そのアイデンティティと権益を保障するために構築され続けているのである。こうした台湾先住民総体の動きは、エヘン集落においても敏感に捉えられている。近年小学校において、タイヤル母語教育が始められたことはその一つの現れである。私に対しても、ほかのエスニックグループ（族群）との違いを残したい、母語は大切だ、文化を大事にしたいという意見が語られる。それはエヘン集落において、世代を超えて語られる現象である。こうしたことは、戒厳令（1949-1987 年）と白色テロ［伊藤 1993：第 9 章、若林 2001：第 3 章を参照］と中国人化を志向する国民統合政策のもとで、「光復」後（戦後）ずっと封じられてきた主張であった。

　エヘン集落のある復興区（旧復興郷）に関して言えば、台湾省議員を務めたロシン・ワタン（日本名日野三郎、1899-1954）と、警察の「巡官」だったベフイ・タリが「高山族匪諜湯守仁等叛乱案」（高山族共産党スパイ湯守仁等の叛乱に関する件）との名目で逮捕され、1954 年に処刑された[49]。ロシン・ワタンのご子息である林茂成氏等は、「原住民在戒厳時期不当叛乱並びに匪諜審判案件」に関して、行政院原住民委員会に名誉回復と補償の申請（1999 年 5 月 13 日）を行い、すでに受理されたとのことである。この陳情書には、復興郷（当時）だけで死刑 2 名[50]、有期徒刑 13 名のタイヤ

---

48) 汪は国立師範大学地理学部副教授、ツォウ民族文化芸術基金会会長（職名は 2003 年時のもの）。汪と先住民運動については汪［2006］などが日本語に翻訳されている。
49) 第 1 章の注 28 も参照。
50) これらの資料の死刑執行日期（民国 39 年 2 月 23 日）は、林氏によれば民国 43 年

第3章 ムルフーから頭目へ

ルが国家暴力の直接の犠牲になったとあり、またこの事実はエヘン集落において周知のものである。中華民国の統合と国民党による党国（パーティ・ステイト）体制［若林 2001：第4章］に異議を唱えるもの（もしくは唱える危険のあるもの）には、国家暴力が容赦なく襲いかかったのである。政治に関する「恐怖」［同上：72-3］が生じ、タイヤル民族とその文化を語ることは抑圧されてきた。

　タイヤルの元高砂義勇隊員らは、こうした中華民国の暴力を基底とした国民統合状況を経てきたのちに、私に出会っているのである。また、中華民国元総統・蔣介石（在任1948-1975年）のもと国民兵となったタイヤルたちの記憶が存在し、蔣介石も、タイヤルに人々により冗談交じりに「ムルフー」と呼ばれる可能性がある。この百年間「ムルフー」が幾度も替わり、その意味が混乱してきたことを、タイヤルの人々はよく理解している。日本のためそして中華民国のために国民兵として命をかけて戦ってきた、行き場のない記憶が凝縮されている。行き場のないという意味は、「誰の何のための」という物語を自分たち自身で語ることがずっと抑圧されてきたということだ。

　タイヤルの元高砂義勇隊員は、過去に密接な関係を築いてきた日本人、官に反抗するものを虐殺し同時に日本化＝近代化を強制してきた日本人、南洋戦線において生死を共にした日本人に対して、現在、私に「天皇」を語っているのだ。その際に、タイヤル独自の歴史の重みを持つムルフーが用いられる。日本人である私という存在は、エヘンの人々特に日本時代を経験した人々にとって、日本時代の記憶を喚起させてしまう存在である。日本人に対して、片言の日本語が呼びかけられ、投げつけられる。日本人は歓待され、食事をしていけと誘われ、泊まっていけと言われる。こちらが頼んでいないのに、日本語で日本時代のことを熱心にしゃべっておられる方もいる。日本の歌を歌い、涙を流される姿も私は見ている。

（1954）4月17日の誤りであるという。

第6節　語りを生み出す構造、語りが生み出しているもの

　タイヤルの元高砂義勇隊員らは私に対して、日本時代に忠誠を誓った・誓わされた天皇を、「自分たちの」認識システムを用いて解釈してみせ、聞かせてみせる。あたかも今日では、日本の政治システムとタイヤルの政治システムが対等であるかのように。日本統治当時、おそらく公式には許されなかった発言「天皇は日本のムルフーである」は、この百年間異民族統治に苦しんできたタイヤルの元高砂義勇隊員らによる、主体性回復を目指す語りなのではないか。第1章において、脱植民化を「困難な私たち」への遡行と捉える視角を提出した。「天皇は日本のムルフー」という発言が遂行するものを日本と天皇への呼びかけと聞いてしまった者には、この発言がナショナルな力のベクトルのみを有するとは考えないだろう。主体の確定の困難な「私たち」は、この発言を聞くその聞き方により登場する。何より元高砂義勇隊員自身が天皇とタイヤルを結びつけている発話である。本章に登場したユタス・ベフイは、「日本のご恩を返すために、猛烈に志願した」と言っており、天皇はご恩を返す対象であった［中村 2001 も参照］。

　本章の初出原稿［中村 2003b］を読んでいただいた際、以下のようなコメントを頂いた。「天皇は日本のムルフー」という「表現」は、タイヤルの高齢者が天皇を「単にアナロジカルに捉えているだけ」ではないか。その発言が主体性回復を目指す語りと言い切れるだけの証拠は十分に提出されているのか、というものである。天皇イデオロギーの強制、国家による暴力の歴史、抑圧されてきたタイヤルの主体性、民族自治希求の動きをこれまで見てきた私たちは、既にタイヤルの主体回復への動きを感知してしまっているのではないだろうか。「天皇は日本のムルフー」と語ってくれたタイヤルは後山の方々で、それほど民族議会の動きには参与していないが、だから彼らが民族自治に何の関心もなく、何のつながりもないとは言えない。彼らの記憶と民族議会が「私たち民族」として語る歴史の間には、換喩的なつながりが存在するのだ。それは、証拠という言葉では表すことのできないものなのかもしれない。他者の主体性とは、歴史に分け入り遡

行せんとする主体のベクトルを持つ他ならぬ自分自身が、様々な痕跡から感知してしまうものだからである。

第7節　二つのシステムのせめぎ合いと呼びかけられる天皇と日本

「天皇は日本のムルフー」という「表現」はタイヤルの高齢者が天皇を「単にアナロジカルに捉えているだけ」とする認識は、現在彼らに到来する暴力の記憶に注意を払っていない。「表現」というよりも、彼らの「発話」が現在もたらすもの（行為遂行性）に注意を払っていくことが、現在を記述する民族誌である。動態を動態として記述することが求められ、そうした民族誌 表　象（リプリゼンテーション） は読者に分有されることによって歴史経験は現前（プリゼンテーション）され、今、体験されることになる。先の発言をタイヤルが天皇を「単にアナロジカルに捉えているだけ」とする認識は、日本とタイヤルという二つのシステムを並列し記述してよしとする認識に近い。日本統治下のアミに対する青年団政策を検討する宋秀環［2000］は、アミにとって青年団政策は、「外面的には受け取ったと見えても、内面では拒否していた」とし、元来からの年齢階級制というシステムは破壊されず、同時に新しい青年団のシステムが受容されて両者が「並存」状況にあったとする［160-161頁］。この認識からは、それら二体系のせめぎ合う関係性や権力関係が見えない。

日本人と中国人による統治は、タイヤル文化を教化されるべき対象、改善されるべき対象とし、タイヤル民族主体育成の契機を奪ってきた［第1章］。こうした背景の中で、これまで否定されてきた「自分たちの」認識システムと「自分たちの」文化が、今こそ自分たちのものにされようとしているのではないか。更に言えば、当発言は、植民地政策によって付与され刻印された意味をもう一度確認することによって、今度こそ「自分たち

第7節　二つのシステムのせめぎ合いと呼びかけられる天皇と日本

の」ムルフーを想像し創造していく行為につながっているのではないか。いったん植民地統治の刻印を受けたムルフーの語義を、伝統的なタイヤルらしい語義をふまえて自分たちの政治を作っていきたいとする契機がここに存在する。

　「天皇は日本のムルフーである」、その発言を聞いて私は「いや違うんだ、現在の天皇は人間であり国家の象徴にすぎず、何の力も持たない（はずな）んだ」、力なくそう独り言のようにつぶやき、反駁を試みようとした。同時に頭に浮かんだことは、戦後50数年間というもの一体どれだけの日本人が、もしくは日本政府そして天皇が、彼らの日本に対する思い入れに耳傾け、応答してきたのだろうということだ。第二次世界大戦の「南洋」で日本人よりも勇敢に戦ったとしばしば伝えられる高砂義勇隊員たちは、私の祖父とは異なり軍人恩給をもらっていない。ユタス・ベフイの場合、交流協会への申請を人にお願いしたりして、実際手にしたのは数十万台湾元だったという。おそらく30万円から100万円程度の金額だったようだ。日本人は、日本政府は、そして敗戦前の国家元首である天皇は、熱くタイヤルの元高砂義勇隊員たちに呼びかけられている。

　現在の私は、彼らの発言に対してなんら十全な反応はしておらず、黙ってそれを聞くのみである。また十全な反応などありえないだろう。しかし、以上のように思考と記述を進めていく過程で、つまり百年前からのエヘン集落そしてムルフーを取り巻く歴史にさかのぼることによってようやく、私は先の発言の意味を理解していった。タイヤルの元高砂義勇隊員らが私に投げかけた「天皇は日本のムルフーである」という表現は、私をしてタイヤルの経験した植民地統治の記憶を探求せしめた。ムルフーの語義のせめぎ合い（もしくは語義のゆれ）こそは、タイヤルの人々における意図的無意図的な日本植民地統治の刻印である。それを語ることは、日本人がタイヤルと現在出会う際に起こる事実であり歴史である。そうした事実と歴史を語ることによって、本章の記述はタイヤルの人々に応答したい。

第 3 章　ムルフーから頭目へ

まとめ

　日本植民地統治の経験がいかに記述されるかという問いを見すえつつ、台湾タイヤルの一集落の政治システムをめぐる歴史と、それをめぐるタイヤルの人々の語りを考察してきた。元高砂義勇隊員らによる「天皇は日本のムルフーである」という現在の語りは、ムルフーという語義の変遷を考慮しなければ、タイヤルとは異なる文化的背景をもつ日本人にとってよりよく理解できないものである。日本人がムルフーの語義の変遷を知るには、日本植民地政府により 1910 年代にエヘン集落に導入された、「頭目」の成立過程を追っていかなければならなかった。「天皇は日本のムルフー」という語りが 21 世紀の現在において私に向けられる場において、遡行するタイヤルの主体化の契機が感知され、同時に日本人のタイヤルの人々に対する過去における密接な関係性が、再び浮上している。
　暴力による鎮圧を経て、また暴力がちらつかされるなかにあって、過去の政治的リーダーであるムルフーは、国家権力を後ろ盾とする頭目に再編成され、ムルフーの語義が豊富化しせめぎ合いはじめた。その国家とは、タイヤルにとり天皇を象徴的かつ権力的頂点にいだく天皇制国家だと「教化」されたのであり、頭目を媒介としてエヘンのタイヤルたちは天皇に結びつけられた。頭目制度（秩序）の定着は、第 2 章に見たように、日本植民地統治の常態化つまり鎮圧の継続に重なっている。第 2 章の、日本とタイヤルが「仲良くなった」（スブラック）とする語りと、本章に見た天皇 - 頭目制の定着と常態化の重なりが看取られねばなるまい。
　頭目がムルフーであるのか否かは、エヘンの人々にとって、現在においても確定しない事態が継続中である。その事態が指し示すものは、ムルフーという語義に対する日本植民地統治の刻印であり、その克服への運動

であり、タイヤルという主体化への葛藤である。本章は、エヘン集落周辺のタイヤルの元高砂義勇隊員らによる、私への「天皇は日本のムルフーである」という呼びかけに対する応答の試みである。ムルフーの語義をめぐる植民地経験の記述を、主体の運動と植民主義の暴力を固定的に定義するのではない形で、記述の中で浮かび上がらせる形で遂行しようとした。植民者が被植民者による語りかけを聞き、かつ聞きとるためには、植民地経験の刻印が浮きぼりにする主体化と暴力の歴史的展開過程に、必然的に分け入っていかざるを得ない。日本は、天皇は呼びかけられており、その呼びかけに答えるためには、本章のような遡行と思考が求められるのではないだろうか。

第4章

植民暴力の記憶と日本人の責任

はじめに

　これまで、日本国籍を持つ私が台湾で見聞きした植民の暴力の記憶と語りを、台湾先住民タイヤルと日本人の新しい関係の構築を目指して記述してきた。それは、日本人がいかに植民統治の過去の束縛から脱することができるかという日本人にとっての脱植民化（decolonization）の課題を、台湾先住民の脱植民化と共に推し進めようとする努力の一環である。本章では、「自分たち」とは何者かを確定しようとするタイヤル民族議会やタイヤル民族籍国会議員による民族自治と民族の歴史の模索の動き、フィールドワークで出会った台湾先住民の語り、漢民族研究者により聞き書きされたタイヤル高齢女性の語りを取り上げ、その背後に潜在する暴力の経験をそれらの癒しを念頭に置きつつ描き出す。そこに日本の戦中派団体「あけぼの会」の、当時から引き継がれる「大東亜」の夢が干渉し絡まりあっており、日本とタイヤル双方の脱植民化が苦境と窮状にあることを明らかにする。その苦境は、植民側が被植民側の自治運動の背後にあるもの——暴力の記憶——が感知される中で打破されていく。暴力の記憶は被植民者の日常生活の中に意図せずとも到来してくるものであり、それを見聞きする

第4章　植民暴力の記憶と日本人の責任

ものが意図せざる形でしてしまう「感知」を、本書では「分有」と考えている。

第1節　日本植民地・台湾に関わる植民暴力の記憶と語り

　植民暴力を検討する本書において、「自分たち」とは何かを確定しようとする動きとトラウマ的記憶は切り離せない。台湾先住民（族）という「自分たち」は植民的暴力の只中で形作られてきたためであり、「自分たち」とは何者かという中身を確定しようとする際に、暴力によるトラウマの記憶が呼び起こされてしまうからである[1]。タイヤルと日本、中国の暴力の経験そしてそれらの歴史と文化を扱う本章において、暴力の記憶の到来が開く新しい「私たち」の追究は、日本の植民地責任と戦争・戦後責任の取り方に関わるものである。

　春日直樹［2006］は人類学的民族誌（ethnography）記述のあり方について、部分が、想定しきれなかった全く別の何かの部分である可能性を開いていくような記述があるとしている。本章における個々の暴力の記憶はこの「部分」に相当し、民族史が個々の出来事という部分をナショナルな民族主体の「全体」に配置しようとする提喩的力を突き破ったりずらしたりしながら、別のつながりを換喩的に生み出すだろう[2]。これらの議論の土台に乗りつつ、ナショナルな主体（subject）が立ち上がりつつもそれが常に

1）近年のトラウマ研究は、個人のトラウマ記憶と同時に、集団や民族・国民のトラウマ経験を対象としている。トラウマの輪郭化と克服にあたり、言語ともの語りの果たす役割が積極的に注目されている［カルース 2000、下河辺 2006、宮地 2007を参照］。
2）記憶の換喩（メトニミー）的ずらされ、ナショナリズムと提喩（シネクドキ）の関連については、磯田和秀［2006］を参照されたい。本書で換喩は、「ホワイトハウス」で米国政府を表すように、隣接する部分や密接な関係のあるもので置き換えを図る比喩と捉え、提喩は部分と全体の関係性を提示するとしておく。

第 1 節　日本植民地・台湾に関わる植民暴力の記憶と語り

ずれていく形で、植民と戦争の応答責任（responsibility）を共に取っていく「私たち」という主語／主体（subject）は現前するだろう。

　台湾先住民族が自らを権利主体として自称する際、民族の抑圧された歴史が登場してくる。日本植民地政府（1895-1945 年）と第二次世界大戦後の中華民国政府による、暴力を背景とした鎮圧と同化の歴史が想起される。先住民族の主体は、かれらの歴史と共に立ち上げられようとしていると言ってよい。その歴史には民族＝国民主義（ナショナリズム）の力が働き、民族を均質な歴史と文化を持った存在としがちであるが、その背景にはそれを主張する人々の暴力を含めた様々な記憶が潜在している。抑圧されてきたという歴史と共に立ち上げられる民族主体と同時に、そうした暴力を含んだ様々な記憶がそれを語る場に現前している。それらの暴力が聞かれ、読まれる場おいてこそ、ナショナルなものに基盤を持たない「私たち」が登場する可能性がある。暴力の歴史を遡ることによって自分たちが何者であるかを確定しようとする中で、これまで「族」や「民族」として分節されてきた自他の線分［第 5 章も参照］が再考される（引き直される）可能性が生じよう。植民地責任は、暴力の歴史と記憶が聞き、書かれ、それが読まれるコンタクト・ゾーンとしての場に設定しうるだろう。

　台湾北部高地の先住民タイヤルの集落において、私が聞き書いた話から始めたい。首都台北から車で 3-4 時間ほどの北部山地・エヘン集落に住むママ（おじさん）・ウマオは 60 代後半（聞き書き時）で、終戦時に 5、6 歳だった。子どものころに聞き覚えた日本語と戦後に学んだ中国語を交えながら、日本の植民統治時代をこう振り返る。

　　「あの頃自分たちは、（日本人の）話をよく聞いた（話に従った）な。朝、鐘が 8 時に鳴って仕事を始める。お昼に休んで、5 時に仕事から上がるんだ」。

ママ・ウマオの話を私はどう聞けばよいのか、戸惑いながら耳を傾ける。大学卒業後、日本の植民地教育の台湾の人々への影響について考えようと

第 4 章　植民暴力の記憶と日本人の責任

　1996 年に台湾に渡った私の、その時持っていた問題意識の一つは、「日本人として」アジアの人々に対する植民地責任・戦争責任を引き受けなければならないというものであった。しかし台湾に数年間滞在しいろいろな方のお話を伺う中で、知り合いの方の特に暴力に関する話を聞く状況において、聞き手である私の「日本人」という属性が常に前面に出ている（前景化される）わけでもないと考えるようになった。私は暴力に関する話を、常に「日本人として」聞くことはできない。日常的な生活のコンテクストにおいては、私は自分を日本人と常に意識して話を聞いているわけでもなく、意図せずして暴力を語る記憶（あるいは暴力の記憶が語られる場）に不意に出会ってしまうことがある。本章は私にとっての「日本人の責任」を、「日本人」というナショナルな主体を立ち上げてから取るのではなく、暴力の記憶に不意に出会ってしまう地点（場面）に差し戻して思考する。

　ママ・ウマオの話は、日本による植民統治をよかったとも悪かったとも言わない。彼の祖父の世代には、1910 年に起こった日本との「戦争」（いわゆる日本側の言う「ガオガン蕃討伐」）で亡くなった方がいる［第 2 章］。直接そのことを想起していなくても、彼の日本時代への評価には単純な言い切りを許さない何かがある。彼の父はエヘン集落初代の「頭目」が退いた後の自助会「会長」職を務めた人物で、日本人との関係は良好だったようだ。頭目と会長は共に、台湾先住民統治のために日本人が設置した制度である［第 3 章］。

　私はママ・ウマオの述懐の意味を、こう理解する。1910 年に起こった、エヘン集落を含む「ガオガン蕃」の「鎮圧平定」とそれに引き続き展開される植民政策、更には第二次世界大戦への動員という過程の中で、エヘンのタイヤルたちは日本統治の終了する 1945 年まで、日本人の命令を聞かないわけにはいかない（植民地）体制の中に組み込まれていた。日本との戦争によって受けた祖父の世代の傷、そしてその後の植民統治という「近代化」の展開、日本が去った後にも続いた国家統治の暴力の経験が、ママ・ウマオの話の裏について回っているのである。彼の話す「自分たち」

は、植民的暴力の下での近代化と、その過程の中で主体化してきた「私たち」、つまり「タイヤル民族」という問題に関わっている。これらの歴史と記憶について以下に詳述しよう。そして、そうしたトラウマ的な過去が想起されていることを私が感知する中で、私とママ・ウマオをかすかにつなぐ暴力の記憶の分有が行われる。その感知は、そのような民族誌的記述 (ethnographic writing) に触れた読者のものでもある。こうした記述を通して、日本の植民地責任が暴力の記憶の分有が生み出す「私たち」により取られていくものであることが理解されよう。

第2節　「私たち」を自称する自治運動と脱植民化運動

　日常生活の聞き書きの中でなされたウマオ氏の話は、他人の命令に従うことのない「自分たち」を構想する台湾先住民（族）の自治運動との関連の中で考えられるべきだろう。第1章に述べたように、台湾先住民の多くの知識人にとり、自治運動は脱植民化という概念と共に思考され模索されてきた。台湾の人口の2パーセント未満を占める台湾先住民は、帝国日本の植民地において「蕃人」「蕃族」のちに「高砂族」と名指され、「進化」の度合いを理由に、一般行政区域とは異なった「特別行政区域」を中心に居住区を制限された（ただしアミ等を除く）[小林 2001]。日本の敗戦後、中華民国により台湾が接収され、台湾先住民は「中華民族」・「中国人」として同化政策を蒙り、「山地の同胞」と呼ばれた。漢民族中心の台湾の民衆社会においても先住民に対し差別的な表現が存在し、区別と差別を受けてきた。

　台湾先住民は、近代国家によるこのような武力統合とその後の同化政策に、唯々諾々と従ってきたわけではない。「理蕃五箇年計画」の日本との「戦争」(1910-1914年) に始まり、帝国議会を揺るがした1930年の霧社事

件など、反乱はたびたび発生した［傅 2006］。第二次世界大戦後においては、民衆と中華民国政府の衝突に発展した 1947 年の二・二八事件以降、1950 年代、60 年代と白色テロと呼ばれる国家テロリズムの時代を経てきた［徐編 2004］。この中で、タイヤル人やツォウ人エリートには「国家転覆」を図る共産主義者という罪名を着せられて殺された者もおり、その名誉回復は 1990 年代まで待たなければならなかった。暴力とテロリズムの中をくぐり抜け、1980 年代から台湾先住民は自分たちが他人から名付けられる存在ではなく、自分たちは自分たち自身以外の何者でもないとして運動を強く展開していった。自称を中国語で「原住民族」とし、1990 年代からの一連の憲法改正と、独立した行政機関の設置をかちとり、国有化された民族本来の土地の返還運動を起こした。2005 年には先住民族基本法が公布され、現在は民族自治が議論されている［第 1 章参照］。

　こうした武力を含む抵抗や顕在化した運動における（民族）主体性と同時に看過し得ないのは、為政者の近代化政策に一定程度賛同し（あるいは賛同させられ）つつそれを推進しようとする（民族）主体性であり、その背後に抑圧されている暴力の経験の記憶である。冒頭のママ・ウマオの「あの頃は日本人の話をよく聞いた」という語りがここに重なる。次節で見るように台湾先住民（族）の主体は、抑圧されてきたという自分たちの歴史を言語化しつつ、その歴史を伴いながら立ち上がっている。そのすぐ隣に、明確に言語化されない暴力の記憶が潜在している。その歴史を共有しつつ、植民的暴力の記憶を聞き書き、その民族誌的記述が読まれる中で、新たに生成する「私たち」により暴力の記憶が分有される。

　ここで言う「分有」とは、歴史の「共有」などと言う際に歴史や人々、民族を自己同一的な固定した存在とみなし、それが均質に共有されるイメージではない。歴史や人々、民族が明確に定義できる外縁を持つのではなく、誰と誰が何を共有するという事態が不可算名詞［酒井 1997］の間の出来事であるようなイメージである。暴力の記憶や体験が、完全に理解されえないが何故か分かってしまうことや、知覚してしまうといった、人間

の側が受動性をはらむような事態を想定している［岡 2000a、中村平 2011 も参照］。

　タイヤル民族議会の立ち上げる歴史を見る前に、民主化運動の中の 1988 年になされた台湾先住民族権利促進会による「台湾先住民族権利宣言」について触れておこう[3]。主体は自称するところに成立することが、第 11 項「先住民は、誰が先住民であるかを決定する権利を有する」に端的に表明されている。2007 年 9 月に採択された「先住民族の権利に関する国連宣言」においても、「先住民族は自決の権利を有する」（第 3 条）と謳われており[4]、自決には「自分たち」が何者であるかを決定する権利が含まれると考えられよう[5]。

第 3 節　タイヤルに想起される歴史と暴力の記憶群

　1996 年から 5 年間を台湾で過ごしていた私は、その後も断続的にタイヤルの人々と出会うなかで、様々な記憶と語りあるいは直截に植民主義的な（コロニアルな）現実に出会ってきた。台湾北部の山間部におけるタイヤルのエヘン集落とその周辺において、以下のような語りや記憶に出会ってきた。1910 年の日本軍警との戦いと戦士ハカオ・ヤユッツの戦死［第 2 章］。伝統的政治リーダー・「ムルフー」の、官製「頭目」への換骨奪胎［第 3 章］。「日本の侵略」と武装解除。日本警察と「テイコクシュギ」の厳しさ。「蕃童教育所」での日本教育。日本が教えてくれた水田耕作。薬や教育や、道路をつくってくれた「天皇陛下」に対する「御恩」。日本のため

---

[3]　巻末の参考資料に宣言の全訳を載せている。また、謝世忠［1987］を参照。
[4]　『先住民族の 10 年 News』139 号の特集を参照。
[5]　詳述は避けるが、アメリカ独立宣言のパフォーマティヴな力に注目したデリダ［2014］も参照。

第4章 植民暴力の記憶と日本人の責任

に南方に赴き戦った「高砂義勇隊」。米軍の空襲。日本人が「教えてくれた」歌［中村 2003c も参照］。

「大東亜戦争」の敗戦後の、中国国民党の統治。中国式の名前。日本時代「公医」となったタイヤルのエリート、ロシン・ワタン等の銃殺［第1章注28参照］、多くのタイヤルエリートの入獄。中国共産党との、金門島などでの戦闘。ダム建設による移住。「土地返還」を求めるデモ。「平地」での建設現場や工場の仕事。漢民族の差別的な眼差し。法に抵触する狩猟や魚とり。性産業への従事［黄淑玲 2000 も参照］。台風や災害と開発行為の関連。砂防ダムの環境破壊。様々な暴力的な記憶の聞き書きのなかから、本節ではタイヤル民族議会とタイヤルの国会議員、そして民族議会の議長とその父の運動と背後の記憶を語りたい。

1. タイヤル民族議会——民族自治の希求と植民化されてきた民族史

タイヤルの民族自治希求の主張において、植民された過去が民族的なものとして登場している。それは、民族主体という均質な「私たち」を想像する意味でナショナルなものでもある。2005年6月11日にタイヤル民族議会が発行した、『タイヤル民族議会第二期第一回大会パンフレット』において表明されるタイヤルの歴史を見よう。タイヤル民族議会は、誰がそしてどんな組織がタイヤル民族を代表し得るのかという課題を抱えつつ、キリスト教長老教会のメンバーが中心となり2000年12月に設立した。中華民国の法体系には組み込まれていない自発的組織である。タイヤルの古国を復活させようという「タイヤル古国復活論」「独立主権の"タイヤル国"」が、抑圧されてきた民族の歴史の中で展開される[6]。

*

---

6)「タイヤル古国復活論」「独立主権の"タイヤル国"」「タイヤル民族土地宣言」については巻末の参考資料に収録した。

第3節 タイヤルに想起される歴史と暴力の記憶群

「タイヤル民族は約五千から六千年前に、先住民族の中でも最も早く台湾に到達し、(中略)タイヤル社会は完全な社会制度を持っており、近隣の異族との間に国境を引き、争いがあれば国を挙げて国を守っていた。古国中興の祖にはモウダなどがおり、山を越え土地を求め境界を定めた」。「1624 年台湾島は、外来政権の植民統治を受け始めた。まず a オランダ (1624-1662)、b スペイン (1626-1641)、c 明の鄭氏 (1662-1684)、d 清朝 (1684-1895)、e 日本統治 (1895-1945) であり、これらの植民者は、時を経過すること前後して 321 年である。そのうち前者三代はタイヤル国を侵犯することはなく、お互いの間には正常な関係を保持していた。後の二代の植民者、清朝と日本の侵犯は、以下の通りである」。

＊

清の劉銘伝（台湾巡撫）はタイヤルに対し軍隊を動員し掃討を行ったが、その目的は達せられなかった。日本統治期の「タイヤル国」は、「番人と番地により規定された。その五十年間の統治において国法が使用されることはなく、先住民行政は植民自治の方式により治められた。日本人は、タイヤル人が番地を彼ら自分たちの国土と見做すことを承認していた」とする（強調は中村）。植民自治という語に込められた自治希求の力が感じられる。パンフレットの最後は、最大課題である土地に関する「タイヤル民族土地宣言」が表明されている（中国語の翻訳から訳出）。

＊

日本政府に侵奪されていた固有の領土は「サンフランシスコ平和条約」成立後、即刻元の主人（タイヤル民族）に返還されるべきである。現中華民国政府はタイヤルの領土を侵略し、植民と侵略を行っている。1948 年政府は戒厳令を発布し白色テロの圧制を加え、我がタイヤル民族の主権行使を妨げてきた。「台湾省山地保留地管理規則（辦法）」は日本占拠時期に村落移住計画の実施のために整備された高砂族所要地約 24 万 ha のみをその範囲とし、その他の約 130 万 ha の広大な領地は、日本政府が我がタイヤル民族の土地を盗んだ騙しのテクニックが再度模倣され、国有化されてしまったのである。

＊

143

上に明らかなように、タイヤル民族議会の主張は中華民国内部での自治政府を承認させ、伝統的な土地を民族自治政府の手に取り戻すことにある。外来政権により抑圧され、民族的権利を傷つけられてきたタイヤルは、認識を伴いながら今立ち上がろうとしている。タイヤル民族の歴史が表明されつつ、民族主体が登場している。

2. 高金素梅国会議員による反帝国主義史

タイヤル民族議会と距離をとりつつ、同じく植民されてきた過去からの脱却と自治を主張しているのが、高金素梅(こうきんそばい)（1965年生まれ）国会議員である[7]。高金素梅氏は母方がタイヤル、父方が外省（「台湾省」外の省という意味）系の出身で、先住民身分を近年取得し、日本と中華人民共和国を含めた政治活動を行っている。「日帝」（日本帝国主義）と「米帝」（アメリカ帝国主義）の批判を通して、抑圧されてきた台湾先住民族の歴史を「取り返すこと」を主張している［高金素梅 n.d.：3］。

高金素梅氏の父・金徳培は、大陸安徽省出身で国民党兵士として日本軍と戦い、ベトナムのフーコック島などに派遣されたのち台湾に渡った。子どもは父の姓をとる漢民族の習慣より、高金氏は2000年まで「金素梅」と名乗っていたが、国会議員に立候補する際、母方の先住民身分を取ることを決心した。母の姓「高」を受け継ぎ「高金素梅」となった彼女は、先住民身分を法的に獲得し、2001年から2017年の現在に至る五期の山地先住民族枠の議員を継続して務めている。同時にタイヤル名で「吉娃斯・阿麗(チワス・アリ)」と名乗り始めた。先住民アイデンティティを自覚したきっかけは、ある一枚の写真を見てからだったという［胡 2005］。その写真は、日本人らしき人物が台湾先住民らしき人物の首を切り落とす刹那のものであり、彼

---

7) タイヤル名 吉娃斯・阿麗(チワス・アリ)、国会議員の中国語の正式名称は「立法委員」である。

第3節　タイヤルに想起される歴史と暴力の記憶群

女の企画編集した写真集［2002］や、『合祀を取り消し、名前を削除せよ！我々は日本人ではない』［n.d.］などのパンフレットにしばしば掲載されている。

　高金氏は靖国神社による台湾先住民の祖霊の合祀を取りやめてほしいと主張したが、神社側に拒絶されている。2003年に小泉元首相の靖国神社参拝を原告団長として提訴し、首相の参拝は違憲との大阪高裁（2005年9月）の判決を引き出した。こうした彼女の活動は、台湾の戦中派の人々の反発を受けている。女性による「出草」（首狩り）宣言と行動［高金素梅HPを参照］は伝統的女性規範の逸脱であると、高齢タイヤル男性が批判するのを私は幾度か聞いたことがある。日本による先住民への初等教育であった「蕃童教育」を「洗脳教育」であったとし、「原住民である自分を誰であるのかさえも忘れさせた」教育であったとする主張［高金素梅 n.d.：36-7］は、日本教育の中で生きてきた高齢タイヤル男性にとって全面的には同意できないものがあるのだ。

　高金氏の動きに関して、日本側では積極的な呼応の動きがある［高橋2005、中島2006、丸川2005］。NDU日本ドキュメンタリストユニオン制作のドキュメンタリーフィルム『出草之歌：台湾原住民の吶喊・背山一戦』［2005］は、高金氏の政治活動を追ったものである。2005年6月の靖国神社前での反対派日本人、警察との小競り合い、神社側との緊迫した押し問答を映し出している［丸川2006を参照］。また、日本人の戦中派世代を中心メンバーに持つ「あけぼの会」（後述）は、高金氏らの靖国訴訟に反対の姿勢を採っている。

3. 原藤太郎（トフイ・ホラ）の記憶

　タイヤル民族議会の先に見たような主張が登場した背景として、大会パンフレットの文中にも述べられている日本と中華民国による植民政策と暴力が存在する。ここでタイヤル民族議会マサ・トフイ第二期議長（1932年
ムルフー

生まれ)[8] の父親であるタイヤル人原藤太郎（タイヤル名：トフイ・ホラ）という人物に焦点を当て、マサ・トフイ議長（ムルフー）らの自治を求める運動の背後にある暴力的な経験の記憶を理解したい。

　第3章においてもその語義の問題について語ったが、「ムルフー」や「頭目」といった政治的リーダーの位置や性格をどのようなものとして構想するか、特に中華民国政府とのかかわりにおいてどのように構想していくかが、民族自治のあり方として問題になっている[9]。そうした中でタイヤル民族議会は議長職に対して再びこの「ムルフー」の語を用いており、第二回議長（ムルフー）にはマサ・トフイ氏が選ばれた。ユタス（おじいさん）・マサには2004年から2005年の台湾でのフィールドワークにおいてお会いし、以下のようなお話を伺った。ユタス・マサの父・原藤太郎（1897-1939年）は日本統治期に巡査になったが、日本当局が自分の土地を接収しようとしたことに抗議し、昭和14（1939）年12月20日に切腹自殺した［復興郷志編輯委員會 n.d.: 439］。原はその四年前に開催された「高砂族青年団幹部懇談会」（1935年10月29日）に、全島から集められたその他31名の先住民「先覚者」と共に参加し、植民地政府が期待を寄せる人物の一人だった。父・原藤太郎の自害事件当時、ユタス・マサは7歳前後であった。

＊

　父は試験を受けて大正9（1920）年から警察になり、巡査補を何ヶ月かやりました。昭和14（1939）年に警察を辞めて、青年団長になりました。ある時、自分の土地に測量の旗を見つけました。政府がすることなら、どんなことでも父に相談するはずなのに、これはおかしいと思いました。昭和14年12月20日、角板山の青年団の検閲がありました。州長、警察部長、理蕃課長、警視等がみんな来ます。親父はうちのお袋に、「お前行け、体の都合悪いから」

---

8) Masa Tohui、中国語表記は馬薩・道輝、中国語名は黄栄泉。
9) 先住民族テレビ元気ニュース（原住民族電視台原視元気報）2007年7月18日版。2007年7月現在、楊仁福国会議員が立案した「原住民部落、頭目文化傳承保存法草案」と、行政院先住民族委員会の草案「原住民族伝統領袖制度維持保護法」が存在する。

と言いました。お袋は朝早く行きました。お袋が角板山の下の坂のところに来た時、青年が何十名降りてきました。「あー奥さん、奥さん」と迎えられた。「原さんのことですが、大変突然のことですが……」「電話がかかってきて、亡くなられたそうです」。

遺言の中には、水田のことについては、確定的な何かはなかったんですけれど、心配させるようなことが今後発生しないように、まぎらわしいことをしないでほしいとありました。我々の開発した土地を、政府があたかも地主の意思を問わずに自由に処分すると。私は部落（集落）の人に申し訳ない。妻子のことは面倒見てくれ、とありました。

＊

日本統治下の現復興区のタイヤル集落において、政府に抗議してのこのような自殺が起こされていた。暴力的な出来事はしかしこれのみにとどまらず、戦後の中華民国政府による石門ダム建設に伴う半強制的な移住と公害被害の経験について、ユタス・マサはこう語る。

＊

（中華民国政府になってから）観音（桃園市の海岸沿いの町）の海岸の土地を与えられました。しかし生活できません。二、三年位して問題が出ました。イタイイタイ病の原因にもなったカドミウムの汚染で、せっかく作った稲にカドミウムが浸透して、食えないし売れない。カドミウムは国家の重要な工業でした。田んぼを探しなさいと、政府から38万元くらいもらいました。政府がまとめて土地を買い取るのが本当でしょう。田んぼを探し当てた人はいいが、みな散り散りばらばらになりました。（括弧内は中村による補足）

＊

民族議会を推し進める運動の背後には、上のような日本と中華民国による植民状況における暴力の記憶が離れがたく存在している[10]。語の意味内容は未確定であるが「民族自治」という語は、ユタス・マサそして原藤太郎にとってのタイヤルの夢であり続けてきた。ユタス・マサの父について

---

10) なお石門ダムによる移住の問題については、康培徳［2009］が詳しい。

第 4 章　植民暴力の記憶と日本人の責任

の記憶は、日本人である私の登場により喚起され日本語で語られ、それはタイヤル語と中国語で書かれた民族議会のパンフレットのトーンとは異なり、日本の侵略を直接に批判しないトーンで語られる。ユタス・マサが感じている事態は、暴力の予感なのかもしれない。日本人である私が日本語で植民地時代の過去について話を聞くことが、暴力の記憶の想起の引き金になっている。彼は日本軍警により徹底的に暴力を行使され「鎮圧」されてきたタイヤルたちの、明確な言葉にしがたいトラウマ的な過去、そして抗議の意味を込めた父の切腹自殺の暴力を感じている。そこには日本人を「逆ギレ」させてはならないという身構えが、無意識に採られているのかもしれない［野村 2005 を参照］。ユタス・マサにいろいろお話を聞かせてもらって数年になるが、私は、そして日本は言葉によって厳しく非難されることはない。

　植民地政府の「討伐」を受けその圧倒的な軍事力の中、タイヤルの生活は統制を受けていた[11]。そうした状況下「人質」同然に教育を受けさせられた原藤太郎は、「同族」の人々に「嫌われ」（『理蕃の友』1935 年 11 月号における原自身の言葉）ながらも、植民地政策遂行の仲介役として生きた。原は植民政策の進める日本的近代化に乗らされ自ら乗ろうとし、その道半ばで絶望し死を選んだ。そして原藤太郎の息子であるユタス・マサは、父の夢を想像し自分なりに受け継ぎ、それが現在のタイヤル民族議会の進める運動への動力の一つになっている。

　こうした暴力の記憶を抱えながら、ユタス・マサは民族議会の議長（ムルフー）として民族の歴史を語ってきた。私は 2004 年から 2005 年にかけて台湾の中央研究院民族学研究所で訪問研究員をしていた際に、研究の報告を求められ、「桃園県を主としたタイヤル(民)族と植民主義、国家暴力」と題した報告を行った。帝国日本と中華民国の二度にわたる植民政策においてタイ

---

11) 塩と鉄砲の管理など、日本植民地政府による台湾高地先住民に対する経済生活統制については中村勝［2003］を参照。

第 3 節　タイヤルに想起される歴史と暴力の記憶群

ヤルは暴力にさらされ続け、殺された人々がおり、中央と地方、また各宗派や各家庭のそれぞれに異なった状況の中で、自治の困難な課題を抱えていると述べた。その質疑応答の中で、参席していたマサ議長は私の報告の半分近くの長い時間をかけ、国家政策によりタイヤルの土地は奪われ、経済的な苦境にあること、タイヤルが昔から自分たちなりの政治制度、そして「国土」を持っていたことを中国語で漢民族の聴衆に訴えた。そこには民族議会の議長として、年来の主張を公の場で主張したいという意識もあったと思われる。ユタス・マサはまた、「中台が緊張関係にある中で、アメリカ（米国）は、タイヤルが自治を主張することに対して大きく文句はつけないはずだ」ということも私との会話で述べた。台湾先住民（族）が自治を主張することは、中華人民共和国と台湾（中華民国）の緊張関係、それをとりまく日本、米国の国際関係を思考せざるを得ないのだ。

　さて、民族議会や高金素梅氏の運動は、復興区の高地（「後山」）のタイヤルの人々の間ではどのように受け止められているだろうか。私が聞き書きを行っていた 2005 年までのエヘン集落において、民族議会に積極的に関わっている者はほとんどいないようだった。私が民族議会の大会に参加しに行って来ると述べても、民族自治がタイヤル民族の権利のために努力しているのだとおそらくは考えながらも、「今は桃の収穫の仕事が忙しいから……（参加することはできない）」というような反応があった。子どもを平地の学校に送り、その面倒を見なければならない親たちにとって、山地での農作業をしていくだけで生活は大変忙しい。

　高金素梅氏については、彼女が指揮をとるデモに参加することはあっても、全面的に賛同しているという訳でもないようだ。国会議員選挙のための「政治的パフォーマンス」の側面を指摘する人もいた。こうした意味で、高金素梅国会議員やタイヤル民族議会といった中央と地方のタイヤルエリートと、高地のタイヤルの人々の間には温度差が存在すると同時に、機あらば足並みをそろえる力のベクトルがある。未来への夢への様々な動力が、錯綜した状態にある。

第4章　植民暴力の記憶と日本人の責任

第4節　日本人である私がどう聞くのか

1. 漢人研究者との間に交わされる暴力の記憶

　これまで記述してきたフィールドワークでの聞き書きは、私という日本人が行なったものである。第2章［第6節］に続き、聞き手が日本人であることの限界を克服する努力を、ここでより深めたい。
　エヘン集落のママ・ウマオの家に居候してまもなく、彼の妻のお母さん・ピスイさんとお会いした。日本教育を受けた方で、私のことを日本人がよく来たと歓待してくれた。大切にしまってあった蜂漬けのお酒を取り出させてきて、一緒に飲む。日本時代、警手（下級警察官）だった今は亡き夫のことを流暢な日本語で話してくれる。台北に戻り数ヶ月して、ヤキ（おばあさん）・ピスイから電話がかかってきた。電話でおしゃべりしているうちに、日本時代に習った歌を歌ってくれ、そのうちに、感極まって涙を流していらっしゃった。私は、自分が特に何もお願いしたわけでもないのに彼女がそのような反応をすることに、ただ戸惑っていた。私が日本に一時帰国すると言うと、ヤキ・ピスイは「日本の人々に、山の人は感謝しておりますよと伝えてください」というようなことをおっしゃった。
　この話に見られるように、調査者が私という日本人であることは、台湾先住民が日本植民統治の記憶や経験を語る行為や感情に対して、明らかに影響を及ぼしている。日本人の存在は日本統治の記憶を喚起するのだ。そして上のような語りを「親日台湾」イメージとして回収する力が、現代日本社会に登場している［五十嵐 2006 を参照］。「親日台湾」というレッテルを台湾とその住人に貼ることにより、トラウマ的な記憶の到来の問題がこぼれ落ちてしまうことに注意を払う必要がある。実は、日本人の介在しな

第 4 節　日本人である私がどう聞くのか

い場においても、暴力の記憶の到来は語られている。

　陳茂泰編、呉玉珠・陳勝栄共同研究の『台北県烏来郷タイヤル民族高齢者のオーラルヒストリー集』[2001 年、台北県政府文化局] からは、日本人が介在しない場でのタイヤルの人々の語りを読むことができる[12]。陳茂泰氏は漢人でタイヤルの研究に携わる中央研究院民族学研究所の副研究員であり、陳勝栄氏はタイヤル人であり通訳を務めた。インタビューは主に中国語とタイヤル語で行われた。

　編者により「日本の観光客がウライで何か言っても何も信用しません」という表題がつけられたヤユッツさん（2000 年時 77 歳女性）の話は、日本（統治とその責任）について批判的に言及している（登場人物は仮名とした）。ヤユッツさんは 22 歳で結婚し、その後、夫のアロックさんが日本のために南洋に戦争に行った。アロックさんは戦場で亡くなり、ヤユッツさんは同じく高砂義勇隊員として戦場から帰ってきた同郷のトルさんと戦後再婚した[13]。ヤユッツさんは「夫が行った時、23 歳でした。私は 24 歳。ちょっと辛かったけど、国家の任務のために行きました」と言う。軍事貯金、戦時補償に関して以下のように述べる。

＊

　　ヤユッツ：日本は、義勇隊の人々が南洋でどのくらい貯金があったかを調べましたよ。アロックの貯金がいくらあったか通知しました。だけど私たちは受け取りませんでした。騙されているかもしれないですし。それにあんなに少なくて。最近になってようやく調べ始めてね。（中略）たくさんの日本人が観光に来ていろいろ（補償金の問題を解決してあげると）言うけれど、私は、あの人たちがおっしゃることを信用していませんよ。あの人たちは、「大丈夫、通帳があるなら私たちがやる」って言うけど、その後何も送ってきません。（中略）日本の交流協会が調査して、（中略）貯金を確認しに行きましたけれど、ほ

---

12) 台北県烏来郷は出版当時の名称で、2010 年からは新北市烏来区となっている。
13)「高砂義勇隊」とは、日本植民政府により、1942 年頃からおよそ 8 回にわたりフィリピンからパプア・ニューギニアなどの戦闘地域に動員された台湾先住民を指し、その数は少なくとも 8,000 名と考えられている [Huang 2001]。

第4章　植民暴力の記憶と日本人の責任

とんどなくて、要らないって言いました。自分の父が南洋に三回も行って帰ってきて、手柄も立てたのに、あんなにちょっとではね。（括弧内は中村による補足）

*

交流協会（国交のない日台間において日本の大使館に相当する）による弔慰金は、ヤユッツさんを癒すことはなく、逆に日本政府の責任を問う態度を明確にするものとなった。ヤユッツさんはその弔慰金の受け取りを拒否しているのだ。次は、ヤユッツさんとアロックさんの間の息子・ノミンさんがフィリピンに行った時の話である。

*

ヤユッツ：ノミンが二歳の時、お父さんが戦争に行きました。私はノミンに言いましたよ、父さんはこういう人だったと。

その場にいた別の人・イコン：A会社が職員の慰労旅行をして、ノミンもA会社だったからフィリピンに行って、戦争した所にも行ったんです。たくさんの十字架があって、ノミンはそれを見てひざまずいて、父さん！って叫んで泣いていました。ガイドさんがここは台湾兵がたくさん死んだ所ですと説明したので、ノミンは父さんのことを思い出したんでしょう。ひざまずいて、自分はもう台湾に戻らないと。（中略）

質問者：ノミンは父さんの写真を見たことがあるんですか？

ヤユッツ：私ら先住民には、写真なんてありませんよ。日本人はありますよね。ところで、あなた方は何の目的で私たちのところに来ているんですか？［陳編　2001：43-9］。

*

この後、同行者が訪問の目的を説明したと同書にはあるが、質問者はすぐにまた別の話題に話を振っている。日本統治時代の高砂義勇隊員への補償についてと同様に、戦後の日本人に対しての「親日」イメージとは程遠い、辛らつな評価がそこにある。おそらくヤユッツさんは日本人に対して、上に述べたことを決して直接にはおっしゃらないに違いない。そし

て、日本人読者がこの話を今読んでしまった以上、この話を聞かなかったことにすることは既に出来ないはずだ。

　ヤユッツさんの息子であるノミンさんがフィリピンまで行き、戦死した父に出会い直す。そのことまで話が進んだ時、「あなた方は何の目的で私たちのところに来ているんですか？」という発話がヤユッツさんからなされる。トラウマ的な記憶を癒しのないままに蘇らせてしまう、直入かつ暴力的な質問に対する違和感の表明であろう。戦死した夫は、一体誰のために、何のために戦って死んだのか。植民統治当時なら「お国のため」「天皇陛下のため」という答えが用意されていただろう。しかし日本の敗戦と台湾からの撤退を経てからの 60 年間、その問いに誰も答えてくれない現実をヤユッツさんらは生きてきた。

　ヤユッツさんの前夫と後夫は共に、日本のために南洋に戦争に行った。それは心から志願したかもしれないし、「国の任務」のための半ば強制的なものであったかもしれない。帝国日本の「大東亜共栄圏」の夢が台湾先住民に押し付けられた。台湾先住民の中にも、植民地におけるヒエラルキーからの解放を夢見て、その夢に人生をかける人々もいた［Huang 2001 を参照］。しかしヤユッツさんが当時見ようとした夢は、冷戦体制により大きく規定されてきた戦後の長い時間が砕いてしまった[14]。一義的には日本政府がその責任を取るべきなのであり、二義的にはそうした日本政府を選んでいる日本国民が責任を取らなければならない。同時に、本章のよう

14）戦争補償に関して、日本と中華民国政府の公式見解は 1952 年の日華平和条約により解決済みとしてきた（ただし当該条約は 1972 年の国交断交により廃止された）。ヤユッツさんの夫を含め、戦争に動員された台湾人は、戦傷病者戦没者遺族等援護法（1952 年）、恩給法改正法（1953 年）の対象にされて然るべきであったが、日本国籍のみを対象とする「国籍条項」によりその対象外とされた。台湾人は、日本国内居住者を含め、1952 年発効のサンフランシスコ講和条約により日本国籍を剥奪されたからである。なお、議員立法である 1987 年の「台湾住民である戦没者遺族等に対する弔慰金等に関する法律」と 1988 年の「特定弔慰金等の支給の実施に関する法律」により、台湾人被戦争動員者と遺族に補償がなされたが、ヤユッツさんのように受取りを拒否する者も多いと言われている［高木 2001、各種ホームページを参照］。

な民族誌記述が日本人にヤユッツさんたちの思いを伝え、伝えられた人がそれをさらに別の人に伝達したり、心の中に大事にしまっておくことから、責任のとり方は始まるのではないだろうか。

2. 戦中派日本人団体「あけぼの会」の夢

　日本人による台湾先住民への戦争責任の取り方を考える上で看過し得ない動きが、戦中派日本人を中心とする団体「あけぼの会」の活動である。その活動は帝国日本に対する懐古と共に、「高砂族」における日本精神を再発見し、それを日本人アイデンティティの回復へと結び付けようとする。主宰する門脇朝秀氏は 1914 年植民地朝鮮生まれで、大阪外国語学校支那語部で中国語を専攻し、歩兵七九聯隊で兵役を終えたのち、南満洲鉄道会社勤務。旧陸軍情報将校・特務を務めたという[15]。終戦時は大連で居留民の帰国作業にあたる。同様の体験を持つ大陸帰還者を主体に、1953 年ころに、門脇氏が主宰して「あけぼの会」が組織される。会員 500 余名という［門脇編 1994：序][16]。

　1990 年代より継続している台湾への旅と交流の背景には、「韓国、旧満州、蒙古、中国全体に散らばる友人たちとの結びつきは、大きな時代の波にかき消されて、今はその痕跡も残っていない」という個人史の認識がある［門脇編 1999：38］。求めようと夢見る「日本」は、以下のように「高砂族」に見出される。本書の読者は、「高砂族」が日本統治下で日本人が台湾先住民に対して名指した言葉であり、「正名」運動の認識を否定する言葉であることに気づくであろう。

---

15) http://onseian.seesaa.net/archives/200506.html、音静庵（離れ）ウェブサイトより［2008 年 5 月 3 日確認］。門脇氏は「日本李登輝友の会」理事も務めているということである。2017 年に逝去された。
16) あけぼの会には、漢民族系台湾人や、日本人と先住民族との間に生まれた方も関わっている［門脇編 1999］。

第 4 節　日本人である私がどう聞くのか

　「口を開けば自分の国と民族をまるで他人事のように批判する人間が、日本国中を占領してしまった感もする。(中略)「歌を忘れたカナリア」の節を聞きながら、戦後五十数年、しかも台湾の一番山奥に今いることも忘れ、ここは日本、周囲の人たちはわれわれと同じ本来の日本人だという錯覚に襲われた。(中略) そこには素朴な感激が満ちている。日本では姿を消した昔の日本の好さが、今も生きつづけている」[門脇編 1999：384-5]。

　屏東県では、第五回高砂義勇隊参加の平山勇（民族名：イリシレガイ）氏に会い、「大東亜戦争従軍記章」と「菊のご紋章」の入った金盃を平山氏に授与し、従軍の活躍の「表彰」を行う。平山氏は軍帽をかぶり、身を正して敬礼し受け取る [門脇編 1999 冒頭の写真参照]。平山氏は村人にその金盃を見せて、「これは天皇陛下からいただいた」とパイワン語で説明する [門脇編 1999：98-116；2000：192]。宜蘭県の南澳郷公所主催の歓迎座談会では、日本教育世代の下の世代により戦時補償についてあけぼの会の協力を求めるという訴えがあったが、会としてはそうした訴えには応えない。逆に、森副団長はこの件について「南澳はガッカリした」と述べている [門脇編 1999：352]。

　本会は 2000 年 4 月には 10 名の元高砂義勇隊員を中心とする人々を、東京から九州に案内した。明治神宮と靖国神社に参拝し、偕行社（元軍人団体）主催のお茶会では三笠宮（崇仁親王、昭和天皇の弟）が参加し、義勇隊員らと交流した。この旅行について載せられている元義勇隊員の声は、「自分で志願したので戦後補償は要らない」(「ビューマ族」の「岡田さん」)、「高砂族は今でも日本人としての気持ちは強く、祭りに行きますと、時に『天皇陛下万歳』を叫ぶことがあります」(「パイワン族」の「平山さん」) というものである [門脇編 2000：51-2]。

　門脇氏を代表とするあけぼの会は現代日本に喪失感を感じ、その代替を台湾で発見した「高砂族」に求めようとする。「外地」で生まれ、帝国の暴力の最前線で日本人であることをおそらく日々意識せざるを得ず、戦後

155

第 4 章　植民暴力の記憶と日本人の責任

日本が敗戦前を悪として切り捨て思考してこなかったことに対する門脇氏のやるせなさと孤独感は、1990年代に「高砂族」と出会ってから、彼らにその癒しを求めていくという行為に変質したのである。しかし南澳の人々からの戦時補償を求める声が切り捨てられてしまったように、聞きたい声のみにすり寄っていく傾向があると言える。あけぼの会の交流は、日本人が旧植民地人の声を現在聞こうとする際の一つの典型を示している。

3. 天皇制に関わる「大東亜戦争」の日本の責任の取り方

本書でこれまで見てきたように、植民地下台湾の「蕃地」において、圧倒的な軍事力を背景に警察と頭目による支配が作られ、天皇の権威と警察権力の浸透により力を発揮した戦時体制は、多くの動員を果たしていった［中村勝 2009 も参照］。植民地の支配体制は、イデオロギー的にも現実にも天皇を家長とする家族国家観的「大日本帝国」であった［伊藤 1982、上野 1994］。台湾山地においては、「恵與」を手段とする「恩」と「威」併行の皇民化経済政策が実行され［中村勝 2003］、イエのメタファーと「赤子」と子どものレトリックは、台湾先住民に対して際立って機能していた［山路 2004］。第 3 章に見たように、タイヤルの多くの高砂義勇隊員たちが日本について言及する際、天皇は「日本のムルフー」(mrhuu na zipun) という表現をよく用いるように、天皇は彼らにとり未だ記憶され続けている存在である。上述してきたように、タイヤルにとってムルフーのあり方が、民族自治と関わって現在模索されている。

あけぼの会の活動は、高砂義勇隊員達に「大東亜戦争従軍記章」と「菊のご紋章」の入った金盃を恵与し、皇族に謁見させるという行為を通して、かれらに多くの記憶の到来を生じせしめただろう。「パイワン族」の「平山さん」にとって、「天皇」は今も共に生き続ける重要な存在である。敗戦後 50 年から 60 年を経て「平山さん」が叫ぶ「天皇陛下万歳」は、日本国籍を持つ日本人による同じ内容の発話とは行為遂行性（performativity）に

おいて異質であり、それは天皇の植民統治・戦争責任を追及する高金素梅氏の運動と表裏一体である。そこでは、記憶が到来する中で、継続する「帝国」の「綻び」がかすかに生成している［冨山 2000c］。

　あけぼの会の運動は、「平山さん」と同じくユートピアを希求しつつも、本章に描写した先住民たちが自らの暴力的な過去に向き合っているという事態とは、明らかな異なりを見せている。門脇氏自身に、暴力を含め中国で何を行ってきたのかを明らかにすることにより、自己とは何者かを問うていく（つまり遡行の）姿勢がないように見えるからである。ノスタルジックな日本を先験的に設定し、それを先住民の織りなす言動に投影し、植民統治以来の文化装置により日本人と先住民の関係性を維持しようとしている[17]。あけぼの会の活動とその記録からは、暴力の記憶が分有されている印象を受けることができない。むしろ、台湾先住民のもつ暴力の記憶が、植民統治以来の秩序に資源として回収されている感を受けるのだ。それは、あけぼの会の人々の既存の主体が動揺することなく、自らを肥やす形で台湾先住民の記憶を消費しているからであろう。暴力の記憶の分有とは、既存の主体が動揺する中で生じる事態であろう[18]。

　困難な問題は、義勇隊員たち、そして先に見たヤユッツさんら遺族の人々の癒しが、どのように「記憶の到来／帝国の綻び」［冨山 2000c］に結びつくのかということである。ヤユッツさんが「あなた方は何の目的で私たちのところに来ているんですか？」と調査者に問いかけ、トラウマ的な記憶の暴力的回帰に終止符を打ったように、癒しの場が創造できないまま記憶を語ることは苦痛にしかならない。その意味では、金杯を恵与され皇

---

17) 植民統治以来の「部族と接触」という表現［門脇編 1999：67］、また「父の国日本」［同上：304, 341］という表現が用いられ、「子ども」としての「高砂族」というメタファー［山路 2004］が反復使用される。「日本人のナルシシズムを補強するためにいつも台湾が援用されたり動員されたりする」、「自分の孤独を救うためににじりよっていく」と表現した冨山一郎の指摘も参照［駒込・森・丸川・宗田・冨山 2000：6-7］。
18) 本段落の思考は橋本恭子氏との議論においても示唆を得た。また中野敏男［2008］も参照。

第4章　植民暴力の記憶と日本人の責任

族に謁見した義勇隊員たちは帝国へのノスタルジーと帝国復活の願望というコンテクストの中にあっても、一時は癒されたと言える面があったことに注意する必要がある。しかしその癒しの範囲は、帝国日本の文化装置とイデオロギーを継承し続ける「彼ら」のみにとどまり、日本の帝国／植民主義に蹂躙された人びとを決して癒しはしないだろう。

　先の戦争とさらに台湾の植民地化に遡り、生きのびた者の苦労と暴力の経験、死んでいった人たちの声を、残された者たちはいかに聞くことできるだろうか。そして残された者のうち特に日本人は、植民地責任と戦争・戦後責任を負う中でこの問題を思考していかなければならない。かと言って日本人に直接語られる植民地の記憶を、反植民主義や反帝国主義としてのみ聞くことは、そうした権力関係の中で近代化に努力してきた人々の思いを否定することになろう。あるいは逆にそれらの記憶を、日本人の誇りやノスタルジーを回復させるものとして切り取って聞くことは、その背後の暴力の出来事と経験を聞き落とすことになろう。タイヤルや台湾先住民の日本についての様々な語りにまず耳を澄ますこと、問題はそこから始まる。それがタイヤルの根源的（民族そして個人の）自治のあり方に結びついているのであり、日本人が植民統治の歴史を克服し、植民統治と各種の戦争の責任を負うことにつながっていくのである。

　植民地責任は同時に、過去「家長」であり「大元帥」であった天皇がかれらの経験を現在聞き、直接向き合い、ねぎらいの言葉をかける事態を排除しない。それは、植民統治以来の文化装置を単に反復することではなく、天皇制の内側からそれを瓦解し作り替えていく契機となろう。そうした内側からの変革の可能性を、栗原彬は天皇制の「内破」と称している［栗原 2002］。それは天皇（家の人間）自らの過去が問い直され、自らの行いを言葉で説明する責を全うすることにつながるはずである。「共栄圏」のユートピア建設の挫折とその責任の取り方の問題が、天皇制という日本が創ってきた文化に関わっている。以上に示したような植民の暴力の記憶についての民族誌が書かれ、読まれることは、人々の記憶に耳を澄ますこと

と、暴力的経験を癒す場の創造の一つの重要な契機となろう。次節においては、高地タイヤル集落で起こった日本統治終了間際の出来事とその記憶を取り上げる。

第5節　ヤキ・ピスイが私に語る記憶

　本節では2005年5月にエヘン集落で聞いた、終戦時のある日本人警官に関わる話を紹介する。日本植民暴力の記憶が語られる現場において、「日本人がタイヤル人に」話を聞くという民族主体的構図は強く登場するが、それにとどまらない関係性が同時に登場しており、そのような「私たち」が生起する場としてコンタクト・ゾーン概念を捉えることができる。

　私は2004年の10月末に台湾を約1年の滞在目的で再訪し、首都台北とエヘンを往復していた。2005年5月のある日、ヤキ・ピスイとユタス・ユミンに、日本時代のことを聞きにお邪魔しに行った（両方とも仮名）。ふたりとも70代半ばで、日本教育を受けた世代。「ヤキ」は「おばあさん」という意味である。ヤキ・ピスイは数年前からひざを悪くして、毎日家のリビングルームのソファでテレビを見ながら休んでいる。「ユタス」は「おじいさん」という意味で、ユタス・ユミンは身体のあちこちに悪いところが出てきてはいるが、ゆっくり農作業ができるほどには元気である。ヤキ、ユタスともに日本語が堪能で、それは日本植民地時代に学校教育や軍事動員において培われたものである。ヤキの出身は山道を5キロほど離れたマリコワン集落（現新竹県尖石郷玉峰）で、エヘンには結婚してから来た。ヤキの父親は、マリコワン集落で警察の下働き（警手）をしていた人物であり、日本人との付き合いがよかったという。

　ユタスに戦時動員のことを聞いているとき、ヤキは日本時代のこと、特に「大東亜戦争」終戦直前の日のことに話題を変えた。私とユタス・ヤキ

第 4 章　植民暴力の記憶と日本人の責任

の会話は、ほとんどいつも日本語でしている。あるまとまりをもった話だなと私は察知し、ノートを取り始めた。

　　（ヤキ・ピスイ）（マリコワンの）「学校でね、朝会してたとき、何百台の飛行機がならんで新竹の方に行ったよ。先生はずっと立って見てる」
　　（ユタス・ユミン）「あれは B29 と言う。あの時中壢（桃園市平地の都市）に一週間、講習に行ってた」

　ユタスはその時、バロン（現上巴陵）の監視所で毎日、米軍の飛行機を見ていたという。バロンはもともと、日本軍警がエヘン周辺のタイヤル集落を投降させるため、また「帰順」後の治安を維持するため、1910 年に砲台を据えつけた場所である[19]。

　　（ヤキ）「（米軍の飛行機は）高い山過ごしたら（過ぎたら）、パンパンとタマ落としている。それでも日本の先生はこわくないよ。ずーと、百何名（生徒が）運動場で立ってる。そのときボークーゴー（防空壕）を掘っていた。でも深くないでしょ。撃たれたらダメよ。飛行機は飛行場を狙ってるから山には落とさなかったけど、今考えたら危ないよ。（日本人の）コラテ（Korate）先生、あの先生ダメよ。8 月 15 日の夜はお盆祭。(8 月 15 日は実は日本が) 降服したでしょ。集まってお酒飲んでた。コラテ先生が（突然）鉄砲を撃ったよ。父さんの腕が撃たれて、別の人の腿にも当たった。何にもけんかもしてないのに、（コラテ先生は突然）撃ったの。山地の人が集まって、酒飲んでた。私の組の人たち。ひとりのおじいさんが怒って、やり返そうとしたけど、やめた。おじいさんの名前？　シラン・シャッ。どうしてやめたかって？　あの時、自分の子が義勇隊（高砂義勇隊）に行って、日本人が帰らさないかと思って、やめたの。その子の名前は、ヤブ・シラン。しかしあとで子供も帰ってこなくて、やっ

---

19) 猪口編［1921［1989］: 638-40］を参照。バロンの砲台の話は第 2 章第 5 節にも登場した。

第 5 節　ヤキ・ピスイが私に語る記憶

ておけばよかったと、（シランは）部落の人に話したよ」

　コラテ先生とは、おそらく日本名で「コダテ」である。タイヤル語にはdの音がないので、近いrの音で代替しているようである。台湾先住民に対する教育は一般に、「蕃童教育所」と呼ばれた学校において警察が教育を担当していた［北村 2008 を参照］。「子供も帰ってこなくて」というのは、戦争で亡くなったことを指す。第二次世界大戦の台湾先住民に対する軍事動員は、1941 年から特別志願兵、高砂義勇隊として始まっていた。彼らは志願し、また志願しなければならない状況に追い込まれ、フィリピンやパパア・ニューギニアなどの「南方」戦線で日本のために戦う［近藤 1996：387-97］。「やっておけばよかった」という個所は、「殺っておけば」と表記するべきだろうか。

　　　（ヤキ）「腿に当たった人は、ユミン・アタオ。大渓（たいけい）に運ばれて、弾を取ったけど死んだ。私の父の名前はレサ・バトゥ。みんなそのとき怒って、日本人を帰らさないと言った。コラテ先生は、大渓から警部が来て、夜連れていった（連れていかれた）。（警察たちは）電燈を持ってきた。昔は夜歩くことは珍しかったの。コラテ先生は、日本に帰らしていない（帰っていない）。銃殺されたらしい。九州の人だったわね。私の先生、日本の警察よ。それでも撃った」

　大渓は、エヘンからずっと山道を下って着く、現桃園市平地の都市。ユミン・アタオの孫は、今でも玉峰に住んでいるという。ユミン・アタオの子供は、ヤキ・ピスイの同級生だった。コラテ先生はおそらく敗戦の混乱の中、日本の警察によって処刑されたのであろう。

　　　（ヤキ）「（事件の次の日）戦争終わったでしょ。日本は負けた。父さんは剣道とてもうまい。そのために、コラテ先生が具合悪く思ったかもしれない。あの時、運動会は何でも競争する。おどり、走り……。剣道のとき、（父は）

第4章　植民暴力の記憶と日本人の責任

マリコワンの代表になって勝った。カウイラン社（Kawilan、現桃園市復興区高義）のひとが負けた。お盆祭の時、マリコワン社の人、みんな集まってかんづめとかお菓子を食べてる。私はうちにいたの。お父さんは左腕、やられた。大きく怪我した」

お父さんは、大渓で治療を受けたという。

　　（ヤキ）「私が大渓に行って、お父さんを守った。十四歳だった。私のお父さん、（警察に）何回も呼ばれた。でも行かないでしょ。こわいでしょ。私の親類のひとみんな分かってる。（コラテ先生の行為は）何のための原因か分からない。お父さんの兄さん、「何か、どうして撃つか」と、弓持って行って撃つよと言って、行った。シラン（・シャッ）だけが止めた。（事件の日の夜）派出所にはひとつのろうそくが、窓に入れてる（映っていた）」

　　（ヤキ）「翌日朝、（日本人は）もうおらん。角板（山）（現復興区復興）から（警察が）来たかも、何十名来た。皆朝までいた。（朝には）日本の警察ひとりもおらん。山地の人は短気でしょ。（戦争は）その日かその翌日か、降服したでしょ。その前に（日本が降服すると）分かってたら、必ず死なしたはず。私は（看病のために）何ヶ月くらいおったかね、大渓に。日本のお医者さん、台北の帝大病院が疎開して来ていた。中国人がお父さんに（詳細を）尋ねる。こわいよ。行かないよ」

終戦の前日あたり、五十年間に及んだ日本の植民地統治が終わろうとしたその間際に、日本人警察「コラテ」先生に撃たれて殺されたタイヤル人、ユミン・アタオ。同じく撃たれて大怪我をさせられた、ヤキの父レサ・バトゥ。そして、それをヤキが私に日本語で語ってくれる。そしてそれを語ってくれたのは互いに知り合って数年たち、半ば顔なじみになった時であったのであり、そのこと自体が、この出来事がすぐには日本人に話せない内容だったことを推測させる。

第5節　ヤキ・ピスイが私に語る記憶

　ヤキ・ピスイはこの記憶を、なぜ私に語るのだろうか。私が歴史を研究する日本人の学徒だから？　未来にむけての、日本とタイヤルの歴史の共有と和解のために？　日本人に出会って日本語を用いて話をする際、植民（地）の過去が反復強迫的にタイヤルとヤキを襲うから？　そのどれもが正しく、どれもが何かを語りきっていないだろうが、本章はさしあたりこの記憶を脱植民化の場に置きながら描き出し、読者に届けようとしている。

　この記憶、この歴史は、第1章や本章第3節で見たタイヤルや他の先住民の知識人や政治家が現在取り組んでいる、自治や脱植民化の動きあるいは「私たちの歴史」の語り直しのそばにある。抵抗の民族主体を立ち上げる際に、タイヤルの起源を措定し、ナショナルな主体形成の力のベクトルが働いていることは否定できない。その民族主体の歴史は、上のような断片的な記憶が話されることにおいて強化もされるし、ずらされもする。ヤキ・ピスイの話は「日本帝国主義・植民地主義粉砕！」という大きな（民族）政　治（ナショナル　ポリティックス）でのスローガンとは語り口が違う。だからこそこの話を聞いた、植民者の末裔である日本人は、複雑な思いを抱くことになるだろう。その記憶を図らずも（受動的に）受け取ってしまうだろう。日本人にとっての他者の記憶が今まさに読まれること、それは他者と出会ってしまうという意味で、脱植民化の磁場が浮き上がるコンタクト・ゾーンにあることに他ならない。民族誌記述が読まれることが、コンタクト・ゾーンを生みなおしている。

　ヤキ・ピスイはこの記憶を、タイヤルとして日本人としての私に語ってくれたのか？　そうとも言えるし、タイヤル／日本という二主体の関係だけにこの話が回収されるわけでもない。ヤキと私という個がそれまでになしてきた関係は、一枚岩のタイヤルと日本の両者が出会うという関係にとどまらないものだからである。コンタクト・ゾーンにおける暴力の記憶の分有は、タイヤル／日本という二主体やふたつの個の間になされるのではなく、読者を巻き込みつつなされる記憶の分有により、それらの二分法を越えた「困難な私たち」が生まれている。本節のヤキ・ピスイの記憶の話

第4章　植民暴力の記憶と日本人の責任

を聞いてしまったからには、この話が心の片隅のどこかに刻まれてしまうことも確かである。暴力の記憶の到来は人を専有する暴力だからだ。その記憶の分有は脱植民運動の始まりの契機であり、「困難な私たち」への遡行につながっている。

　この話は書かれ読まれることによって、読者のあなたに今送り届けられる。私は今この場で民族誌記述を通して語ることによって、私が聞いて体験したものをあなたに伝える。植民地統治の責任を取るということを、暴力の記憶を聞きそれを語りなおすという応答可能性の追求から、関係を作り直していく始まりの現象として考えていけるはずである。

第6節　暴力の記憶の分有を通して植民地責任を取っていく民族誌

　上に見てきた様々な動きが、タイヤルにおいて必ずしも直接手を取り合う形ではないが、隣り合って存在している[20]。このようなタイヤルの重層的自治をめぐる困難な状況にあって私は植民地経験の聞き書きを行ってきたのだが、日本人である私の登場はタイヤルの人々にその経験を喚起させ、様々な感情や記憶を引き起こしてしまう。自らの立場性に注意しながらコンタクト・ゾーンにおいて生起するこうした事態を書くということは、到来する植民経験の過去についての記憶の分有を意識し、またタイヤルと日本の、さらにその周囲の人々をつなぐ「困難な私たち」への遡行となる。自らが記述に織り込まれるということは、自称する者として歴史や文化を語ることであり、記述が自己言及的になる中で「私たち」が生成し続ける。さらに読者に分有された記憶が、定義され確固とした基盤を持たない「私たち」をその都度生む。民族誌の記述が読者に読まれる中で、「私

---

20) 本書にいう換喩的なものは、この隣り合うことの別名である。

第 6 節　暴力の記憶の分有を通して植民地責任を取っていく民族誌

たち」は新しく織り直されていくことになる。

　私の研究と探究は訪台の当初、「日本人として」日本の過去にいかに向き合うのかという極めてナショナルな問題意識から出発していた。それが台湾先住民との交流において、特に暴力的な経験を聞き書きし自分が知覚していく中で、植民統治の影響や遺産を、今語ろうとする場、あるいははっきりと語ることができないが語られるような場に、記憶として到来するものであると認識するようになった。トラウマ的なものを含んだこれらの記憶は、「日本人として」のみ聞き取り可能なものではない。個々の記憶は民族史を形成する要素になると同時に、民族的主体の固い殻を溶解し、崩していくものとなりうる。

　台湾先住民と植民主義についての研究においては、植民支配の構造あるいは暴力と、民族主体性の関係が焦点となっている。本章を通して私はママ・ウマオの発言を、暴力的な過去をすぐさま肯定あるいは否定するのではない、未来を模索していく力を持ったものとして聞くようになった。日本に統治されていた「あの頃の自分たちはよく人の話を聞いた」、だから未来は「自分たちで自分たちのことを決めていく」という、脱植民＝自治の運動と共に開かれていく。武力抵抗が何度も潰され、国家によるテロルの下で生きてきたタイヤル人の主体性を物理的抵抗のみに見出すことは、より強大な物理的力によって再び簡単に鎮圧されることに終わろう。帝国日本と中華民国に関わらず、その資本主義的近代化を全否定するのではなく、資本主義的近代化に既に影響を受け、それを志向し欲望する自分自身を俎上にあげ冷静に見つめることが必要である。その現実を生きてしまっている者たちは、この現実を否定しきらず肯定しきらない語りしかできず、抵抗か同化かという二分法では表現しきれない事態を語らんとする場にこそ主体性が登場する。

　植民主義が形作ってきた現存秩序に確定されない動力の噴出としての暴力の記憶は、ママ・ウマオの「あの頃の自分たちはよく話を聞いた」というつぶやきや、マサ・トフイ(ムルフー)議長の民族自治運動の追求と共に到来する。

165

第4章 植民暴力の記憶と日本人の責任

　ここで主体性は記憶、特に暴力の記憶の到来と共に形作られていると言えよう。その主語は決してタイヤルだけのものではありえず、暴力の記憶の到来を感知してしまった者たちのものでもあるのだ。主義主張が結ぶ連帯というよりも、暴力の記憶を感知する者たちのかすかなつながりが生じているはずである。

　未来への夢は、民族議会や高金素梅氏、エヘン集落の人々に見たように、タイヤル民族にあっても単一ではなく錯綜したものである。『台北県烏来郷タイヤル民族高齢者のオーラルヒストリー集』のヤユッツさんの思い、戦場で亡くなったその夫たちの夢が重なる。それらの輻輳した動きが、新しい未来を開く暴力の記憶という主題において節合される。戦中派日本人を中心とする団体あけぼの会の心情と活動は、自らの暴力の記憶にふたをする形をとって帝国日本の夢を引き継いでいる。複数の夢は錯綜した状態にあるが、暴力の記憶を癒すという点に問題の核心を見抜くことで[21]、その記憶の分有がつなぐかすかな「私たち」が民族誌記述を取り巻く（書き、読まれる）場において現前するだろう。

　帝国日本の歴史を持つ日本人が何をしてきたのかと問う植民地責任は、家族国家の家長、最高責任者だった天皇と帝国日本の支配層の責任を明らかにしていくこと同時に、植民の暴力の記憶が日本人一人一人に分有されつつ取られてゆくものである。植民者にとっても被植民者にとっても、植民（地）経験が何であったのかを追究することと、責任を取るということが重なる、二重の行為遂行性という事態が植民暴力の記憶の記述とそれが読まれる場において起こっている。

　板垣竜太［2005］は、韓国における「親日派」の清算問題が日本の植民地支配責任をはっきりと問うことなく進行している現状を、まずもって日本人に向けて問題化している。日本植民主義は、「絶えず自らと差異化さ

---

21) ここで癒しとは、亡くなった者の生を語りあい、追悼することと考えている。生者の癒しは、その人の悲しみや苦しみに感じ入り悩むことであり、それは自発的理性的に行われるものというよりは、自然発生的に行われるものであろう。

れるべき『他者』の存在を要求し、そのことによって形成されるナショナルな枠に閉じこもりながら、なおかつその枠を延長していこうという運動」であったから、その責任追及の運動もトランスナショナルなものとなる。その運動の根拠となるのは、植民地支配によってもたらされた「被害の経験という痕跡」である［板垣 2005：312-3］。歴史的経緯は異なるが、台湾における日本植民統治責任問題の枠組みも、基本的に板垣の言うものが当てはまろう。本章はその議論を踏まえつつ、語られる記憶から暴力の経験を分有し、分有されてしまうところから植民の責任が取られ、脱植民的な新しい未来が開かれるべきことを述べてきた。

　到来する暴力の記憶が切り開く状況は、植民主義に席巻されてきた人と人の分断、あるいは人類学が過去に行ってきた「族」や「民族」の分類を、別の形で節合（分節）し直すだろう。本章では暴力の記憶という動力が切り開こうとする未来（への動き）を、新しく生成する「私たち」のつながり方としてさまざまな植民暴力の記憶とともに思考してきた。語られる記憶や歴史を聞き、読む人々がつながることで生まれる「私たち」が、日本植民地責任をナショナルではない形で取るのだ。そのつながり方はナショナルな想像に基盤を置いたものではなく、むしろ記憶や語り、言葉の連鎖が換喩的につなぐつながり方であろう。そのつながりは、タイヤルと日本人にとどまるものではなく、「台湾人」や「中国人」、更にはその周囲の人々への、普遍的な広がりを持つものである。

まとめ

　台湾先住民に対する日本と中華民国の二つの国家統治の記憶は、自治をめぐる脱植民の運動のそばにある。先住民（族）とは何か、私たちとは誰かという問いに答え続けることは、「困難な私たち」への遡行であり、そ

第4章　植民暴力の記憶と日本人の責任

うした遡行を記述することがコンタクト・ゾーンにおける記憶の民族誌記述である。日本人であると考えてきた私が日本植民主義に関する民族誌記述を行うこと自体が、日本人とは何者か、私とは何かということへ向かっての自己言及的な遡行であり、台湾先住民と日本人をつなぐ可能性を開く新しい「困難な私たち」への遡行である。

　植民地責任を取ること、応答可能性を探ることは、このような現場あるいは臨床と呼べるような現場・フィールドにおいて、遂行的に事件（出来事）として発生する。本書は「戦後」世代日本人の立場から、脱植民化つまり植民地統治に関する応答責任を、今記述し今読まれるという遂行的なプロセスにおいて取っていくという点、つまり「困難な私たち」への遡行に日本語読者をいざなう点に設定してきた。このような民族誌の記述自身が、記憶の分有を通して困難な私たちへと遡行するのだ。植民統治／支配への応答責任は、分有する行為が生み出す、主体を解体し続ける者たちが取り続けていく。日本の植民地責任は、国家と政府レベルでのそれを日本国民として追求しなければならないと共に、ナショナルな主体が取りきれるものではない。「困難な私たち」へと遡行するパフォーマティヴな主体／人間たちによって、取りつづけられるのだ。

第 5 章

「理蕃」の認識論
―― 植民化・資本主義的近代化と植民暴力

はじめに ―― 統治のメカニズムと記憶の分有

　　「我らは他人のための労働には**服役せず**」『捕囚』［587-97 頁］。

　この言葉は「理蕃」政策の本質を追究する中で、ブヌンのラマタセンセンやタイヤルのウイランタイヤらの台湾先住民の行動と主体性に直面し、それを感知し聞きとった歴史人類学者中村勝が浩瀚な著作『捕囚：植民国家台湾における主体的自然と社会的権力に関する歴史人類学』［2009 年］に残したものである。『捕囚』は日本資本主義の発展との関わりを見すえつつ、日本植民地統治下の対台湾先住民策である「理蕃」のメカニズムと高地先住民の生への影響を問題化する著作であり、上の引用は、台湾先住民の主体的自然[1)]のひとつのありかを感じ取り、植民暴力の記憶と経験を喚起する言葉である。

---

1) 中村は、マルクスが「ザスーリッチへの手紙への草稿」で使用した「自然的生命力」を基に、台湾高地先住民が国家権力に包摂される前、周辺環境の物質的諸力との相互作用を通して「自然的生（活）」を営んでいた状況における主体性のありかを指すものとして、この語を用いている。

第 5 章 「理蕃」の認識論

　ラマタセンセン（イカノバン社「頭目」、生年未詳）ら、つまり 1920 年代からいわゆる霧社事件と言われる 1930 年闘争ころまでの「未帰順」の台湾先住民「頭目勢力者」は、容易に日本の統治に服従しない姿勢を持っていた。台東庁台東支庁新武路「以奥」のラマタセンセンらは、1921 年 5 月、「カイモス社」方面において以下のように語り合っていたことが植民者によって記録されている [台湾総督府警務局 1989：81]。日本は新武路まで道路を延長し、駐在所を設け交易と医療を行うことで私たちに便利を与えると言っているが、それは口実に過ぎない。私たち同族は戦いに敗北したことはなく、日本は勝手に奥地に来て私たちを人夫として**使役**し、**私たちの領域**に侵入しているが全く遺憾なことである。**出役**を拒んでも強制される場合は、4、5 日はおとなしく作業に従い、警備員を安心させたのちに、深夜、銃器弾薬を奪うつもりであると [中村勝 2009：590]。

　同 1921 年 12 月、新武路道路開削捜索隊の原新次郎警部と巡査部長はラマタセンセンらに襲撃され、原は馘首された。上のラマタセンセンらの言葉が意味を持っていたゆえんである。さらに 4 年後の 1926 年 1 月には、ラマタセンセンは口頭で官憲への「出頭」を拒絶し、5 年前に出役に応ぜずとした態度はここでさらに徹底された [同上：591]。その後 1932 年 12 月に警察に捕まり殺されるまで、ラマタセンセンは日本に抵抗して生きた [徐・楊 2010]。ウイランタイヤ（「南澳蕃ピヤハウ社」頭目）についての詳細は『捕囚』に当たってほしいが、「我らは他人のための労働には服役せず」という冒頭の言葉は、以上のような植民者によって残された史料の中に響く、台湾先住民のひとつの主体性のありかを示すものであろう[2]。

　台湾の山地を悠々と活動するラマタセンセンらのこの出来事は、それを

---

2) こうしたラマタセンセンらの主体性叙述が、日本の 1950-60 年代における民族抵抗史観的叙述と同様のものとされてはならない。この史観ではともすれば積極的抵抗こそが民族主体性のありかとされたが、中村勝 [2009] が「受動的実践」概念を練出したように、伝統的文化装置により外来の刺激に反応してしまうという受動性の側面を踏まえた主体性概念のとらえ返しが議論されている [中村平 2011 も参照]。抵抗に際しても主体が持つ受動性の側面については、山本達也氏の示唆を受けた。

読んだ人々に刻み付けられれば「記憶」となり、台湾先住民史など「○○史」に位置づけられればそれは「歴史」の事実となろう。人種主義的な見方で台湾を認識し続け［松田 2014］、第二次世界大戦の敗戦と継続する冷戦体制によって植民地台湾を忘却してきた日本人にとって、脱植民化（decolonization）とは、上のような台湾先住民の主体性のありかに一部でも触れそれを感知することであり、同時に「理蕃」支配のメカニズムを探究することであろう。支配メカニズムの探究と、植民暴力の中で登場する先住民の歴史経験と主体性を分有すること[3]、その両輪の上に進む脱植民化は、植民的差異が形成され実体化される中で台湾先住民と日本人の両者が分断されてきた、その両者の再度の脱植民的な出会い直しであり、植民主義的でない形で両者がつながっていくことの可能性の模索である。

　台湾先住民の「理蕃」被支配の機制（メカニズム）と記憶の両者について描かれることが、台湾先住民と日本人、台湾人、その周辺の人々の脱植民化にとって肝要であろう。「理蕃」とは人種主義を含んだ植民主義であり植民地統治であり、そこには資本と国家の力が働いていたことを想起しよう。同時にそこでは、「理蕃」に抗する脱植民化の力も登場した。「理蕃」の歴史経験を問うとは、その記憶を今、生成する「私たち」が呼び起こすことであり、それが脱植民化につながっている。ラマタセンセンの記憶はひとり台湾先住民だけのものではなく、それを感知しようとする、新しく生成する「私たち」のものである。

　歴史史料から「他人のための労働には与しない」という台湾先住民の声を、『捕囚』［2009年］の中村勝は聞き取った。植民者日本人の押し付ける労働と教育、ひいては新しき生活様式——皇民化——、それに異を唱える先住民とその中に巻き込まれながら生きていくという先住民の分断。「他人のための労働には服役しない」意識の背後には、「首狩り＝首祀り」を

---

[3]「分有（partage）」は、全面的「共有」よりも部分的な「分かち合い」を強調する語である［中村平 2011］。

第5章 「理蕃」の認識論

含む台湾先住民従来の主体的自然と「自然力の世界」［中村勝 2012］があった。こうした記憶と出会う場こそが、脱植民化の力が渦巻くコンタクト・ゾーン［第1章参照］なのであり、「理蕃」の機制と歴史経験を描き、読みつがれる場がコンタクト・ゾーンと化し新たな政治的空間を切り開くのである。本章はこうした中村『捕囚』の成果をふまえつつ、中村の言う「囲い込み」概念の射程をG・ウォーカーらのマルクス主義ポストコロニアリズムの議論、ならびに人類学的分類の知として登場する植民的差異の議論と節合し、「理蕃」され植民化されてきた台湾高地先住民の歴史経験を理解する一助となることを目指したい。

第1節　台湾北部高地における先住民の土地と生の囲い込み

1．G・ウォーカーによる囲い込み概念と植民的差異概念

　中村『捕囚』の分析と密接に関わり、近年ギャヴィン・ウォーカー［2010, 2011ab, 2012］はK・マルクスの「囲い込み」概念について、西洋ポストコロニアル研究との節合から重要な視角を打ち出している。ウォーカーは「囲い込み」概念の核心を「植民（主義）的差異（colonial difference）」の創造と蓄積に見る[4]。資本は通約不能（incommensurable）な「完全なる差異」というものを理解可能な「複数の差異」に「翻訳」し、それらの差異が近代（植民）国家の中で植民的差異として登場するのだ[5]。本章はこの翻訳の過程を、日本の初期人類学的知識が日本語による「人種」や「民族」、「部族」という概念を創造していくプロセス［第2節］と重ねて分析する。資

---

4) 以下、コロニアル・ディファレンスを「植民的差異」と翻訳する。
5) 多様な「分からない」差異を、国民国家の「分かった」差異へと解消する力について、商品化の運動とともに言及した酒井直樹［2007：207］も参照のこと。

本のこうした翻訳の力は、同時に植民国家において、「囲い込み」過程あるいは「原初的蓄積（primitive accumulation）」の重要なメカニズムを構成する[6]。これらの差異は植民地政府における統治の認識論（epistemology）的基礎となり、さらにこれらの差異がコロニアリズムの歴史にあって実体化しさせられていく。これが植民地台湾において展開した「理蕃」の核心的メカニズムである。

　想像の産物であることを踏まえつつも、差別や抑圧（植民主義）において実体化し法的にも実体化される民族は、G・ウォーカーや酒井直樹ら［Sakai and Solomon 2006］により植民的差異（colonial difference）として捉え直されようとしている。取り返しのきかないポストコロニアルな歴史を踏まえると、台湾先住民にとり民族を参照枠組みとした政治を一旦推し進めることは、帝国（中国も含め）マジョリティであった、植民主義を行使し続けてきた日本人と、中華民族の名により国家統合を図ってきた中国人の国家と民族の責任に関連するものであり、先住民とマジョリティ双方にとっての脱植民化の運動の核心であることが理解される。しかし同時に、現行の民族概念が植民的差異の実体化であり、近代の植民地領有を正当化した資本主義国家体制の下で形成されてきた歴史を理解することは、根源的な脱植民化とは何かを考えるにあたり肝要であると言えよう。

　ウォーカー「現代資本主義における『民族問題』の回帰」論文［2012］は、ポストコロニアル研究として登場してきた領域において、（グローバル）資本主義ならびに原初的蓄積概念と、様々な「差異」を認識可能なものに翻訳し統治の基礎となす認識論的問題のふたつの観点に注目することを促す。S・ジジェクらの批判に依拠しながらウォーカーは、ポストコロニアリズムが往々にしてアイデンティティの政治を実体化しがちであったと捉え、マルクス主義理論とポストコロニアリズムを節合する。資本はローカ

---

[6]「原初的蓄積」（原蓄）には「本源的蓄積」の訳語も当てられるが、本章はマルクス［2005］の訳を採用した。

第5章 「理蕃」の認識論

ルなものを創造し、種差を形成し、差異を体系的に蓄積する。つまり資本は地球上を再コード化するために、現存する諸要素を「純粋に異質な流れ」から「種差性」へと図表化する［130-131頁］[7]。ウォーカーはこれを、「純粋な異質性の領野から特殊な差異の連鎖を形成する」と表現している［126頁］。この資本の展開が、植民地統治とその後に継続する植民主義と手を結んできたのであり、「民族（国民）」はここに実体化していく。資本の論理は、種差性を図表化し「翻訳」を行うこの問題との振幅をとおして拡大してきたのであり、民族という差異の「境界」ははじめから存在したのではなく、翻訳という行為によってはじめて出現する［139頁］。

ウォーカーの言うポストコロニアル理論の課題とは、資本主義が「民族的」差異、「植民的」差異、「文明的」差異といった形態に寄生しながら、自らを領土化することによって拡大する力、その自己拡大の「秘術的な質」を解明することにある。様々な差異の実体化（歴史的物象化）は資本主義の発展にうまく適合しているのであり、この差異の歴史的物象化が世界的規模での資本の展開に不可欠な部分をどのように構成しているのかを明らかにすることに、ポストコロニアル研究の一つの核心がある［134頁］。

ウォーカーの言う翻訳は、ドゥルーズとガタリが『千のプラトー』で国家による捕獲の問題として論じたものだ。「国家または捕獲装置によって開始されるのは、原始的記号系を超コード化する全体的な記号学なのである」［ドゥルーズとガタリ 2010：193］。原初的蓄積過程において既存の社会的諸形態は破壊されるのではなく、新たに重ね書きされるのであり、超コード化され、資本主義的な「新しい社会的霊魂」［マルクス 2005：549］と共に再配置される［Walker 2011b：389-91］。ここに登場する原初的蓄積（原蓄）とは、西欧封建社会の解体を念頭に置いたマルクスによれば、土地などの生産手段から生産者が切り離されることであり、同時に、神学におけるアダムがリンゴを食したという原罪に倣って使われてもいた[8]。こ

7）「種差性」の英原語は specificity/ specific difference（著者とのEメールで確認）。

こから、原蓄とは前資本主義的生産様式から資本主義的なそれに移行するプロセス［熊野 2013：277］という捉え方が人口に膾炙した。

　一方、ウォーカーが整理しているように、特定のマルクス主義理論家たち、特にローザ・ルクセンブルクは、マルクスが描いたように原初的蓄積とはある期間を言うのではなく、現在進行形で終わりなきプロセスだと主張していた。原蓄は、「既存の条件の暴力的な収奪、囲い込みと捕獲の過程」［ウォーカー 2010：121］であり、「外部に対する収奪と外部への暴力という不断のプロセス」であり［Walker 2011a：132］、その蓄積を実際に行うのが国家である。萱野稔人は原蓄は「国家の暴力を経由することによってのみ可能となる」［2005：248］とし、さらにドゥルーズとガタリは、原蓄は一般に「捕獲装置が組み立てられ、それに特殊な暴力がともなうたびに存在する」としていた［2010：198］。原蓄には、均質化され「植民地化された」空間が暴力的に建設されることが必要だったのである［同上：355］。

　以上のウォーカーの囲い込み＝原初的蓄積と植民的差異論は、マルクス「資本論の思考」を検討した熊野純彦［2013］にもその呼応を見出すことができる。原初的蓄積の暴力性は「資本制それ自体の暴力性」であり、それは「一方では差異を抹消する暴力であり、他方では差異を産出しつつ回収する暴力」と表現される［277頁］。後者の「差異」こそは、先に見たウォーカーの言う「種差性」、つまり資本に翻訳された植民的差異である。

2. 中村勝による土地と生の囲い込み・原収奪概念

　日本の植民国家－資本複合体とその台湾高地における先住民の土地と生の「囲い込み」＝原初的蓄積を再考することは、脱植民化の運動を日本と台湾の双方において進めていく際に肝要な問題である。この観点は中村勝

8）原蓄とは始まり、「大多数の人びとの貧困」と「少数の人びとの富の始まり」に位置するものである［マルクス 2005「第24章　いわゆる原初的資本蓄積」］。

の近年の著作［2003, 2009, 2012］によって論じられてきた[9]。中村は植民（地）化を、土地と生の「囲い込み」と「原収奪」として把握するが[10]、日帝統治初期における台湾先住民の生とその土地との関わりに対しては、「首狩り＝首祀り」の「民習」を含む自然力あるいは主体的自然を看取している。この主体的自然は、対自然の手段という「本来的な暴力」を内包していたのだが、植民国家資本はその暴力を先住民から剥奪する［中村勝 2009：113］。「囲い込み」過程あるいは原初的蓄積とは土地と生に対する囲い込みと捉えられよう。中村が実証的に練出した「捕囚」現象とは、植民国家資本の原初的蓄積過程（中村は「原始的」を使用）に規定されたものである。

①土地の囲い込み

「理蕃」の土台は先住民の伝統的な土地を国家のものとすることであった。「原初的資本蓄積の歴史において……農村の生産者である農民たちから土地が奪われたことが、全プロセスの基礎にある」［マルクス 2005：505］のだ。周知のように「蕃地」を「無主地」とみなし国有化する原則は、1895年「官有林野及樟脳製造業取締規則」において確立した［中村勝 2003：261-5］。この国有化政策の上で高地先住民を「移住－集団化」させ「保留地」に生活を囲い込んでいく政策が進行した［同上：第4章］。このように先住民の土地を国有化しながら、律令第7号「蕃地占有ニ関スル律令」1900年2月は、「蕃人」以外の者が「蕃地」開発に当たることを原則的に禁じた[11]。これは「本島人」や「土人」（『理蕃誌稿』の名辞）を「蕃地」開

---

9) 類似する視角を宜蘭県蘭陽渓上中流に焦点を当て、林業史の政治生態学の観点から実証的に描いた洪廣冀［2006］も重要である。
10) 原収奪は、「物質代謝のオルガニズムが取り去られること」でもある［中村勝 2009：101］。
11) 関連する法律に府令第72号「蕃地取締規則」1905年9月がある。「蕃地」と開発者を管理下に置こうとするものである（『理蕃誌稿』第一巻408頁）。王泰升ほか編［2006：80］も参照。

発から排除し、総督府の許可を得た日本人企業家のみに開発を許すものであった［同上：326-31］。欧米人や漢民族、先住民が入り乱れて開発に従事しつつあった現場を、「日本人」の特権的立場から、ナショナリズムの論理［同上：378］[12] を内包させつつ力で秩序付けようとしたものと考えられる[13]。

②生の囲い込み

1960年代以降、日本において日本帝国主義の研究は成果を蓄積していたが、「日本資本主義の侵略性」を解明しようとする志向は経済の審級を優先し、「植民地化が社会に及ぼす多様な抑圧を測る視点」が弱かった［戸邉 2008：60］。その意味で『捕囚』は経済史や帝国史の蓄積を継承しつつ、生の原収奪＝囲い込みという概念を軸にしながら、戸邉の言う「社会への多様な抑圧」を総体的に捉えようとする。

『捕囚』は、日台双方における資本と天皇制近代国家日本の植民主義的展開を、資本主義批判を根底に置きつつ日本と台湾先住民の両者の関係から描く。「捕囚」とは、日本資本と結託した植民国家（「植民国家資本」）による台湾先住民の土地収奪、その上で「出役」として強制される労働力搾取、統制された「蕃社」への「移住集団化」と「社会の学校化」としての「蕃童」教育を中心に展開する、生の「囲い込み」の総状況を指す。統治初期に登場した「隘勇線」による土地と生の囲い込みは、原収奪を可視化し体現する植民暴力の装置である[14]。台湾先住民への収奪は、土地だけで

---

12) 日本ナショナリズムと植民主義の重なりにおける「天皇制家族主義」ならびに「『恩』的差別の世界」構築と中村が名指した問題［同上：411-12］も重要である。
13) 例えば、1902年、サイシャットの日阿拐（1840-1903年）らによって起こされた南庄事件は、日本人製脳（樟脳）業者と総督府の圧迫的な土地－経済政策により引き起こされたものと考えられる。日阿拐は漢人らに土地や脳寮を貸して山工銀という地代を回収して財を成し、自ら製脳業に就いていたが、本事件により負傷し逃亡し、土地は総督府に没収された［浦2001、中村勝2003：271，312、胡・林2003、山路2011：225-271を参照］。
14) 隘勇線については中村勝［2003：368，2009：第6章］、中村平［2013b］をさしあた

はなく生活とその従来の生全体（「主体的自然」）を含めてのものであり、これを『捕囚』は「生の原収奪」と呼んでいる。生の囲い込みあるいは原収奪は、生活習慣、社会組織、信仰と美学的価値つまり文化の総体の改造を含むものであり、先に見た土地の囲い込みと表裏一体のものである。そして、生と土地の同時の囲い込みの認識論的基盤を形作ったものが、第2節に見る人間の分類つまり植民的差異の問題なのである。

③植民国家資本（原蓄国家資本）

　中村の言う植民国家資本は、日本資本主義の確立に「国家資本」が果たした役割がこれまでもっぱら（狭義の）経済史の分野で論じられてきたこと［例えば海野 1977］を、広く歴史人類学的視点さらには日本植民地におかれた台湾先住民の主体的自然の観点から再解釈するもので、政商と呼ばれた国家と結託する民間資本を含めた「総資本」概念であり、「原蓄国家資本」［中村勝 2009：92］ともよばれる。狭義の「日本経済史」においてはこれまで、軍工廠に代表される軍事的投資、軍事とも関連する鉄鋼・機械など重工業資本、運輸部門における鉄道投資と鉄道国有化（1906年）、金融部門における政府出資銀行などが国家資本として代表的とされてきた［松元 1977］。

　日本の国家資本と民間資本による植民地台湾経済の掌握については、石井寛治［1976］が以下のように簡潔に整理している。1. 台湾縦貫鉄道を官設して、北部（茶業）・中部（米作）・南部（糖業）に分断されたまま大陸対岸に結び付けられていた台湾経済を統一し、日本の経済圏内への編入を促進した。2. 金融面では台湾銀行が1904年に金貨兌換の同行銀行券の発行を通じて台湾の日本通貨圏への編入を完了する。3. 総督府は阿片・樟脳・食塩の専売制をしき、ついで土地調査事業を推進して1904年に大租権買収と地租増徴を断行し、台湾財政を1905年から独立した。4. 金山へ

り参照。

の民間ブルジョアジーによる資本輸出は、田中長兵衛や藤田組などによって早くから行われていた。糖業については1900年に台湾製糖が三井物産や皇室、台湾人糖商陳中和らの出資によって設立されていたが、日本資本による糖業支配は、1907年恐慌前後から明治製糖などが設立され大日本製糖が台湾へ進出することによって実現した［石井 1976：228-9］[15]。このような国家・民間資本が植民地台湾に進出展開する中で、「理蕃」を含めた総体的な植民地統治が植民国家資本によって進められてゆく。

この中村の植民国家資本概念は、村上勝彦［1977］が示していた大枠的な理解を補強するものと言える。台湾統治の課題は、朝鮮とは異なり日本の経済進出基盤が従来いっさいない白紙の状態に加えて、18世紀中葉以降の大陸の商人高利貸資本の台湾への浸透と1858年以降の開港を画期とする英米商業資本による台湾経済の支配という事態に対処して、台湾経済を早急に日本資本主義の再生産構造にくみこむ再編成をなしとげることにあった。これは国内民間資本による資本投下が十分に予想されえない中でなしとげねばならず、事態解決の鍵は国家資本と総督府の強力な経済政策にあり、また経済的力量を補う政治的支配にあった。国家の経済的活動の役割が大きかったのは、資本主義形成・確立過程の日本や植民地的再編が段階的に進められていた朝鮮ではなく、おそらく台湾においてである［同上：179］。

例えば日本統治初期、北部台湾「蕃地」において最も重要な企業体と考えられる三井は、1896年に台北支店（三井物産合名会社）を設立後、1907年から樟脳業に積極的に着手し、09年には「蕃地」3万余甲の林野利用権を獲得した。李文良［2001］はこうした状況を、総督府が隘勇線を前進させ三井が林野権を取得するという、国家と日本企業の緊密な同調関係として描き出した［118-40頁］。また黄紹恒［1998］は、日本資本が強く台湾に

---

15) 石井寛治［1970］は産業資本の確立を1907年前後に求めている。また日本統治時代の台湾経済史を四期に分けた東嘉生などの先行研究を検討した、黄紹恒［2010］も参照。

進出する時期を日露戦争（1904-1905 年）後に見出し、先の村上勝彦の指摘に重なる主張を行っている。

中村のいう原初的蓄積過程とは、「原蓄期」という限定された時代区分を示唆する言葉を使用してはいるものの、本節 1. の G・ウォーカーに見た「外部に対する収奪と外部への暴力という不断のプロセス」を同時に視野に入れるものである[16]。R・ルクセンブルクを批判継承する『捕囚』の原初的蓄積過程とは、資本主義体制の生成期としての原蓄期のみならず、「持続的に非（先）資本主義的領域の自然経済を法則のうちにとり込むところの過程」［中村勝 2009：86］、「内外の非（先）資本主義の領域にその後も不断にふるわざるをえなかった政治的・国家的・経済的力能の一連の暴力方式」［同上：91］だったのであり、ウォーカーの資本主義批判に呼応している[17]。

3.「理蕃」における「半封建性」と暴力の問題

後発の帝国としての日本資本主義における「半農奴」性の問題を指摘した山田盛太郎の『日本資本主義分析』［1934=1977］などを代表として、日本資本主義の発達における「半封建性」「封建遺制」の問題は継続して議論されてきた[18]。明治国家体制はそれ以前からの伝統に抗して（「革命的に」）ではなく、伝統を通して近代化したと見てよく、A・バーシェイはこ

---

16) 原蓄をある一定の期間に限定されたものとみなさない視角は、「継続的本源的蓄積」と呼ばれてきた［石原 2007］。
17) D・ハーヴェイ［2012］はマルクスの原初的蓄積概念を「略奪による蓄積」（accumulation by dispossession）と言い換え、21 世紀の資本主義にも継続していることを分析している。略奪による蓄積とは、「元から存在する財貨」や共有財が、「労働力や貨幣、生産能力、商品として」強制的に集められ、「資本として流通させられる過程」［ハーヴェイ 2007：92］なのであり、「資本主義システムがなんらかの表面的安定性を確保するためには」、原初的蓄積＝略奪による蓄積が総体として維持される必要があるとしている［同上：117］。
18) 例えば、大石嘉一郎［1976］、石井寛治［1991］などを参照。

れを「ネオ伝統主義的な」近代化様式と呼んだ［バーシェイ 2007］。「近代天皇制国家と日本資本主義の全過程の体系的把握」[19] は、植民地下住民の生の経験を通しても論じられるべき大きな課題である。

　中村の『捕囚』は、植民地台湾の「理蕃」においても、半封建性、前近代性が核心にあったことを実証する[20]。その「半封建性」とは、夫役（賦役）労働（Fron, labour service）［中村勝 2009：120］を押し付けながら先住民を国家に取り込もうとした点に顕著である。「理蕃五カ年計画事業」という暴力的鎮圧の後、1910年代後半から、「南澳」「渓頭」群への強制「出役」すなわち低賃金労働強制が行われていく［第7章］[21]。ここで留意されたいことは、日本植民主義の夫役労働の利用の背景と前史として、「理蕃五カ年計画事業」に代表されるその軍事制圧、つまり植民暴力が台湾山地を席巻したことである。夫役労働に代表される「従属関係」や「半封建性」（日本資本主義論争にいういわゆる「経済外的強制」の問題）は、日本植民地政府が振るった圧倒的な鎮圧の暴力の上で、台湾先住民に押しつけられていったのである。

　植民地原蓄国家による先住民労働力政策は、その資本・賃労働関係の現れとしての雇用労働関係の内に、封建的な前期的・身分的な「奴の従属関係」「夫役（賦役）労働」形態をつくり出し、またこの関係を、先住民の剰余労働の獲得のために積極的に活用する［中村勝 2009：106-7］。「奴の従属関係」という文化装置こそが天皇制の問題なのであり、先住民に対して「今の生活があるのも**天皇のおかげ**」という意識を植え付けていく点が、

---

19) 大石嘉一郎「日本資本主義論争」（Japan Knowledge）を参照。
20) この点は、「半封建性」を資本主義の対立概念としてきた日本経済史の認識を批判した、山崎隆三［1989］に呼応する。「近代地主制の本質は資本主義の発展を阻害するという本来の意味での封建的な性質ではなく、資本主義の発展に適合的なもの」であり、「明治維新によって封建社会の制約を脱して資本主義に適合しつつ拡大・発展した」のであり、「明治中期から第一次大戦前後までの段階では、地主制と資本主義は相互依存的に、もっとも適合的であった」［127頁］としている。
21)「南澳蕃」「渓頭蕃」（植民者の用語）の分類の史的問題については、洪廣冀［2006］に詳しい。

第 5 章 「理蕃」の認識論

「皇民化」教育の問題ともかかわり、「理蕃」における「半封建性」の問題である[22]。先に明治国家が「ネオ伝統主義的」に近代化しようとしたとするバーシェイの論に触れたが、「理蕃」においてもやはり「天皇」という「伝統」が新しく再編され、同時に家父長制的な家族国家観に節合されているのだ[23]。

『捕囚』が実証した先住民の夫役的賃労働者化の過程を簡単に示すと、宜蘭庁下の「蕃人労賃指定」(1918 年) によって、「蕃地」内に侵出した資本事業の警備や物資輸送という労働の基準が定められ、このころ**懲役・懲戒**として**労役**が課されはじめ [508-9 頁]、後の「生活改善」へとつながっていく。1918 年の飢饉による貧困の救済事業としても低労賃の出役が始まる [510 頁]。労役としては、「ガオガン蕃」カラ社らのロンピア (崙坪仔) 移住 (1919 年) に際して、開墾終了後に 10 戸につき一名の割合で毎日駐在所に出役し、官の労務に服すべきことが定められた [531 頁]。1920-21 年の新竹州竹東郡「シャカロー蕃」の反日抵抗運動に際し、大隘社、シパジー社、「ガオガン蕃」人などが「蕃人遊撃隊」として使役 (**兵役**) された [532 頁]。1919 年、「南澳蕃」地域のスタヤンからリヨヘン間 28 キロの道路工事に、南澳各社先住民は労働力として従事するが [541 頁]、これらは賃稼ぎ労役、集団出役とでも言うべきものである[24]。

夫役労働とは、以上に見られるような労役・出役・兵役などの各種の「**役**」(人民に公の公務を課すこと、デジタル大辞泉) を指す。こうして「理蕃」

---

22) この「おかげ」と恩については、綱仔絲萊渥口述 [1997]、中村勝 [2003:第 3 部第 1 章、2009:561, 576, 601]、中村平 [2001] などが蓄積されてきており、日本植民主義と脱植民化との関わりにおいて、各論の整合を別稿で図るつもりである。前掲注 12 も参照。

23) この点について『捕囚』は明示的でないように思われる。また、この家父長制が天皇制の母性主義を排除しないという点については、加納実紀代 [1979] を参照。

24) 関連して北村嘉恵 [2008:第 5 章第 1 節] は、統治側の狩猟の規制と、賃労働・義務出役について植民側の史料から全島的、1930 年代までを視野に賃労働の比重の増大と背後にある労働力調達の要請を描いており、参照されたい。平地先住民アミに対する労役については頼昱錡 [2013] を参照。

とは、先住民の「生(なま)」の自然的生命力を利用して、夫役の集団的で奉仕的の剰余労働としての地代給付をかれらの生存の「必要」原理に沿って、植民国家‒資本という制度へと「処置する」過程であるという認識に至る［275頁］。本章冒頭に見た1920年代台東庁のラマタセンセンの「我らは他人のための労働には服役せず」という認識は、高地先住民に対するこうした夫役的賃労働者化の圧力に抗する言葉であることが分かる。

4.「自然主権の侵害」の視点と囲い込み

　以上見てきた中村『捕囚』における囲い込み＝原収奪と、近年台湾先住民族運動をめぐる議論の中で出てきた「侵害される自然主権」概念の相違をここで整理しておきたい。本概念は台湾先住民族運動（中国語で「原住民族運動」）の中で生み出されたものであり、西洋から直接翻訳された概念ではない[25]。

　石垣直［2011］の整理によれば、自然主権概念は早くには1993年の第3回土地返還デモに登場し、1999年、民進党総統候補だった陳水扁と先住民族各代表が結んだ「先住民族と台湾政府との新しいパートナーシップ」に登場し、先住民が台湾の最も早期の主人であることと、その伝統的土地に対する権利を主に指してきたが、依然として明確に定義された概念ではない。石垣はその上で自然主権概念を、旧イギリス植民地諸国でしばしば論じられてきた先住権やその諸権利の法的根拠としての「先住権原（native title）」にあたるものであり、土地の先住者として先天的に持っている（はずの）権利およびその根拠としている。それは国際法における「民族自決」や「主権・自決権を行使する主体としての民族」という議論の中でのものであるが、国家成立以前から台湾で生活してきた先住民が国家と対等な関

---

[25]　抜尚（蕭世暉）氏（台湾師範大学原住民族発展センター博士課程）の教示による。官大偉［2014］を参照。羅永清［2014］は自然主権を「Natural Sovereignty」と英訳し、台湾本土そして台湾先住民運動の理論的基礎をなす重要な概念だとしている。

係にあることを強調するものである［274-275 頁］。

　浦忠成（パスヤ・ポイツォヌ）は自然主権についてこう述べている。「国家と法律が成立せず、あるいは統治が行われる以前に、ある土地にすでにひとつの或いは複数の集団があり、そこで生活し、その土地資源を利用する手段を有し、蓄積された歴史文化がある時、その集団の生活手段と土地自然資源を利用する権利を、国家と法律は尊重し、保障するべきである」［2006b：181］。

　自然主権概念は、近代的「主権」概念を含むものであり、「先住民族と台湾政府との新しいパートナーシップ」（1999 年）にも見られるように、その権利主体を「民族」に置く力をもっている。中村『捕囚』ではこうした近代法と近代的主体概念にもとづく議論は行われず、むしろ避けられ、「民族（nation）」を「民属（Volk）」の観点から再度とらえ返そうとする[26]。それは「民族」と「主権」の近代国家の「ゲーム」の中で闘争をするというよりも、植民的差異の実体化として登場してきた「民族」を脱植民化し、もう一度「民属」のあり方に立ち戻って社会と文化を構築していこうという意志の現れである。

　植民国家資本による囲い込みを解くこととは、国家とナショナリズムの論理から解かれることを指すだろう。この点は「マイナーになる」ことを議論した『千のプラトー』［ドゥルーズとガタリ 2010：237-45］により近づく。もし「自然主権」概念を近代国家のゲームのみに落とし込まずに、「国家と対等にある」ことを、国家のゲームを組み替える形で再構成することができれば、その時それは中村の議論（ラマタセンセンが示した「私たちの領域」の問題）に節合されるだろう。

[26)]「民族（nation）」と「民属（Volk）」を訳し分けたのは、F・エンゲルス『家族、私有財産および国家の起源』の訳者村田陽一［1954］である［中村勝 2009：lvi、第 5 章第 2 節］。

第2節　植民的差異概念と人類学知識

1．坂野徹の問題提起

　次に、マルクスやルクセンブルクの資本概念を打ち直して「理蕃」史を解明しようとする『捕囚』と、植民主義の認識論的基盤と言えるウォーカーの植民的差異概念による先住民の国家 – 資本への「捕獲」の問題を節合していきたい。中村の言う土地と生の「囲い込み」とはつまり、物理的事態であるとともに、認識論的・概念的事態であり、植民国家 – 資本による統治のプラットフォームを作るものである。中村勝とG・ウォーカーの節合には、人類学知識として台湾で登場した植民的差異概念を問わねばならないが、まず問題の核心に触れていると思われる坂野徹［2005］の問題提起を見たい[27]。

　清朝時代に登場する「生蕃」「熟蕃」の二大区分には、実は「未熟蕃」「化蕃」「合蕃」といった中間形態を伴っていたが、まず総督府の行政区分ではそうした中間形態は抹消されて、「生蕃」（「高砂族」）と「熟蕃」（「平埔族」）という二大区分に収斂させた。さらに台北帝大土俗人種学教室発行の『高砂族系統所属の研究』［1935年］では、「結局は総督府による行政区分に従っ

27）先に注で触れた洪廣冀［2006］も、現宜蘭県蘭陽渓における林野開発における利権確定との関連において、植民政府は「民」と「蕃」など「異なった人間」を区別し、そこに住む人びととの森林との関係をコントロールしようとしてきたとしている［348頁］。「植民的差異」概念を用いてはいないが、植民国家と資本主義発達との関係において人間分類の問題を捉えている。また、清朝期に登場する「民蕃雑処」という語は、先住民と漢人（客家を含む）の相互交通・交易により構成される民属間の社会的連関とその場を捉えた言葉であった。隘勇線に代表される帝国日本による囲い込みは、こうした従来の「民蕃公界」（中村勝）を破壊し、再編成するものであったと言える［中村勝 2003, 2009］。

第5章 「理蕃」の認識論

て」「サイシャット」を「高砂族」として扱った。こうした坂野の行論について山路勝彦［2011］は、「人類学者の学問分類が行政区分の設定に従属したのではなく、総督府の行政区分と学問分類とは別個の問題として扱われた」としているが［13頁］、この「扱われた」の行為主体が誰であるか不明であり、反論になっていないようにみえる。

　この「サイシャット」について陳文玲［1998］は、1913年以降台湾総督府により「蕃族」に分類されたことを、隘勇線の内と外で線を引く「統治上の便宜」によるものだとした[28]。伊能嘉矩や森丑之助の分類が採用されずに総督府が独自に線を引いたという意味では、山路の言う人類学者の分類と異なるロジックが働いたのかもしれない。しかし『高砂族系統所属の研究』が結局は「サイシャット」を「高砂族」として扱ったことは、坂野の言うように総督府の分類と学者の分類が強い相関関係にあったことを推測させる。現に、馬淵東一は『系統所属の研究』がサイシャットを「高砂族」に分類した理由を求められて、綿密な調査のための「金はない。人員もいない。だからそういう判断を、きちんとできなかった」と1986年の鼎談で認めている［宮本等 1987：136］[29]。その司会を務めた松沢員子はそれらの発言を受けて、「基本的にはそれ以前の政府の分類というものに従いつつ、（中略）最終的にサイシャットを高砂族の中に入れられた、ということですね」と述べ、馬淵も特に反論はしていない［同上：139］。ここに見られるのは、山路［2011］の言うような行政と学問の各々の独立性では決してなく、学問分類の「統治上の便宜」［陳 1998］への追従である。

　先に挙げた坂野［2005］は、分類するという行為のもつ「政治性」［253頁］、あるいは「人類学という知」それ自身に内在する植民主義の問題を

28）陳は「サイシヤット」を使用している。また、南庄事件（1902年）と総督府による「蕃族」分類の関係性が推測されるが、この点に関しては裏付けとなる史料の発掘を待ちたい。

29）サイシャットを研究した（「僕も随分やった」）宮本延人は、「高砂族」に分類するかについては「どっちに入れてもいいような気がした」とし、「調査してみると、やっぱり灰色」だが、結局は「生蕃に入れ」たと述べている［宮本等 1987：138-9］。

見るが［3頁］、この部分をより明確に分節化する必要がある。この「政治性」がウォーカーの提起する植民的差異概念に関連し、この差異の概念が開く統治の認識論が、坂野の言う植民主義の問題なのである。ウォーカーの提起する植民的差異の概念と議論から、ここで再度、台湾における日本の人類学知識の問題を、植民地統治がいかに可能になっているのかという点から論じておく必要がある。

2. 冨山一郎・陳偉智の所論と植民的差異

　明治期の日本の人類学成立の背景には、西洋人類学の眼差しによって見られる客体としての日本人が現われ、同時に人類学的観察主体を立ち上げていくという分裂状況があった。すなわち、「西洋」からの視線によりあらかじめ客体として陳列された「日本人」が、「分裂に逆らいながら観察する主体として、領土である日本を自らの視線において再発見していく」中に、当時の日本の人類学の構造的位置があった［冨山 1994：41］。台湾を領有後、日本人類学が台湾住民に対して立った位置は、西洋人類学が植民地の他者に対してとった観察し分類するという位置にあったと言えよう。

　植民的差異はどのように発見され、確定されていくのか。日本人類学は領有したばかりの台湾における人間の分類に着手することになるが、冨山はその分類の技法を問題化する。人類学者が政策のオルガナイザーとして植民地支配に関与したか否か、という次元が問題になっているのではない。分類技法を問題化するとは、統治に資する知識すなわち認識論についての問題を問うている。明治期人類学において登場した測定という技法は、「危機をはらむ分類不可能な存在」を、翻訳することによってある限定した「連続面」に設定し直した［同上：39-40］。冨山の議論は、帝国が拡大する中での、植民的差異の発見と確定としての日本人類学を対象にするものである。

第 5 章 「理蕃」の認識論

「理蕃」の認識論をもたらす植民的差異を考えるにあたり、台湾における日本人類学の「人種」分類の知の形成とその性格を明らかにした陳偉智の考察［2014, 2009］を参照しなければならない。陳によれば、台湾における人種分類は、1895 年 11 月に渡台し、旺盛に台湾先住民研究にあたった伊能嘉矩（1867-1925 年）抜きには論じられない。伊能の作った台湾先住民の分類体系こそが、総督府の「蕃情」に関する知識の枠組みの基礎となったからである。伊能の人種分類は、当時の西洋の人類学の認識論の影響を受け、それを超えるものではなかったと陳は考察する。伊能は 1898 年、中国語文献の記載と自らのフィールド調査により「台湾土蕃」の「種族」分類を「群―族―部」に分け、すべてを「マレー人種」とした[30]。1895 年に伊能は、台湾における人類学は「将来の治教」の需要において必要であるということを述べていた。1900 年の『台湾蕃人事情』では、進化論的な説明に基づき、北部山地の「アタイヤル」を進化程度の最も低いものと規定し、南部の平地に近い「諸族」を進化程度が高いとしている。内部に同質性をもつ「族」を分類し他の族との境界を地理的に設定し、文化の差異を進化発展の順序とみなすこの分類の認識論は、後に J・ファビアンが「共在性（coevalness）の否定」として批判することになるものである［Fabian 1983］。

陳によれば、植民地統治という現状を合理化する伊能の植民主義的ディスコースの創出は、分類することの政治性を内包するものであり、知識と政治面における新しい主体創設の試みだったとしている。伊能の人種分類のパラダイムは、中華民国体制になったのち現在にまで影響を及ぼす強力なものであった。伊能の分類パラダイムは数や内容こそ変更はあれ、「〇

30）例えば、第一群「アタイヤル」―族「アタイヤル」―部「タンガレ＝アタイヤル」のように、台湾先住民（「台湾土蕃」）の系統を樹状に分類した。ウォーカーの言う種差性の図表化である。洪廣冀［2006］が指摘するように、こうした認識論は 1935 年の『高砂族系統所属の研究』を経て、例えばタイヤル内部の分類では、タイヤル人である廖守臣［1984］など中華民国体制下の差異の分類に継続する。

○族の○○研究」を指向する学術界や、「民族」を文化復興の単位とする一部の先住民族運動においても引き継がれている。このように、西洋の19世紀中葉以降に広まった近代的な知識の枠組みは、日本の植民地統治をその代理人として台湾に登場した。

　以上の陳による議論をウォーカーと節合すれば、こうした伊能の台湾先住民に関する進化論的な認識のパラダイムが、植民地統治の認識論的な基礎あるいは土台を提供したことが理解される[31]。冨山の言う「連続面」こそが、差異を認識可能で比較可能なものに翻訳するプラットフォームであることが分かる。このプラットフォームの上に植民地統治が展開する。陳が論じた台湾住民の人類学的分類は、ウォーカーが論じる資本の原初的蓄積過程に沿うものである。坂野徹と山路勝彦の植民地統治と人類学知についての議論（のかみ合わなさ）は、台湾先住民の分類が行政と学者で齟齬を来していることをどう評価するかということにあったが、行政と学者の両者は、台湾の住民を「どう分類するのか、どう帝国内の人間を把握するのか」という認識論においてはプラットフォームを共有していたのだ。

第3節　「理蕃」における植民的差異の実体化と「日本人になる」こと

　以上述べてきた植民的差異の分類は、台湾全島規模で展開される戸口調査（国勢調査に相当）と戸口制度実施により実質的に政策となる[32]。この植

31）明治期から大正期にかけて行われた、政府・準政府諸機関・団体の台湾先住民への調査については小島麗逸［1979, 1981］を参照。
32）1905年の戸口調査（「蕃地」を除く）において「種族」が言語と一対一で構成されるとして想像されていったプロセスについては、冨田哲［2007］を参照。また松岡格［2014］は、各種戸口制度の展開の中に「種族」の項目が一貫して存在し、この分類と登録の制度が統治の技法に関わるものであることを明らかにしている。松岡の言う人間の「可視化」が、本章に言う（植民的）差異の翻訳である。

第5章 「理蕃」の認識論

民的差異が、国家のイデオロギー装置としての教育そして社会教育と授産政策、戦時体制における総動員を通して実体化し、そこに「日本人になること」(皇民化) が重ねられていたのが「理蕃」であった [荊 2006 も参照]。『捕囚』の表現を借りれば、夫役 (公役) と直接的交換の労働の仕方は、それぞれ「国民」の義務である「兵役」と「納税」の代替物となり、このかぎりで先住民の国民＝日本人化が企図されえた [中村勝 2009：274]。またここに同化の中の差別の問題、「差異 (示差) 的な編入 (differential incorporation)」と Wu Rwei-Ren [2003]・呉叡人 [2006] が呼ぶ問題と、さらには人種主義の問題[33]が見すえられなければならない。こうした構造的暴力を可能にする装置が、前近代的な天皇を新しく再編した天皇制とその下での台湾先住民に課された (夫役された) 数々の「役」であったのであり、1.2 において「理蕃」における「半封建性」の問題として論じたとおりである。「授産」や「社会教育」を含む種々の教育的営みを通して、「日本／天皇のおかげ」「御恩／恩恵」意識を浸透させていくことが皇民化であった。

　差異の実体化とは、認識論が存在論に代わることであろう。教育を通した国民化そして皇民化の問題は、ここまで述べてきた資本の大きな流れと無関係ではない。萱野稔人 [2005] は『千のプラトー』を検討しつつ、資本主義を前にしてあらゆる国家は、労働と資本が自由に流れるための「統合された唯一の国内市場に向かう傾向」を持つとする。国家は、世界的な抽象性と普遍性をもった公理系のもとで富を徴収するために、統一的な国内市場をくみたてる「同質的な国民の形態」をまずは通過しなくてはならないのだ [256 頁]。

　しかしこの植民的差異の実体化は貫徹されてはいない。「日本人になる

---

33) 松田京子 [2014] を参照。近現代の世界史を貫くレイシズムの問題化のあり方については、鵜飼哲・酒井直樹・テッサ・モーリス＝スズキ・李孝徳 [2012] が参考になる。部落差別と人種主義、さらには台湾先住民と部落を隣接させる差別の語りについては、黒川みどり [2016] を参照。

こと」は「大東亜共栄圏」の崩壊と共に潰え、その次に台湾先住民を待ち構えていたのは「中国人になること」であったが、1980年代から高揚する「台湾原住民族」運動は、自らのアイデンティティを問い直し、脱植民化を追求しつつ社会における位置と権利を主張してきた。民族の本質主義的構築に距離をとりつつ、台湾先住民のパァラバン・ダナパン〔孫大川 2012〕はアミの民間学者リポク（Lifok、黄貴潮）から、「汎原住民族」意識への違和感を期待と共に引用している。

> 私は宜湾〔台東県成功鎮〕のアミで、実際のところ、私は本当に理解しているのも、ただ私の宜湾集落だけである。私は宜湾の変化を見て、そこの風を熟知している……私はさらには「アミ族」さえ完全には知らないと思う。何が、あるいは誰が「アミ族」か。あまりにも抽象的すぎる。あなた方若い人たちが作りだした新名詞、「原住民」、おお、私にはあなたのわかっていることが本当に理解できない（笑）。誰が「原住民」か。〔159-169頁〕

リポクの「汎原住民族」意識への疑念は明白である。同時にリポクの宜湾集落への思いも伝わる。「民族」を軸とした政治を推し進めながらも、その民族主体を自らの経験と身体から常にとらえ返そうということ。「理蕃」により主体化されてきた植民的差異の経験を、ナショナルにではなく、ひとりひとりが言葉にしていくこと。中村勝の用語（184頁で論じた民族と民属）を使えば、脱植民化運動とはnationとしての民族という枠（概念）に、再度Volkとしての民属の内実を充填し作り変えてゆく意味付与実践として考えられる[34]。今日台湾先住民において課題となっている、母語と民族の教育（すなわち民属教育）の問題につながる。このように思考して、台湾先住民における囲い込みと原初的蓄積における暴力的な記憶と経験とはどのようなものであったのか、日本植民国家‐資本の植民（地）化の暴力の

---

34) 意味付与実践（signifying practice）については、例えばHall〔1997〕、太田好信〔1998, 2001〕を参照。太田は「意味産出実践」としている。

記憶と経験とは何かという問題を、ナショナリズムに陥ることなく語るにはどうすればよいのかに筋道が見えてくる。

冒頭に掲げたラマタセンセンらの「他人のための労働には服役せず」という主体的自然の思考を想起したい。国家とネイションを超える「私たち」が織りなす脱植民化運動とは、囲い込み過程の構造的理解と、植民地支配における暴力の経験の記憶を分有（*partage*）することの双方において、進められていくであろう。植民的差異のナショナルな実体化を超え・ずらす[35]この脱植民化の運動は、新たな脱植民的空間を増殖させはじめるだろう。

まとめ

日本人であれ台湾先住民であれ、植民地経験（「理蕃」の歴史経験）と記憶は、植民主義を可能にする条件によって規定されている。G・ウォーカーが指摘する植民化（コロニアル）の条件とは、「人類学的知識」の成立と普及を梃子とする植民的差異の確定とその実体化のプロセスにある。換言すれば植民主義を可能にする条件は、統治者日本人と被治者、さらに被治者の中の諸分類という植民的差異の認識論的確定にあり、この確定作業は植民国家が進める資本主義的近代と密接に関連する。認識論的な連続面（プラットフォーム）を形成することにより、植民主義は危機を孕む根源的かつ翻訳困難な差異を翻訳し、この連続面の上に、夫役（賦役）労働の形態を仲介させながら労働力を商品化する国民（中村勝）的包摂が進行する。

本章で括弧をつけることなく使用してきた「日本人」や「台湾先住民」

---

[35] ずれあるいは脱臼（dislocating）、またその自由との関係については、酒井直樹［1997：157, 169］とラクラウ［2014：97］を参照。

という自己成型は、こうした植民主義の歴史経験を通してつくられてきた。植民地責任の取り方については今後も議論が深められていくだろうが、植民地統治と継続する植民主義のメカニズムを明らかにすることと、統治をめぐる（特に暴力の）体験の記憶が分有（*partage*）されていくということの双方の重なりがひとつの肝要なポイントになっている。国家とネイションを超える「私たち」が織りなす脱植民化運動とは、植民国家 – 資本による生と土地の囲い込みというメカニズムが、植民地統治と継続する植民主義における暴力の経験の記憶に埋め込まれていることを分有するなかで、推し進められていく。

終 章

脱植民の運動

　本書は、台湾高地先住民タイヤルと日本における脱植民化を実践し、日本の植民地責任を考える方途として、到来する暴力の記憶の分有という事態を思考する民族誌の記述を行ってきた。脱植民化と和解が、他者を感じさせるコンタクト・ゾーン（接触領域）にあって暴力の記憶が分有されるなかで、かすかに立ち上がるつながり（それに「困難な私たち」という名を与えた）においてなされていくであろうことを追究してきた。

　第1章「**脱植民化の課題と植民暴力の記憶、植民地責任**」では、現在、台湾先住民知識人が課題としている脱植民化の問題を、世界的に広がりを見せる脱植民化論、植民されてきた者の体験と声の記述の問題、日本の植民地責任の問題と節合し、聞き書く私のポジショナリティと暴力の記憶の分有という契機に注目することにより、本書がこの問題系に分け入る際の姿勢を明確にした。ここで、本質的な基盤に共同体や共同性の根拠を置かない非－基盤主義的なあり方に改めて注目することにより、植民者と被植民者、あるいは植民主義により分断されてきた民族や人間集団を、「困難な私たち」への遡行から乗り越えていく方途を打ち出している。

　植民統治の暴力の記憶が到来し、それを癒す形をとって言葉にしていく中で他者とそれが分有される可能性を持ち、脱植民化は進行する。脱植民化には「自分たちとは何者か」という問いが関わっており（ただし実体的な何者かを措定しそれに依拠する、というのではない形で）、その追求の中で暴力の記憶が植民統治の刻印とともに浮上する。記憶が分有される中でつまり行為が先行する中で生み出される「私たち」を、「困難な私たち」すな

終章　脱植民の運動

わちエイジェンシー（行為体）として捉えた。こうした視角は、近年歴史学や人類学で問題となっている主体と暴力の問題機制、あるいは被植民者の主体と植民地の支配構造の関係を、文化と歴史を自分たちの生成にむけて語る（遡行する）主体あるいはエイジェンシーの運動において捉えることにより、解決しようとするものである。自分たちの生成ということに関して記憶の領域は決定的な重要性を持っており、ナショナル・ヒストリーにより固定的な民族主体が形成されてしまう力が働いているが、その背後には多くの植民暴力の記憶があり、それらが分有される中で登場する「困難な私たち」が植民地責任を負っていく。

　第2章「植民暴力の常態化としての『和解』」と第3章「ムルフーから頭目へ」において、「和解する（平和になる）」（スブラック）と政治的リーダー・頭目（ムルフー）の語の意味を検討した。第2章でタイヤルの高齢者による「タイヤルは日本と仲良くなった・和解した」という日本語による表現について、また第3章で官製の「頭目」を媒介としてエヘン集落のタイヤルたちが天皇制国家に結びつけられていったプロセスを見た。これを言い換えれば、日本統治による警察—頭目秩序の成立と定着のプロセス、つまり植民地鎮圧の継続過程に、「天皇は日本のムルフー」そして「仲良くする・和解する」という表現が重なっているのである。到来する記憶、記憶の換喩的つながりにおいて、この二つの章が取り上げる植民統治の語義における暴力の刻印は核心的な位置を占めている。「スブラック」「ムルフー」という語において、伝統的な意味と植民主義の影響を受けた意味の間のせめぎ合いが確認され、そのせめぎ合いは、日本人である私に対面するというコンタクト・ゾーンにおける植民暴力の記憶の到来、そしてそれを語ることにあってなされていた。このせめぎ合いはスブラックやムルフーの語を使用し会話する時、日本人のいない場においても存在するものであろう。

　スブラックやムルフーの語が伝統的な意味を持つと同時に植民主義の影響を受けた意味を持つこと、それを植民統治の刻印という言葉で表現した。「国政」や「大きな政治」の場で語られる民族自治の主張だけでなく、

日常生活においても、過去を想起する際にそして未来のより開かれた自治や解放を想像する際に、植民統治の暴力の刻印が浮き出る。本書の切り口と出会いにおいて端的に述べれば、それは「ガオガン蕃討伐」に始まる植民暴力である。鎮圧され、和解させられた・平和にさせられたという事態であり、国家・警察権力に保障された頭目を任じ、また頭目と警察の織りなしていく治安の中でつまり植民暴力の常態化の中で生活していくということである。そしてその国家「大日本帝国」の元首が「天皇陛下」であり、元高砂義勇隊員ら戦争に動員されたタイヤルに天皇は「日本のムルフー」として今でも言及され続けている。植民暴力の常態化としての平和（スブラック）は、天皇を家族国家の家長とする体制の中で構築されたが、日本人と見なされた私の登場と介入は、タイヤルの高齢者にその記憶を活性化させた。

　植民統治の語義における暴力の刻印は、「スブラック」や「ムルフー」の伝統的語義を確認しようとする際に浮き上がる。現在、タイヤル民族議会においても「ムルフー」の語は使われ、民族間の和解は台湾の内部で議論されている。本書は、和解と脱植民化に関して日本側からのひとつの参画と応答となる。

　植民統治の刻印は語りにおいて、意識的にも無意識にも浮き上がる。こうした事態を認識することが植民統治の影響を明らかにすることであり、その歴史の想起と記憶の分有が脱植民化につながっている。植民暴力の基底の上に日本人と台湾高地先住民という主体が作られてきたこと、それを想起することは、忘れていたかもしれない過去を再構成することである。植民者と被植民者の双方が到来する暴力の記憶を分有し、暴力の歴史を想起すること。その様々な記憶は、**第4章「植民暴力の記憶と日本人の責任」**で見るようにナショナルな歴史を構成する提喩として動員されることがある。同時に一つ一つの断片的な暴力の記憶は、換喩的なズレを伴いながらつながっている。断片の記憶は、全一的なはっきりした境界を持つナショナル・ヒストリー（国民・民族の歴史）を形成することはなく、国民・民族史を不断にズラしつづける。

終章　脱植民の運動

　植民統治の刻印は暴力の記憶を浮き上がらせるが、第4章で見たように、その行く先は、民族の歴史あるいは抑圧されてきた我々という一枚岩的な主体を形成するナショナルな力に回収されがちである。個々の記憶を民族の歴史のために動員する政治として「記憶の政治学」を記述するのではなく、個々の記憶自体がそれ自身さまざまな力のベクトルを有したものであるという意味での政治(ポリティクス)が浮かびあがったのではないだろうか。記憶の持つ換喩的な原理あるいは力の発見は、「困難な私たち」を生み出す重要なきっかけである。第4章では、タイヤル民族議会の民族の歴史の立ち上げと高金素梅国会議員による植民主義批判の行動をまず紹介し、植民された経験と記憶が明確な方向性を持った政治に動員されていることが理解された。しかし民族議会マサ・トフイ(ムルフー)議長が想起する個人のさまざまな断片的記憶に示されるように、植民された経験は、脱植民へのベクトルを持ちつつもそれを民族の歴史として回収しきれない記憶の広がりを持つものである。聞く者はそのリアリティに圧倒され記憶を分有してしまうが、同時に日本植民主義の暴力を指摘する声に、既に内破されている「日本人」としてどのように応答しうるかという点が植民地責任に関わる問題である。

　ヤキ・ピスイの経験した終戦間際の事件や、ヤユッツさんの語る夫の高砂義勇隊などの動員された暴力の経験は、戦争を含めた植民地の責任の問題を明らかに提示している。戦中派日本人団体「あけぼの会」の活動は、帝国日本の文化装置を批判することなく再生産し強化している。植民地統治と支配への応答責任は、国家と政府の責任を日本国民として追求するべき問題であると同時に、「日本」と関わりを持つ様々なポジションにある一人一人が、こうした暴力の記憶と経験を図らずも受け取り分有してしまうことから始まっている。植民地責任は、ナショナルな主体が取りつつそれを内側から内破していくような「私たち」の思想と運動である。

　日本植民主義の台湾先住民に対する「理蕃」策をその歴史経験から捉え返し、植民化と資本主義的近代化の重なる中で植民暴力が生起するメカニズムを、日本の植民政策としての「理蕃」とは何かを扱った先行研究を批判検討し、明らかにするのが**第5章「『理蕃』の認識論」**である。植民主

義を可能にする条件は、日本人と被治者、被治者の中の諸分類という植民的差異の認識論的確定にあり、その認識論の上に、夫役労働の形態を仲介させながら労働力を商品化する国民的包摂が進行する。こうした機制の批判的認識と、台湾先住民の「理蕃」された歴史経験の分有の上に、本書は未完の脱植民化の力を見ようとしている。

民族あるいは人間集団間の和解の問題は、マジョリティがマイノリティのたたかいの背後の暴力の記憶を図らずも受け取ってしまい、分有してしまうことから始まる。武力抵抗を想起させる「たたかい」という言葉は、すべての場面には当てはまらないかもしれない。本書では「たたかい」という言葉から連想されるよりもむしろ、ある言葉を使用する際に登場する力のせめぎ合いを中心に見た。「スブラック」や「ムルフー」の語義のせめぎ合いと、そこに刻印された植民統治の暴力の記憶を受け取ってしまうことが、和解と脱植民化を同時進行させるための重要な契機である。

日本植民統治は私がフィールドで出会ったタイヤルの方々にはっきりと記憶されていたのであり、その語りを聞き続けることにより植民者の植民地経験の忘却はあり得ない。その語りを詳しく聞いていくことが暴力の経験の記憶を呼び起こし、貶められてきた民族の主体化による権益の確保を行いつつ、自他の区分をずらしながらつながってゆく。日本とは何か、日本人は何をしてきたのか、その問いにおいて遡行する中で断絶したタイヤルとのつながりが起きるかもしれない。脱植民化はこうして、「困難な私たち」がその場その場で立ち上げられながら遂行されている。

本書は、帝国日本の植民地統治／支配をめぐる歴史認識が問題となるなか、常に現在と関わってしまう記憶の問題について、特にそこで前景化する植民暴力の記憶の感知ということを記述のなかで深めている。それは、人々の歴史経験を記憶の分有という事態から探究する試みであり、台湾高地先住民の脱植民の運動に、聞き書きとそれを読むことによって「日本人」が参画していける道を切り開く研究である。これにより、社会を構成する力と生きる力をコンタクト・ゾーンの現場から問い直し、脱植民という真の「和解」に向けての道を切り開くものである。

参考資料(初出は中村平 [2008c]):
1. 「台湾先住民族権利宣言」
2. 「タイヤル古国復活論」「独立主権の国"タイヤル国"」「タイヤル族民族議会紹介」「タイヤル民族議会憲法草案」「タイヤル民族土地宣言」

「台湾先住民族権利宣言」
台湾先住民族権利促進会(1988年)

翻訳:中村 平

　台湾先住民族は炎帝や黄帝の子孫ではありません。[1] 先住民は南島語系(オーストロネシアンまたはマラヨ・ポリネシアン)に属し、自分たちを炎帝や黄帝の子孫で、かつ漢族に属していると考える閩南人、客家人と外省人とは異なります。

　台湾先住民族は台湾島の主人です。西暦1620年に外来勢力が侵入する前、先住民は台湾島の唯一の主人でした。西暦1624年にオランダとスペインが台湾に入り、1949年に中華民国政府が台湾に移るまでのおよそ四百年間、オランダとスペインは強力なモノの力と熱狂的な宣教により先住民に影響を与え、鄭氏と清帝国は漢人の圧倒的な人口とより効率的な農耕と土地経営の技術により先住民を脅かし、日本は南洋植民地という目標にのっとり、台湾の経済資源を開発する行動により先住民を圧迫しました。中国が台湾を取り戻した後は、「台湾は中国に属す」という理念と「先住民の漢化は絶対の真理」という信念のもと先住民を同化しようとしました。台湾先住民族は台湾島の「唯一の主人」、「主人のひとつ」から、主人の地位を完全に失うところまで来ました。

　台湾先住民族は現在、種族絶滅の大きな危機に直面しています。西暦1949年中華民国政府が台湾に移った後、この四十年余り、執政当局による憲法精神に違反した同化政策により、更に台湾先住民族の生計と生産方式が市場をその傾向とする資

---

1) 中村による注:原文は「炎黄的子孫」。中国語で一般に中国人を指す。

本主義経済体系に巻き込まれ、台湾先住民族の経済・社会システムはこれまでになかった挑戦にさらされています。今日、台湾先住民族は経済的搾取、社会的差別、政治的圧迫および文化的軽視により民族絶滅の危機にさらされています。

　上の情勢に基づき、「台湾先住民族権利宣言」の声明を特にここで行う。

1. 先住民の一切の人権は尊敬を受ける必要がある。
2. 先住民は生活上の基本的保障権（生存権、仕事の権利、土地権、財産権と教育権を含む）、自決権、文化的アイデンティティの権利を有する。つまり、自己の政治的地位を決定し、自由に自己の経済、社会と文化発展の方向を希求する権利を持つ。これらの権利は、強権的システムの圧迫や侵犯を受けてはならず、剝奪されてはならない。
3. 台湾先住民族の伝統的居住地域は、区域自治を実行する。自治機関の発達と、先住民事務を主管する行政機構は中央レベルのものとなる。国家は先住民が自治権を行使すること、ならびに先住民が政治、経済、社会と文化の各方面での発展を十分に保障しなければならない。
4. 国家の各種議会はすべて、先住民各族の代表を有しなければならない。各種議会のうち、先住民の各議案に関しては、先住民代表が最終的否決権を持つ。
5. 国家は「同化ではなく尊重、圧迫ではなく平等」を基礎とする先住民政策を制定しなければならない。
6. 先住民の地位と権利は、国家がこれを立法し保障する。
7. 国家は先住民の人口、地域と社会組織を承認しなければならない。
8. 先住民は土地と資源の所有権を有し、法的ではなく奪われ占拠されたすべての土地は、先住民に返還されなければならない。
9. 土地権は、地上、地下と海域を含む（国際法の制限に則る）。
10. 先住民は、自分たちの資源を利用し先住民の需要を満足させる権利を有する。
11. 先住民は、誰が先住民であるかを決定する権利を有する。
12. 先住民は、自分たちの社会組織の構造と権利の範囲を決定する権利を有する。
13. 先住民の文化は、祖先から受け継いだ全人類の財産である。
14. 国家は先住民の文化と習俗を尊重しなければならない。先住民は自分の言語、

文字を発展させ、自分たちの風俗習慣を維持あるいは改革する自由を持つ。
15. 先住民は、自分の母語で教育を受け、自分たちの学校を設立する権利を有する。国家は先住民の母語の平等な地位を尊重しなければならない。先住民の住む地域は、各民族語と漢語の双方の併用による教育政策をとらなければならない。
16. 先住民は、自己の民族語と文字を使用し、訴訟を進める権利を持つ。裁判所は、台湾地区において通常使われる言葉と文字に通暁していない先住民当事者に対し、通訳と翻訳を行わなければならない。
17. 先住民は、固有の姓・氏名を回復する権利を有する。

「タイヤル民族議会第二期第一回大会パンフレット」
『Biru Bkgan na Tegpusal Mintxal Melahuy Qu Ginlhoyal Pspung Zyuwaw Tayal
泰雅爾民族議會第二屆第一次大會手冊』(2005年)

翻訳：中村　平

「タイヤル古国復活論」

　人類学者王嵩山(ワンソンシャン)先生によれば、前史時代の文化の主人は台湾北部のタイヤル民族とサイシヤット民族であり、台湾に到来した時期は最も早く、今から約五千から六千年前である。

　太古よりわれわれは、南投の埔里以北の平地に、さらに海岸地帯まで住んでいた。尚書の禹貢揚州項によれば、『島夷卉服　厥篚織貝　錫貢』の記載があり、今から四千年以上も前に、既に夏禹と貿易関係を持っていた。当時、珠衣[2]を貨幣とし、あるいは着ていた人々はタイヤル民族しかいなかった。台湾の沿海地帯においてはシャコガイや子安貝などの貝類が豊富であった。当時のタイヤル人は自然にそれらを交易に際しての主要な資源とし、こうした工芸品や珠衣をタイヤル社会の通貨とした。タイヤル社会は完全な社会制度を持っており、近隣の異族との間に国境を引き、お互いを侵犯することなく、もし争いがあれば国を挙げて国を守っていた。後に侵略してきたエスニック・グループ（族群(ズーチュン)）は、タオカス、ケタガラン、パポラ、パゼッへなどであり、猟場と獲物が多くの人々により荒らされたため、タイヤルの人々も獲物を追って獲物と共に、人里を離れた山岳地帯に入り生計を立てた。当時のタイヤル民族にあって、人々により祖国中興の祖と呼ばれた者には、モウダ、モヤボ、モアエンなどの偉人がおり、お互いに分かれて山を越え、探検し土地を求め、境界を定めた。そして人を派遣し、祖先が決めた猟場や耕地に従って、子女をお互いに結婚させ、子孫が繁栄することを望み、タイヤル民族の命脈が絶えることなく、代々太陽と清らかな水を仰ぎつつ生きてゆくことを、ねんごろに言い聞かせた。こ

---

2) 中村による注：ビーズのついた服。

参考資料

れがタイヤル国の立国の由来である。[3]

「独立主権の国"タイヤル国"」

　1624年台湾島は、外来政権の植民統治を受け始めた。aオランダ（1624-1662）、bスペイン（1626-1641）、c明の鄭氏（1662-1684）、d清朝（1684-1895）、e日本統治（1895-1945）であり、これらの植民者は、時を経過すること前後して321年である。そのうち、前者三代はタイヤル国を侵犯することはなく、お互いの間には正常な関係を保持していた。後の二代の植民者、清朝と日本の侵犯は、以下の通りである。

　光緒10年、清の劉銘傳は番族を掃討し、開拓民を募り荒野の開拓をすることを上奏し、タイヤル民族の領地内において、軍隊を発動し以下のような掃討を行った。1884年北勢番の役、1886年南勢番の役、1886年五指山の役、1887年大豹社の役、1888年大南澳の役、1892年馬速社の役、1893年大嵙崁前山の行軍である。清は軍事力を発動したものの、その目的を達することはなかった。

「日本人が台湾を統治していた時のタイヤル国との関係」

　日本人の領台時には、タイヤル国を番人と番地により規定した。その五十年間の統治において、国法を使用することはなく、先住民の行政に対して、植民自治の方式により治めた。日本人は、タイヤル人が番地を彼ら自分たちの国土であると考えていると承認していた。[4]

「太平洋戦争の終結とタイヤル国土への影響」
「中華民国の先住民に対する植民政策」
「タイヤル国の復国運動」[5]

3）中村による注：この節は抄訳とした。
4）中村による注：この節の記述は、議論を呼ぶ内容であろう。植民自治という概念について中村は未見である。また本節は、「国」という言葉の内実や、その意味を誰がいかに定義するのかという問題を提起していると考えられる。

「タイヤル族民族議会紹介」
(*Pin-gleng Tqbaq Ginlhoyan Pspung Zyuwaw Tayal*)

　国家の存在に先立つ自然主権により、自主的な政治実体を建設する。あなたがどこへ向かおうと、みな我がタイヤルの子どもである（*Laqi mu Tayal, ana su musa inu...*）。

＊

　タイヤル民族は台湾先住民族の一つであり、台湾の中北部の各河川の上流の山地に分布し、人口は約5万人である。その領域は、北は新店渓（台北盆地の淡水川上流を超える）、南は北港渓（台湾中部の大肚渓上流）流域に至り、そのすべての山脈の分水嶺はタイヤル民族の焼畑狩猟文化の生活圏であり、タイヤルのエスニック・グループの歴史的空間記憶の重みを持っている。

　百年来、民族の領土と資源は国家暴力と異族の不断の侵略に遭い、生存空間は日に縮小し、自然と山林、大地に根ざした社会文化は極めて大きな破壊を受けた。今日に至るまで、各種の国家機構は依然として民族の伝統的領域を支配し、利益を取り去り、土地と生態に傷を残し続けている。

　先住民族の土地についての政府の定義（保留地の確定と設置）、分配、支配、管理は、先住民と十分な協議を経ない状況にあって、公権力の強制執行をもって、直截に民族の生存権と土地自主権を傷つけ、タイヤル民族議会の発足を促した。1997年初め立法院で「先住民土地利用と生存権」の公聴会が開かれた際に、民族議会の推進を正式に展開し、同時に「タイヤル（泰雅爾）民族議会促進会」が成立した。

　タイヤル民族議会は三段階により推進されたと言える。第一段階はタイヤル民族議会準備会を推進した段階であり、1997年初めから同年8月中旬の準備会議がそれに当たる。この段階においては同時に、「民族議会の成立と、民族自治の推進」並びに「タイヤル民族土地宣言」の二つの文書を制定、準備会において承認した。また「タイヤル民族議会準備会規定」を制定し、民族議会準備を進めるための根拠とした。引き続き第二段階は、準備会により正式な議会準備の活動に入った。そして1998年10月10日、「タイヤル民族議会準備会」は大会を召集し実施した。

5）中村による注：それぞれは項目のみで、内容は記されていない。

参考資料

　民族、人民、集落（部落）、領域の認定について、タイヤル民族の自己の定義策定の権利を主張する。国家については、現行の「中華民国憲法」は既に、先住民族がその民族の意思により、民族の地位を決定する権力を承認し保障している。この条文は、先住民族の自決権を実際に了承しているものに他ならない。民族議会はタイヤル各集落の結合体であり、準備会は各集落に説明に赴き、代表を推薦選抜し、正式に成立の第三段階に入った。

　2000 年 12 月 10 日、タイヤル民族各集落の六百名以上の代表は、北部横断道路の国家行政上は桃園県復興郷羅浮村の Gogan 群 Knyopan 集落において、タイヤル祖先の訓示（Gaga）の歌に耳を傾け、民族の領土と、集落、山河が長らく継承されていくことを宣言布告した。同時に、第一回の民族議会正副議長、常務委員の選挙を行い、「民族固有の権利と自治を実現にむけて努力し、我が人々を代表する政治実体を成立させ、我が民族の土地領域において、我が民族の自然主権を行使することを獲得するために努力する」、「タイヤル族民族議会」を正式に組織した。

　民族議会の創設は、民族の権利と自治を実現する第一歩である。現在は、自治制度の創設を継続して進め、民族の生存空間を調査し回復し、民族文化と社会経済の要求に見合った発展を展開していく。

第一期組織：

議長：瓦旦・雅畏

副議長：馬撒・多恵、露妮・●撒、達利・瓦旦

常務委員：鉄木・巴雅斯、阿棟・優帕司、伊凡・諾幹、施互・達那、培福依・阿拝、瓦旦・拉吉斯、馬頼・雅福

秘書長：烏杜夫・勒巴克

「タイヤル民族議会憲法草案」

(*Pinkusa Miru Puqing Gaga Ginlhoyan Pspung Zyuwaw Tayal*)

第一章　総則

　第一条　本民族議会は、名称を Ginlhoyan Pspung Zyuwaw Tayal とし、英名を Assembly of Tayal Nation（タイヤル民族議会）とし、以下では本会と略称する。

本会は、我が民族の固有の権利と自治の実現と実行に向けて努力し、合法的に我が民族人民を代表する政治実体を成立させ、我が民族の土地領域において、自然主権を行使することに向けて努力する。

第二条　本会はタイヤル民族の人々が推挙する民族代表により組織され、タイヤルのガガの精神に則り、人々の委託に忠実にあり、民族の伝統継承を我がタイヤルの人々の共同使命とする。

第三条　本民族議会の会旗は白地に青字とし、中央に大覇尖山を背景に緑色の[6]タイヤルのイレズミと台湾黒熊、太陽を射る英雄図を置く。

第二章　議員代表

第四条　本会議員はタイヤル民族籍でなければならない。

第五条　本会議員代表は以下に示す人数分配に従い、伝統的推薦・選出〈推選〉[7]又は推薦により選ばれる。

一、一集落一名とし、集落人口が百名を超える際は更に一名を推薦し、一集落三名を最多とする。

二、一教派二名とし、信徒が千名を超える際は更に一名を推薦する。

三、成立前の準備委員は継続して議員となること〈当然議員〉とする。

四、議員に欠員の生じた際は、集落代表は所属集落の推挙により補欠し、宗教代表は所属宗教の推薦によりこれを補欠する。

第六条　本会議員の義務は以下の通りである。

一、本会規則を遵守し、組織の議決に従う。

二、本会の宗旨を広く宣伝し、本民族民衆の支持を得る。

三、組織の活動に参加し、本会の指示する仕事を担当する。

四、優秀な人材が本民族議会に加入するよう紹介に当たる。

五、会費を納める。

第七条　議員の権利は以下の通りとする。

一、本会規則に基づき選挙、被選挙、罷免、制定及び再議の権利を有する。

---

6) 中村による注：2008年1月にマサ・トフイ議長に電話で確認したところ、「緑」は「青」の間違いということである。

7) 中村による注：以下〈　〉内に中国語の原文を補足する。

参考資料

　　制定権：議員の百分の十以上の連署提案により、規則、議会綱領、議会内規則又はその他の決定事項を制定又は修正し、本民族議会は60日以内にこれを全体大会の投票にかけるものとする。

　　再議権：議員の百分の十以上の連署により、規則、議会綱領、議会内規則又はその他の決定事項の一部又は全部に反対し、本民族議会は60日以内にこれを全体大会の投票にかけるものとする。

　　制定案：投票権を有する全ての議員の二分の一以上の出席を経て、出席議員の二分の一以上の賛成により、現行規則或は決定を変更し、賛成が得られない場合はこれを変更しない。

　　再議案：投票権を有する全ての議員の二分の一以上の出席を経て、出席議員の二分の一以上の否決により、現行規則或は決定を廃止し、否決に至らない場合はこれを変更しない。

　二、議員内会議においては発言、提案及び採決の権利を有する。

　三、本民族議会の候補者指名を受け、それを支持する権利を有する。

　四、本民族議会に対し建議、検挙、及び情報提供を得る権利を有する。

　五、本民族議会の活動に参加する権利を有する。

　六、本民族議会が提供する福利を享受する権利を有する。

第八条　集落と教派については、本会公告が定めた団体によりこれを規定する。

第九条　議員代表は無給職とし、公正無私であるべきであり、外部の圧力に影響されることなく真にタイヤル人民の利益を代表し、本民族人民の政治・教育・文化・土地・経済・自然主権の自主と尊厳を実現しなければならない。

第十条　議員は随時、書面により、所属集落議会或は執行委員会に議員の停止の声明を行うことができる。但し議員は法に触れ、裁判のために移送された際には、議員を辞めたり退出することはできない。辞めたり退出した議員が再び入会申請を行う場合、所属集落議会に報告申請し、本民族議会の審査と認可を要する。

第三章　組織

　第十一条　本会は議員代表の相互推薦により議長一名、副議長二名を置き、そのうち一名は女性とする。任期は二年とし、再任は一回とする。議長は全体会議

と会議の事務を司り、副議長は議長の職務を助ける。

第十二条　議長は秘書長一名及び幹事若干名を任命し、必要な会議の事務と行政に従事する。秘書長は常務委員長八名を選抜し、議長がこれを任命する。任期は二年とし、再任は一回とする。常務委員会は秘書長に責を負い、秘書長は議長に責を負う。

第十三条　本会の成立後、全体会議（以下全会と略称する）を少なくとも半年に一回議長により招集し、また五分の一の代表の連署により招集される。

第十四条　全会の招集は代表の過半数を要し、決議に際しては出席人数の過半数を要する。但し憲法の変更は代表総数の四分の三の同意を要する。

第十五条　本会は常務会議（以下常会と略称する）を設け、全体会議の互選による56名から組織される。主席一名を互選し、少なくとも三ヶ月に一回集会を開き、全会から下された事項について討論し、報告を提出する。会議規則については全会により決定する。

第十六条　常会は以下の八つの委員会を設け、全会により下された事項を除き、関係する事項について結論を提出し、常会の議決に提供する責を負う。

　一、法制委員会：憲法条文の起草と、全会と常会に関係する研究報告の提出に責を負う。

　二、土地経済委員会：民族領地の範囲を調査、整理確定し、未来の土地制度案の提出に責を負う。

　三、人民委員会：タイヤル民族の身分認定方法と、人口と分布の調査統計に責を負う。

　四、外交委員会：他民族と国家、政府に対する協力と交渉事務の政策作成、国際的な先住民族関係の発展計画に責を負い、本会に対外事務の幕僚作業を行う。

　五、文化教育委員会：本民族の教育と文化資源の調査、未来の教育と文化発展計画に対して責を負う。

　六、総務委員会：本会の議事手続きの提出と、議事規則、一般的内規の立案に責を負う。

　七、財務委員会：本会各項経費の調達、予算と応用的措置に責を負う。

　八、研究発展委員会：重大事件の研究と、本会の将来の各種事務の発展に当た

参考資料

り、他エスニック・グループとの友好関係の構築を行う。

各委員会は常会メンバーの五から七名により組織され、各人は一から二個の委員会に参加することができ、少なくとも三ヶ月に一回は集会を開く。会議規則は常会により決定される。

第十七条　本会各級会議は必要に応じて顧問或は諮問委員を招聘することができ、それらに民族身分の制限はないものとする。

第四章　憲章

第十八条　本会は三ヶ月ごとに公報を出版し、憲章の討論、その他の議事記録とその結果を載せる。

第十九条　全会は規定の期間内に人々に対して憲章を提出しなければならず、決議に至らない一部及び全ての条文は全体代表の過半数の同意を経て、いくつかの選択案を人々に提供し、全民投票により多数の票を得たものを承認するものとする。

第二十条　憲章は全民投票の少なくとも21日前に各集落において公示し、人々の十分な討論と理解を求めなければならない。

第二十一条　憲章が規範とする体制は、タイヤル民族の伝統的民主自治体制に見合ったものとし、憲章の条文内容は平和的で協和的な方法により合理的な自治協定を作る可能性を含まなければならない。

第五章　附則

第二十二条　本会の施行期間中、民族の利益を保護するための緊急的必要のために、全体代表の過半数の決議により、臨時的自治法規を決定することができる。

第二十三条　本会は必要時に補足規定を設け、規定により必要な規則及び内規を決定することができる。

第二十四条　本規則は本会が定める機関の討議と同意の後に実施される。但し全体代表が選出される際の再議と修正についても同様の手続きを踏むものとする。

「タイヤル民族土地宣言」
(*Tngsa Ke rhyal na minzok Tayal*)[8]

一、タイヤル民族はその領土において自治の実体を持ち、外来政権を未だかつて承認したことはないという事実

　近 400 年に満たない間、オランダ、明の鄭成功、清朝などの国が次々に台湾を攻略し、時に兵を挙げタイヤル民族の領土を侵略しようとしたが、すべて我がタイヤル民族の抵抗に遭遇し、その目的を達することはなかった。

二、清、日本両国は馬関（下関）条約において台湾を割譲した際に、我がタイヤル民族をその化外の民とみなし、その人民とみなさず、また「蕃地」を承認していたという事実

　1985 年、日清戦争は講和条約を結び、その中でタイヤル民族を「化外の民」つまり「その人民に非ず」とし、タイヤル民族の領土は民族の所有と認めた。日本は台湾を領土とした後、我々の領土を侵略し占領しようと、理論を立てて我がタイヤル民族の人権を抹殺しようとした。理論に基づき領土掠奪の目的を達しようと、著名な「蕃人征服」の戦役を引き起こした（蕃とは先住民族を指す）。日本人は次に我がタイヤル民族の領土を「蕃地」と定め、その領域は当時台北州に属した「文山郡」蕃地、「羅東郡」蕃地、新竹州下「大渓郡」蕃地、「竹東郡」蕃地、「竹南郡」蕃地、「大湖郡」蕃地、台中州下「東勢郡」蕃地、「能高郡」蕃地……などの土地全域（すべてタイヤル民族の伝統領域）に及んだ。これらは我々タイヤル民族の領土とされ、その面積はおよそ 60 万ヘクタールあまりになる。日本は台湾を 50 年間統治し、我がタイヤル民族の領土認定は、日本人が第二次世界大戦で敗れ、台湾を離れるまでずっと変わらなかった。

三、日本政府に侵奪されていた固有の領土は「サンフランシスコ平和条約」成立後、即刻元の主人（タイヤル民族）に返還されるべきことの正当性と主張

　1951 年 9 月 8 日、国連は日本に対して平和条約の儀式をサンフランシスコで挙行し、日本は第条において台湾と澎湖諸島、南沙群島、西沙群島のすべての権利と権限、請求権を放棄することを承認した。ここにおいて、日本の台湾

8）中村による注：以下は、宣言に付加されている「北京語版」から訳したものである

占領による権利侵犯行為は終了した。名目を立てて侵略掠奪されてきた土地を元の主に返還するべきであることは、上述した我がタイヤル民族の領土もその例外ではない。

四、政府がタイヤルの領土を侵奪し、植民と侵略を行っている事実

　　1949年中華民国政府（以下政府と略す）は台湾に撤退し、戦後の不安定な時局にあって政府は我々タイヤル民族の土地の帰属についての証明を行うことなく「台湾省山地保留地管理辦法」を勝手に制定し、我が先住民族の土地使用を制限した。それに先駆ける1948年政府は戒厳令を発布し人民の自由を制限し、先住民族に対しては勝手な理由を捏造し白色テロの圧制を加え、我がタイヤル民族が主権を行使することを出来なくした。

　　「台湾省山地保留地管理辦法」（どの修正版も同様である）を見れば、この辦法が日本占拠時期に村落移住計画の実施のために整備された高砂族所要地24万ヘクタールあまりのみをその範囲（これは前台湾先住民族をその対象とする）としていることが分かる。その他の130万ヘクタールあまりの広大な領地は、日本政府が我がタイヤル民族の土地を盗んだ騙しのテクニックを再度模倣して国有にされてしまったのである。

　　近年、個人または財団を含む不肖漢人が現地の不肖の輩と結託し、また我が民族の人々の無知に付け込み、人々から安価に土地を売るようにしむけ、また「台湾省山地保留地管理辦法」の隙を突いて広範囲の保留地を購入し、無知なる先住民を買収して名義人とさせほろを隠している。当局は事情を知っていながらこれまで調査と取り締まりを積極的に行わず、逆に「精査」の名目を立ててこれらの秘密裏の土地売買事件を既成事実として処理し、『修正辦法』に則り不法な事実を合法なものと追認している。

五、宣言発布の目的と希望

　　我々はタイヤル民族の土地主権と生存権を維持保護するために、また上述の理由に基づきここに「タイヤル民族土地宣言」を提出する。第二項に言うところの土地の範囲をタイヤルの全民族の土地領域とみなす。この土地にかかわる権利と利益はタイヤル民族の共有に永遠に帰属し、管理権はタイヤル民族の独立の自治政府などに帰し、政府に人類社会の正義を認めさせる。よって公明正大な新しい台湾の民主的政体を構築し、国際社会に分け入る際には我々タイヤ

ル民族に対する侵略ならびに民族を滅亡に追いやるような植民意識を排除し、これに替わって人権と人類社会の正義を尊重し、我々の主権を承認させ、我々の伝統的領土にかかわる一切の法律と約款を取り消し、我々の主権を尊重させる。これにより新しい民主的な台湾が創られることになろう。

＊

「公義を水のように、正義をいつも水の流れる川のように、流れさせよ。」［アモス書 5.24］

「主によって、私には、ありえないことです。私の先祖のゆずりの地をあなたに与えるとは。」［列王記Ⅰ 21.3］

「タイヤル民族分布図」（省略）

中村による注：パンフレットの最後には、タイヤル民族の「各部族」の分布図が付されている。現行行政区分の烏来、復興、尖石、五峰、泰安、和平、仁愛、大同、南澳の各郷である。「各部族」の名称はそれぞれローマ字で表記され、Mstranan, Msbtunuh, Mkgogan, Meknahui, Mrqwang, Mkanaji, Mespajeq, Meskaru, Mecyubus, Merinah, Mks'iya, Mma'ao, Mpelnoh, Mes'ulay, Mqq'sya, Mesqawyaw, Meslamaw, Melipa, Hakut, Meb'ala, Pligawan, Mnibu, Kleisan の 22 である。マサ・トフイ議長によれば 2008 年 1 月現在、この分類に関しては再検討中で、変更の可能性があるということである。別民族の認定を現政府に受けたトゥルク（タロコ）民族の居住地とされている花蓮県は、民族分布図の範囲外となっている。

解説

タイヤル民族議会は、長老教会のメンバーが中心となり 2000 年に成立した。民族議会の推進者にとっては、誰がそしてどんな組織がタイヤル民族を代表し得るのかという困難な課題を抱えてはいたが、以上に見たように推進者は長老教会を中心としたつながりから各集落の代表を得て、議会の成立に至った。

参考資料

　私は、2005年6月11日に新竹県竹東のSinkina Tayal Kyokay（台灣基督長老教會五尖教會）で開かれた、タイヤル民族議会第二期第一回大会に参加した。パンフレットはそこで配布されたものである。ここで第二期の議長（パンフレットの表記はMrhuw）として、マサ・トフイ氏が推薦により選出された。マサ・トフイ氏は1932年生れ、中国名・黄栄泉、タイヤル名の漢字表記は馬薩・道輝（Masa Tohui）である。氏のご尊父は、日本植民地政府からタイヤルの「先覚者」と呼ばれた原藤太郎氏（1897-1939年）である［本書第4章］。司会からは特に、推薦による議長選出がタイヤルの伝統に基づいたものであり、お金にまみれた現選挙への批判的意味が込められているというような説明があった。

　パンフレットにおける「タイヤル」の中国語表記は〈泰雅爾〉である。現政府そして一般に流通している表記は〈泰雅〉であり、その差異化に込められたもの（意味や感情）が何であるのかに注意を払うべきだろう（ただし表記が完全に統一されている訳ではない）。

　台湾先住民族運動は1980年代の台湾民主化運動と期を一にして進められたが、そのひとつのメルクマールが、冒頭に訳出した台湾先住民族権利宣言（1988年）である。タイヤルにおける民族自治運動の重要な淵源のひとつとして掲載するものである。伝統的な民族の土地の返還を現政府に求めている点が、タイヤル民族議会の「土地宣言」と共通していることが注目される。

　2007年9月に採択された「先住民族の権利に関する国際連合宣言」においては、「先住民族は自決の権利を有する」（第3条）と謳われた［『先住民族の10年News』139号、2007年などを参照］。台湾（中華民国）は国連加盟国ではないが、台湾先住民族の一部はこれを積極的に受け止め、現政府に対して、権利宣言の遂行を求める請願行動が行われている［大紀元H.P. 2007年12月7日など］。

参考文献

Utux Lbak（沈孝英）2006「「Ginlhoyan Pspung Zyuwaw Tayal 泰雅爾民族議会」之成立及発展過程與其最終目標」（「タイヤル民族議会」の成立及び発展過程とその最終目標）、舊社と新民族自治国際学術シンポジウム、政治大學原住民族研究センター、台北、16頁

引用・参考文献（中国語は日本語読みに基づいた）

青木保 1998「「半学問」のすすめ」、船曳建夫編『文化人類学のすすめ』筑摩書房、64-74頁

五十嵐真子 2006「はじめに」、五十嵐・三尾編、1-11頁

五十嵐真子・三尾裕子編 2006『戦後台湾における〈日本〉：植民地経験の連続・変貌・利用』風響社

池田士郎 2004「元高砂義勇隊マヤウ・カッテの戦争の記憶」山本春樹ほか編、175-185頁

以撒克・阿復 2005「『台湾先住民、アイデンティティと自決運動』コメント原稿」（「台灣原住民、認同與自決運動」與談稿）行政院原住民族委員會主催「先住民族正式名称」（原住民族正名）シンポジウム、8月13-14日、台北、13頁（中国語）

――― 2007「原住民族不在的原郷」（先住民族不在の「ふるさと」）『自由時報』6月25日、台湾原社（2007年9月27日）より DL 可能。（中国語）http://tips4tw.wordpress.com/

――― 2008「原住民族弱勢處境的歷史與社會根源：《新夥伴關係》架構的原住民族社會改造工程」（先住民族のマイノリティ的状況の歴史と社会の根源：〈新パートナーシップ〉の枠組みによる先住民族社会の変革事業）8月16日、中国医薬大学（中国語、DL 可能）

石井寛治 1970「日本資本主義の確立」、歴史学研究会・日本史研究会編『講座日本史〈6〉日本帝国主義の形成』東京大学出版会

――― 1976『日本経済史』東京大学出版会

――― 1991『日本経済史（第2版）』東京大学出版会

石井寛治・海野福寿・中村政則編 1977『近代日本経済史を学ぶ（上）明治』有斐閣

石垣直 2004「内本鹿への旅：〈尋根〉の人類学にむけて」『台湾原住民研究』8

――― 2007「現代台湾の多文化主義と先住権の行方：〈原住民族〉による土地をめぐる権利回復運動の事例から」『日本台湾学会報』9：197-216

――― 2011『現代台湾を生きる原住民：ブヌンの土地と権利回復運動の人類学』風響社

石原俊 2001「移住者として生きるということ：小笠原諸島における一女性『ケテさん』をめぐる〈複数〉の歴史」『日本学報』20：57-72

――― 2005「移動民・移住民の島々における占領経験と労働・生活世界の変容：小笠原諸島をめぐる「近代」経験の歴史社会学的研究」京都大学大学院文学研究科 2004年度博士学位請求論文

――― 2007『近代日本と小笠原諸島：移動民の島々と帝国』平凡社

石丸雅邦 1999「台湾の政治体制変動と先住民族運動」岡山大学大学院法学研究科修士論文（未刊）

夷将・拔路兒 Icyang・Parod 2008「総導論：追求自治的原住民族運動」（総合イントロダクション：自治を追求する台湾先住民族運動）夷将・拔路兒 Icyang・Parod 等編 2008『台湾原住民族運動史料彙編』（台湾先住民族運動史料集成）上・下、新店：国史館、1-12頁（中国語）

引用・参考文献

磯田和秀 2006「ユートピアの忘れ得なさ：ある老人の独立インドをめぐる記憶／想起から」、大阪大学21世紀COEプログラム「インターフェイスの人文学」・田沼幸子編『ポスト・ユートピアの民族誌：トランスナショナリティ研究5』同プログラム、21-30頁

板垣竜太 2005「植民地支配責任を定立するために」、岩崎稔、大川正彦、中野敏男、李孝徳編『継続する植民地主義：ジェンダー／民族／人種／階級』青弓社、294-315頁

――― 2008「脱冷戦と植民地支配責任の追及：続・植民地支配責任を定立するために」、金富子・中野敏男編『歴史と責任：「慰安婦」問題と一九九〇年代』青弓社、260-284頁

――― 2015「植民地支配責任論の系譜について」『歴史詳論』784：17-28

イチャン・バルー 1997「台湾原住民族運動発展の軌跡についての簡単な検討」『PRIME』（明治学院大学）6：7-27（安場淳訳）（1994年4月10日〈原住民文化会議〉報告論文、於屏東県瑪家郷台湾山地文化園区）

伊藤幹治 1982『家族国家観の人類学』ミネルヴァ書房

伊藤潔 1993『台湾：四百年の歴史と展望』中央公論社

伊能嘉矩 1928『台湾文化志』（下）刀江書院

伊能嘉矩編 1918［1989］『理蕃誌稿』第一編・第二編、台北：台湾総督府警察本署［復刻版、青史社］

猪口安喜編 1921［1989］『理蕃誌稿』第三編、台北：台湾総督府警務局［復刻版、青史社］

伊凡・諾幹（イバン・ノカン）（Iban Nokan）1997「近代観光活動與'tayal［msbtunux］初探：殖民主義、近代化與民族的動態」（近代観光活動と'tayal［msbtunux］の初探：植民地主義、近代化と民族のダイナミクス）第三回台湾本土文化国際学術研討会（シンポジウム）にて発表（中国語）

――― 1998「近代成人教育與'tayal［msbtunux］初探：殖民主義、近代化與民族的動態」（近代成人教育と'tayal［msbtunux］の初探：植民地主義、近代化と民族のダイナミクス）原住民成人教育国際観摩暨学術研討会（先住民成人教育国際相互学習ならびに学術シンポジウム）にて発表（中国語）

――― 2000「殖産興業、集団移住與文化生成：以Tayal［bng'ciq］與Tayal［msbtunux］土地所有変化為例」、花蓮県原住民健康・文化研究会編『懐念族老：馬紹・莫那　廖守臣老師紀念学術研討会論文集』、21-52頁（中国語）

――― 2005「総統選での公約を実行し、原住民族に土地を返還せよ」、台湾原住民族との交流会編『台湾原住民族との交流会 十周年記念誌』小林岳二訳、68-73頁（日本語と中国語）

今西一 2009「国内植民地論・序論」『商学討究』60(1)：1-20（小樽商科大学）

岩崎稔・中野敏男・大川正彦・李孝徳編 2005『継続する植民地主義：ジェンダー／民族／人種／階級』青弓社

上野千鶴子 1994『近代家族の成立と終焉』岩波書店

――― 2005「脱アイデンティティの理論」、上野千鶴子編『脱アイデンティティ』勁草書房、1-41頁

上野俊哉 2005『アーバン・トライバル・スタディーズ：パーティ、クラブ文化の社会学』月曜社

植野弘子・三尾裕子編 2011『台湾における〈植民地経験〉：日本認識の生成・変容・断絶』風響社

ウォーカー、ギャヴィン 2012「現代資本主義における『民族問題』の回帰：ポストコロニアル研究の新たな政治動向」『思想』1059：122-147（葛西弘隆訳）

────── 2010「無理という閾と〈共〉の生産（上）：資本の起源的閾襞としての労働力」『情況』第三期、11(4)：120-134

魚住悦子 2004「原住民族女性作家の誕生：リカラッ・アウーのアイデンティティー」、山本春樹ほか編、111-131 頁

鵜飼哲・酒井直樹・テッサ・モーリス＝スズキ・李孝徳 2012『レイシズム・スタディーズ序説』以文社

宇野利玄 1981「台湾における『蕃人』教育」、戴国煇編『台湾霧社蜂起事件：研究と資料』社会思想社、84-113 頁

海野福寿 1977「原蓄論」、石井寛治ほか編、2-25 頁

衛恵林 1965「泰雅族」（タイヤル族）『台湾省通志稿』八（同冑志一、第二篇）、103-137 頁（中国語）

江原由美子 2000［1993］「自己定義権と自己決定権：脱植民地化としてのフェミニズム」『フェミニズムのパラドックス：定着による拡散』勁草書房、111-158 頁

エンゲルス、フリードリヒ 1954『家族、私有財産および国家の起源』、村井康男・村田陽一訳、大月書店（Der Ursprung der Familie, des Privateigenthums und des Staats）

王泰升・薛化元・黄世杰編 2006『追尋台灣法律的足跡』（第 3 版）台北：五南（中国語）

王梅霞 2006『泰雅族』（タイヤル民族）台北：三民（中国語）

汪明輝 1997「鄒：一個建構中的族群」『台灣原住民歷史文化學術研討會論文集』201-227 頁、南投：台灣省文獻會（中国語）

────── 2006「台湾原住民族運動の回顧と展望：加えてツォウ族の運動体験について」『立命館地理学』18：17-28（森岡ゆかり訳）

汪明輝主編 2004『原住民族自治制度之研究：泰雅族・阿美族・鄒族』原住民族自治制度之研究與規画委託研究報告書（未出版）、台北：原住民族委員会（194 頁、中国語）

大石嘉一郎 1976「解説：日本資本主義論争と農業＝土地問題」、歴史科学協議会・大石嘉一郎編『日本資本主義と農業問題』校倉書房、259-304 頁

大石嘉一郎・宮本憲一編 1975『日本資本主義発達史の基礎知識』有斐閣

大阪大学 21 世紀 COE プログラム「インターフェイスの人文学」2006『ポスト・ユートピアの民族誌』同プログラム

太田好信 1998『トランスポジションの思想：文化人類学の再想像』世界思想社

────── 2001『民族誌的近代への介入：文化を語る権利は誰にあるのか』人文書院

────── 2003『人類学と脱植民地化』岩波書店

────── 2008『亡霊としての歴史：痕跡と驚きから文化人類学を考える』人文書院

大野光明「沖縄と『向こう岸』、そして私」
http://www.geocities.jp/mitsuakiohno/namonaki_top.htm

岡真理 1998「『二級読者』あるいは『読むこと』の正統性について」『思想』886：160-194

────── 2000a『記憶／物語』岩波書店

引用・参考文献

———2000b『彼女の「正しい」名前とは何か：第三世界フェミニズムの思想』青土社
小熊英二 1998『〈日本人〉の境界：沖縄・アイヌ・台湾・朝鮮：植民地支配から復帰運動まで』新曜社
尾崎祈美子 1997『悪夢の遺産：毒ガス戦の果てに ヒロシマ～台湾～中国』学陽書房
折井博子 1980『泰雅族噶噶的研究』（タイヤル民族ガガの研究）台湾大学人類学研究所修士論文（中国語、未刊）
何義麟(かぎりん) 2003『二・二八事件：「台湾人」形成のエスノポリティックス』東京大学出版会
———2006「跨越国境線：近代台湾去殖民化之歷程」（国境線を越えて：近代台湾脱植民化の歴程）板橋：稲郷（中国語）
笠原政治 1998「台湾原住民：その過去と現在」、日本順益台湾原住民研究会編『台湾原住民研究への招待』風響社、15-25頁
———2002「文化人類学の先駆者・森丑之助の研究」平成12年度～平成13年度科学研究費補助金（基盤研究(c)(2)）研究成果報告書（課題番号12610307）
———2004「台湾の民主化と先住民族」『文化人類学研究』5：31-48
春日直樹 2006「編集後記」『文化人類学』71(3)：435-436
加藤典洋 1997『敗戦後論』講談社
門脇朝秀（あけぼの会）編 1991「霧社事件只一人の生存者：オビン・タダオ（花岡初子高彩雲）さんを訪ねて」『祖国はるか④ 昭和の初期 日本と中国の迫間にゆれた人々』、141-216頁、あけぼの会
———1994『台湾高砂義勇隊：その心には今もなお日本が、、、 五十年後の証言（祖国はるか5）』あけぼの会
———1997『みなみの細道：台湾に日本の心を尋ねて（祖国はるか7）』あけぼの会
———1999『台湾の山地に旧高砂族を尋ねて（祖国はるか9）』あけぼの会
———2000『台湾から心の友を迎えて：高砂義勇隊員とその遺族 ビルマ派遣軍従事者たち（祖国はるか10）』あけぼの会
加納実紀代 1979「"大御心"と"母心"："靖国の母"を生み出したもの」、加納実紀代編『女性と天皇制』思想の科学社、64-84頁
萱野稔人 2005『国家とはなにか』以文社
柄谷行人 1998「責任と主体」『女性・戦争・人権』1：161-183
カルース、キャシー 2000「過去の入手不可能性と可能性」、キャシー・カルース編『トラウマへの探求：証言の不可能性と可能性』下河辺美知子訳、作品社、226-236頁
河上丈太郎・河野密 1931「霧社事件の真相を語る」『改造』13：121-132、3月号
川島真 2009「戦後初期日本の制度的『脱帝国化』と歴史認識問題：台湾を中心に」、永原陽子編、393-417頁
顏愛靜・楊國柱 2004『原住民族土地制度與經濟發展』板橋：稲郷（中国語）
官大偉 2014「原住民族土地權的挑戰：從一個當代保留地交易的區域研究談起」『考古人類學刊』80：7-52（中国語）
———2015「泰雅族的土地與正義：從Sbalay哲學談起」TIPSLAW 原住民族法学研究室 http://tipslaw.dscloud.me/wordpress/（2017年3月14日閲覧）（中国語）
菊池一隆 2015「1950年代台湾『白色テロ』と原住民：角板山と阿里山」『人間文化：愛知学院大学人間文化研究所紀要』30：1-33（2017『台湾北部タイヤル族から見た近現

代史：日本植民地時代から国民党政権時代の「白色テロ」へ』集広社に所収）
北村嘉恵 1998「被支配民族の主体性をどのように捉えるか：台湾史の視点から」、日本植民地教育史研究会運営委員会編『植民地教育史年報1 植民地教育史像の再構成』晧星社、15-27頁
―― 2003a「台湾植民地戦争下の先住民政策：撫墾署の設置と先住民の対応」『日本史研究』494：21-46
―― 2003b「台湾植民地戦争下における先住民『教化』策：1895-1900年代初頭宜蘭庁の事例を中心に」『北海道大学大学院教育学研究科紀要』90：25-42
―― 2004「蕃童教育所の教員が警察であったこと：日本植民地下台湾の先住民教育の担い手に関する基礎的考察」『日本台湾学会報』6：107-130
―― 2008『日本植民地下の台湾先住民教育史』北海道大学出版会
紀念台湾省第一屆原住民省議員林公瑞昌（樂信・瓦旦）銅像落成揭幕典禮委員會編 1993『追思泰雅族英靈前省議員樂信・瓦旦（林瑞昌）』（タイヤル民族前省議員ロシン・ワタンの英霊を偲ぶ）同委員會
丘延亮 1997a「準オリエンタリズムおよび準帝国主義者の実情：先住民言説と、国家－国民像の貧困」（上・中・下）『インパクション』喜田デシケイラ由美子訳、102：182-200, 103：186-203, 104：139-152
―― 1997b「日本殖民地人類学『台湾研究』的重読與再評価」（日本植民地人類学の「台湾研究」に対する再読と再評価）『台湾社会研究季刊』28：145-174（中国語）
金城正樹 2002「「拠り所」の不在から新たなる記述遂行へ」『部落解放』507：28-36
熊野純彦 2013『マルクス 資本論の思考』せりか書房
栗田博之 1995「戦争状態の平等状態：ニューギニア高地の秩序」、清水昭俊編『洗練と粗野：社会を律する価値』東京大学出版会、132-149頁
栗原彬 2002「現代天皇制論：日常意識の中の天皇制」、網野善彦ほか編『岩波講座 天皇と王権を考える1 人類社会の中の天皇と王権』岩波書店、129-161頁
栗本英世・井野瀬久美恵編『植民地経験：人類学と歴史学のアプローチ』人文書院
黒川みどり 2016『創られた「人種」：部落差別と人種主義（レイシズム）』有志舎
荊子馨 2006『成為「日本人」：殖民地台灣與認同政治』台北：麥田（中国語）
胡家瑜・林欣宜 2003「南庄地區開發與賽夏族群邊界問題的再檢視」『臺大文史哲學報』59：177-214（中国語）
呉瑞雲 2001『戦後中華民国の反共連合政策：台日韓反共協力の実像』（戦後中華民國的反共聯盟政策：台日韓反共協力的實像）台北：中央研究院東北アジア地域研究
胡忠信 2005『你願意聽我的聲音嗎（あなたは私の声を聞こうとしますか）：胡忠信、高金素梅対談録』台北：智庫（中国語）
呉密察 1988「『台湾治績志』解題」、井出季和太『台湾治績志』青史社、1-8頁
黄英哲 2007『『去日本化』『再中国化』：戦後台湾文化重建（1945-1947）』（「脱日本化」「再中国化」：戦後台湾文化の再構築）台北：麦田（中国語）
黄応貴 1986「台湾土着族的両種社会類型及其意義」（台湾土着族の二タイプの社会類型ならびにその意義）、黄應貴編『台湾土著社會文化研究論文集』（台湾土着社会文化研究論文集）台北：聯経、3-43頁（中国語）
―― 1992『東埔社布農人的社会生活』南港：中央研究院民族学研究所（中国語）

―――― 1995「土地、家與聚落：東埔社布農人的空間現象」（土地、家と集落：トンボ社ブヌン人の空間現象）、黃應貴編『空間、力與社會』（空間、力と社会）南港：中央研究院民族學研究所、73-131頁（中国語）

洪廣冀 2006「林野利權的取用與控制、人群分類及族群：以蘭陽溪中上游地域為中心（1890s-1930s）」、許美智編『族群與文化：「宜蘭研究」第六屆學術研討會論文集』宜蘭：宜蘭縣史館、243-376頁（中国語）

黃紹恆 2010『臺灣經濟史中的臺灣總督府：施政權限、經濟學與史料』台北：曹永和文教基金會、遠流（中国語）

―――― 1998「日治初期在臺日資的生成與積累」『臺灣社會研究季刊』32：165-214（中国語）

高金素梅・祖靈之邦・台灣原住民族部落工作隊 HP「祖靈之邦」（祖霊の国）（中国語）http://www.abohome.org.tw/

―――― (n.d.)『合祀除名・我們不是日本人：合祀を取り消し、名前を削除せよ！ 我々は日本人ではない：합사 제명! 우리는 일본인이 아니다.』高金素梅発行

高金素梅企画、徐宗懋・張群智著 2002『無言的幽谷』（無言の幽谷）新店：正中書局（中国語）

黃淑玲 2000「変調的"ngasal"：婚姻、家庭、性行業與四個泰雅聚落婦女 1960-1998」（変調中の"ngasal"：婚姻、家庭、性産業と四つのタイヤル集落の婦女 1960-1998）『台湾社会学研究』4：97-144（中国語）

黃智慧 2010「ポストコロニアル台湾における重層構造：日本と中華」、西川潤・蕭新煌編『東アジア新時代の日本と台湾』明石書店、159-193頁

―――― 2012「台湾における日本観の交錯：族群と歴史の複雑性の視角から」、法政大学国際日本学研究所編『地域発展のための日本研究』法政大学国際日本学研究センター、鈴木洋平・森田健嗣訳、43-70頁

高俊明等 2007『台湾新而独立的国家：台湾基督教長老教会人權宣言聖經與神學論述』（新しく独立した国家台湾：台湾キリスト教長老教会人権宣言書及び神学論述）台北：台湾基督長老教会總会（中国語）

河野密 1931「霧社事件の真相を發く」『中央公論』46(3)：342-352、3月号

康培德 2009『泰雅族 msbtunux 的美麗與哀愁：頭角與奎輝部落 KButa 世系群家族史』原住民族委員会・国史館台湾文献館（中国語）

黃美金・吳新生 2016『泰雅語語法概論』新北：原住民族委員会（中国語）

江文雄（Takiyo Kacaw）2008「自治還是控制：兩岸少數民族／原住民族自治制度的實踐研究：以自治權為中心」（自治なのかコントロールなのか：両岸少数民族／先住民族自治制度の実践研究：自治権を中心に）淡水：淡江大学中国大陸研究所修士論文（中国語）

吳叡人 2006「福爾摩沙意識型態：試論日本殖民統治下臺灣民族運動『民族文化』論述的形成(1919-1937)」（フォルモサン・イデオロギー）『新史学』17(2)：127-218（中国語）

―――― 2009「臺灣原住民自治主義的意識形態根源：樂信・瓦旦〔日野三郎、林瑞昌〕(1899-1954)與吾雍・雅達烏猶卡那〔矢田一生、高一生〕(1908-1954) 政治思想初探」（台湾先住民の自治主義イデオロギーの根源）、洪麗完編『國家與原住民：亜太地區族群歴史研究』（国家と先住民：アジア太平洋地域のエスニックグループ歴史研究）台北：中央研究院台灣史研究所、193-229頁（中国語）

小島麗逸 1979「日本帝国主義の台湾山地支配：対高山族調査史（その1)」『台湾近現代史研究』2：5-29
――― 1981「日本帝国主義の台湾山地支配：対高山族調査史（その2)」『台湾近現代史研究』3：5-22
小林岳二 1997「『台湾原住民族』、模索していく民族像」『PRIME』（明治学院大学国際平和研究所）6：53-77
――― 1998「『台湾原住民族』：歴史を取り戻そうとする人々」、林えいだい編『証言台湾高砂義勇隊』草風館、317-334 頁
――― 2001「マイノリティをうみだす囲み：台湾先住民族の保留地「蕃地」（番地）の変遷とその機能」『学習院史学』39：19-35
小林よしのり 2000『新・ゴーマニズム宣言 SPECIAL 台湾論』小学館
駒込武 1996『植民地帝国日本の文化統合』岩波書店
――― 2008「台湾における未完の脱植民地化」金富子・中野敏男編『歴史と責任：「慰安婦」問題と一九九〇年代』青弓社、152-162 頁
駒込武・森宣雄・丸川哲史・宗田昌人・冨山一郎 2000「台湾：世界資本主義と帝国の記憶」『IMPACTION』120：5-33
近藤正己 1996『総力戦と台湾』刀水書房
――― 2015「台湾における植民地軍隊と植民地戦争」、坂本悠一編『地域のなかの軍隊 7 植民地：帝国支配の最前線』吉川弘文館、44-74 頁
サイード、エドワード・W. 1998, 2001 [1993]『文化と帝国主義 1, 2』大橋洋一訳、みすず書房
――― 2006 [1988]「被植民者を表象する：人類学の対話者たち」『故郷喪失についての省察 1』大橋洋一ほか訳、みすず書房、272-303 頁 ("Representing the Colonized: Anthropology's Interlocutors" *Critical Inquiry*. 15)
酒井直樹 1997「多言語主義と多数性：同時的な共同性をめざして」、三浦信孝編『多言語主義とは何か』藤原書店、228-245 頁
――― 1997『日本思想という問題：翻訳と主体』岩波書店
――― 2007「翻訳というフィルター」『岩波講座哲学 15』岩波書店、181-211 頁
坂野徹 2005『帝国日本と人類学者：一八八四－一九五二年』勁草書房
坂元ひろ子 1996「訳者あとがき　陳光興『帝国の眼差し』」『思想』859：220-221
崎山政毅 2001『サバルタンと歴史』青土社
島袋まりあ 2002「「沖縄」を語る過程を思考することの意義」『部落解放』507：19-27
下河辺美知子 2006『トラウマの声を聞く：共同体の記憶と歴史の未来』みすず
下村作次郎編訳 2002『台湾原住民文学選 1 名前を返せ：モーナノン／トマス・タナピマ』草風館
下山操子著・柳本通彦編訳 1999『故国はるか：台湾霧社に残された日本人』草風館
謝世忠 1987『認同的汚名：台湾原住民的族群変遷』（汚名のアイデンティティ：台湾先住民のエスニック・グループ変遷）台北：自立晩報（中国語）
――― 2005『族群人類学的宏観探索：台湾原住民論集』（エスニック・グループ人類学のマクロ的探索：台湾先住民論集）台北：台湾大学出版センター（台大出版中心）（中国語）

引用・参考文献

周婉窈 2013『図説 台湾の歴史』(増補版) 濱島敦俊監訳、平凡社
徐如林・楊南郡 2010『大分塔馬荷 布農抗日雙城記』台北：南天書局
新改訳聖書刊行会 1995『聖書 新改訳』(第2版) 日本聖書刊行会
杉本朋美 2005『霧社の花嫁：戦後も台湾に留まって』草風館
宋秀環 2000「日本統治下の青年団政策と台湾原住民：アミ族を中心として」中生勝美編、123-169頁
―――― 2008「台湾における原住民エリート：ロシン・ワタンのライフヒストリー」、小松和彦還暦記念論集刊行会編『日本文化の人類学／異文化の民俗学』法蔵館、121-138頁
徐勝 2000「台湾『戒厳時期叛乱暨匪諜不当審判案件補償条例』の研究：その成立と改正をめぐって」『立命館法学』3・4号 (127・128号)
徐勝編 2004『東アジアの冷戦と国家テロリズム：米日中心の地域秩序の廃絶をめざして』御茶の水書房
徐京植・高橋哲哉 2000『断絶の世紀 証言の時代』岩波書店
石磊 1990「台湾土著民族」(台湾土着民族)『國文天地』(国文天地) 5(11)：65-70 (中国語)
孫歌 2002『アジアを語ることのジレンマ：知の共同空間を求めて』岩波書店
孫大川 1997「汎原住民意識と台湾の民族問題の相互作用」『PRIME』(明治学院大学) 6：29-51 (安場淳訳)
―――― 2000『夾縫中的族群建構』(隙間の中でのエスニック・グループ形成) 台北：聯合 (中国語)
―――― 2004「台湾原住民族の存在と将来」山本春樹ほか編、堤智子訳、11-18頁
戴國煇 1973「霧社蜂起研究の今日的意味：台湾少数民族が問いかけるもの」『思想』581：120-139 (後に 1973『日本人とアジア』新人物往来社に増訂採録、戴編 1981 にも加筆補正して採録)
―――― 1979『台湾と台湾人：アイデンティティを求めて』研文出版
―――― 1981「霧社蜂起事件の概要と研究の今日的意味：台湾少数民族が問いかけるもの」、戴國煇編『台湾霧社蜂起事件：研究と資料』社会思想社、13-46頁
―――― 1988『台湾：人間・歴史・心性』岩波書店
台邦・撒沙勒 2004『尋找失落的箭矢：部落主義的視野和行動』(失われた弓矢を探して：部落主義の視野と行動) 台北：国家展望文教基金会 (中国語)
台北州警務局 1923『台北州理蕃誌 (下編)』台北州警務局
台北帝国大学土俗人種学研究室編 1935『台湾高砂族系統所属の研究』台北
タイヤル (泰雅爾) 民族議會 [2005]『Biru Bkgan na Tegpusal Mintxal Melahuy Qu Ginlhoyal Pspung Zyuwaw Tayal 泰雅爾民族議會第二屆第一次大會手冊』6月11日、於 Sinkina Tayal Kyokay (臺灣基督長老教會五尖教會)、竹東 (中国語)
台湾総督府 1918『国語びき北蕃語辞典』、台北
―――― 1931『アタヤル語集』、台北
台湾総督府警務局 n.d.『台湾警察法規』、台湾警察協会
台湾原住民族との交流会編 2005『台湾原住民族との交流会 十周年記念誌』同会
高木健一 2001『今なぜ戦後補償か』講談社

高野秀行編集 2003「台湾の魅力にとりつかれて：二宮牧師の15年」『台湾原住民族との交流会 News』24：2-5
高橋哲哉 1999『戦後責任論』講談社
───── 2005『靖国問題』筑摩書房
田中雅一 1998「暴力の文化人類学序論」、田中雅一編『暴力の文化人類学』京都大学学術出版会、3-28頁
───── 2002「主体からエージェントのコミュニティへ：日常的実践への視角」、田辺繁治・松田素二編『日常的実践のコミュニティ：語り・コミュニティ・アイデンティティ』世界思想社、337-360頁
田沼幸子 2006「小さな、大きな物語：キューバの調査報告のための試論」、大阪大学21世紀COEプログラム「インターフェイスの人文学」・田沼幸子編『ポスト・ユートピアの民族誌：トランスナショナリティ研究5』同プログラム、13-20頁
綢仔絲萊渥口述・中村勝・洪金珠著 1997『山深情遙：泰雅族女性綢仔絲萊渥的一生』（山深く情遙か：タイヤル女性チワス・ラワの一生）台北：時報出版（中国語）
陳文玲 1998「『サイシヤット』の民族名称に関する一考察」『台湾原住民研究』3：178-196
チョウ、レイ 1999『プリミティヴへの情熱』本橋哲也・吉原ゆかり訳、青土社
趙中麒 2003「關於台灣原住民『民族』生成的幾個論證」（台湾先住民「民族」生成に関する幾つかの論証）『臺灣社會研究』51：185-224（中国語）
陳偉智 1998「植民主義、「蕃情」知識與人類学：日本統治初期台湾原住民研究的展開（1895-1900）」（植民主義、「蕃情」知識と人類学：日本統治初期台湾原住民研究の展開）国立台湾大学歴史学部修士論文（未刊、中国語）
───── 2009「自然史、人類學與臺灣近代『種族』知識建構：一個全球概念的地方歷史分析」（自然史、人類学と台湾近代「種族」知識の形成：ひとつのグローバル概念の地方史的分析）『臺灣史研究』16（4）：1-35
───── 2014『伊能嘉矩：臺灣歷史民族誌的展開』台北：台湾大学出版センター
陳元陽 1999『台湾の原住民と国家公園』九州大学出版会
陳光興 2002「東アジア和解への険しい道：脱植民地化から脱冷戦化へ　台湾社会の省籍をめぐる情緒構造」（上・中・下）、丸川哲史訳、『世界』4月号：260-274、5月号：259-270、6月号：272-283（2001「為什麼大和解不／可能？〈多桑〉與〈香蕉天堂〉殖民／冷戦效応下省籍問題的情緒結構」『台湾社会研究季刊』43：41-110、中国語）
───── 2006『去帝国：亜洲作為方法』（脱帝国：方法としてのアジア）台北：行人（中国語）（2011『脱帝国：方法としてのアジア』丸川哲史訳、以文社）
陳英雄 2003『旋風酋長：原住民的故事』台北：商務（原題 1971『域外夢痕』）（中国語）
デリダ、ジャック 2014［1984］「アメリカ独立宣言」（宮崎裕助訳）『思想』1088：52-63
ドゥルーズとガタリ 2010『千のプラトー：資本主義と分裂症』下、宇野邦一ほか訳、河出書房新社
戸邉秀明 2008「ポストコロニアリズムと帝国史研究」、日本植民地研究会編『日本植民地研究の現状と課題』アテネ社、55-88頁
冨田哲 2007「台湾総督府の『種族』・言語認識：日本統治初期の人口センサス・戸口調査・通訳兼掌手当」、崔吉城ほか編『植民地の朝鮮と台湾：歴史・文化人類学的研究』第

一書房、115-148 頁
冨山一郎 1994「国民の誕生と『日本人種』」『思想』845：37-56
―――― 1996「熱帯科学と植民地主義：『島民』をめぐる差異の分析学」、酒井直樹ほか編『ナショナリティの脱構築』柏書房、57-80 頁
―――― 1997「『琉球人』という主体：伊波普猷における暴力の予感」『思想』878：5-33
―――― 1998「植民地主義の歴史記述をめぐって」『本郷』16：10-12
―――― 2000a「困難な「わたしたち」：ジュディス・バトラー『ジェンダー・トラブル』」『思想』918：91-107
―――― 2000b「テロルを思考すること：目取真俊『希望』」『インパクション』119：84-5
―――― 2000c「記憶の到来／帝国の綻び」『IMPACTION インパクション』120：34-39
―――― 2001「植民地主義と人類学：新たな記述の可能性を求めて」『週刊読書人』4 月 27 日
―――― 2002a『暴力の予感：伊波普猷における危機の問題』岩波書店
―――― 2002b「国境：占領と解放」、小森陽一ほか編『近代日本の文化史 4 感性の近代』岩波書店、205-231 頁
―――― 2005「沖縄戦『後』ということ」歴史学研究会・日本史研究会編『日本史講座 10 戦後日本論』東大出版会、291-324 頁
―――― 2006『増補 戦場の記憶』日本経済評論社
―――― 2010「歴史経験、あるいは希望について」、冨山一郎・森宣雄編『現代沖縄の歴史経験：希望、あるいは未決性について』青弓社、13-58 頁
―――― 2013［1996］「対抗と遡行：フランツ・ファノンの叙述をめぐって」『流着の思想：「沖縄問題」の系譜学』インパクト出版会、325-366 頁（初出『思想』866：91-113）
内藤史朗 1999『霧社の光と闇：台湾の十字架と隠れ念仏』新人物往来社
長原豊 1996「『国民』を語る文体：家または本来的であることの掟」、酒井直樹ほか編『ナショナリティの脱構築』柏書房、233-265 頁
永原陽子編 2009『「植民地責任」論：脱植民地化の比較史』青木書店
中馬清福 2005「抜け落ちたアジア：サンフランシスコ講和条約の特異性」『環』22：166-176
中生勝美編 2000『植民地人類学の展望』風響社
中島光孝 2006『還我祖霊：台湾原住民族と靖国神社』白澤社
中野敏男 2008「戦後責任と日本人の『主体』」、金富子・中野敏男編『歴史と責任：「慰安婦」問題と一九九〇年代』青弓社、82-99 頁
中村平 2000「原住民族耆老對日本式『教化』經驗的詮釋：以『泰雅』和『布農』族為例」（先住民族高齢者の日本的 "教化" 経験に対する解釈："タイヤル" と "ブヌン" 族を例に）『第一屆人類学暨相関議題研究生論文発表會論文集』（中華民国第一回人類学・相関領域大学院生論文発表会論文集）、花蓮：慈済大学、17-43 頁（原文は中国語）
―――― 2001「國家意識的誕生：泰雅人的日治殖民經驗與當代歷史追憶」（国家意識の誕生：台湾先住民族タイヤル人の日本植民地経験と現在における歴史の追憶）国立台湾大学人類学部修士論文（中国語）

—— 2002「日本人が植民地統治の影響を語るということ：台湾原住民タイヤル族をめぐる研究史の整理」『台湾原住民研究』6：239-264

—— 2003a「台湾高地・植民地侵略戦争をめぐる歴史の解釈：1910年のタイヤル族『ガオガン蕃討伐』は『帰順』か『仲良くする』(sblaq) か」『日本学報』22：45-67

—— 2003b「マラホーから頭目へ：台湾タイヤル族エヘン社の日本植民地経験」『日本台湾学会報』5：65-86

—— 2003c「雅基・比穂的故事（ヤキ・ピスイの物語）」（ヤキ・ピスイ口述、中村平整理、李英茂訳）『宜蘭文献雑誌』（中華民国宜蘭県立文化センター）62：67-154（原文は中国語と日本語）

—— 2006a「ロシン・ワタンをめぐる史料紹介」『台湾原住民研究』10：171-191

—— 2006b「到来する暴力の記憶の分有：台湾先住民族タイヤルと日本における脱植民化の民族誌記述」大阪大学大学院文学研究科博士学位申請論文

—— 2007「『困難な私たち』への遡行：接触領域(コンタクト・ゾーン)における暴力の記憶の民族誌記述」『Contact Zone コンタクト・ゾーン』（京都大学人文科学研究所）1：143-160

—— 2008a「植民暴力の記憶と日本人の責任：台湾先住民族タイヤルと脱植民化運動のつながり」『日本学報』77：203-220（韓国日本学会）

—— 2008b「分有される植民暴力の記憶：日本人ジャーナリストによる台湾先住民族の民族誌的記述」『日本文化学報』39：249-273（韓国日本文化学会）

—— 2008c「台湾先住民族権利宣言」「タイヤル民族議会第二期第一回大会パンフレット」「解説」『台湾原住民研究』12：200-216

—— 2009a「2008年台湾原住民族関連ニュース」『台湾原住民族との交流会 News』31号、21-24頁（「到来する暴力の記憶の分有」HP上で閲覧可能）

—— 2009b「台湾先住民族タイヤルをとりまく重層的脱植民化の課題」『日本学』29：151-191（東国大学日本学研究所）

—— 2011「受動的実践と分有」『日本学報』86：297-311（韓国日本学会）

—— 2013a「『困難な私たち』への遡行：コンタクト・ゾーンにおける暴力の記憶の民族誌記述」、田中雅一・奥山直司編『コンタクト・ゾーンの人文学Ⅳ ポストコロニアル』晃洋書房、30-54頁

—— 2013b「（書評）山路勝彦著『台湾タイヤル族の100年』」『日本学報』32：165-173

—— 2017「台灣山地原住民土地與生活之圈心圈生運動：日本殖民國家－資本下的人群分類與『理蕃』」、官大偉編『民族、地理與發展：人地關係研究的跨學科交會（順益台灣原住民博物館二十週年紀念叢書）』台北：順益台灣原住民博物館、105-129頁（中国語）

中村ふじゑ 1994「阿里山麓のツオウ族の村を訪ねて」（上・下）『中国研究月報』（中国研究所）552, 553

中村勝 2003『台湾高地先住民の歴史人類学：清朝・日帝初期統治政策の研究』緑蔭書房

—— 2004a「タイヤル神オットフの発見と反『文化接触変容』運動：『素人』キリスト者井上伊之助論」『名古屋学院大学論集（社会科学編）』40(4)：174-202

—— 2004b「『他者』観念への渇きもしくは『九百人の妄想家』：台湾出兵および日清戦争後期にみる『賊徒』の討伐と『虐待』」『名古屋学院大学論集（社会科学編）』41(2)：103-152

引用・参考文献

―――― 2005「植民統治と『科学以前的生活世界』の思想史的考察：台湾『教化植民地主義』における『理蕃』を中心に」『名古屋学院大学論集（社会科学編）』41(4)：210-238
―――― 2006『『愛国』と『他者』：台湾高地先住民の歴史人類学Ⅱ』ヨベル
―――― 2009『捕囚：植民国家台湾における主体的自然と社会的権力に関する歴史人類学』ハーベスト社
―――― 2012『自然力の世界』れんが書房新社
西川長夫 2006『〈新〉植民地主義：グローバル化時代の植民地主義を問う』平凡社
ねず・まさし 1970「台湾霧社の蜂起」『日本現代史 7』三一書房、69-85 頁、307 頁
野村明宏 1999「植民地における近代的統治に関する社会学：後藤新平の台湾統治をめぐって」『京都社会学年報』7：1-24
野村浩也 2005『無意識の植民地主義：日本人の米軍基地と沖縄人』御茶の水書房
野村浩也編 2007『植民者へ：ポストコロニアリズムという挑発』松籟社
バーバ、ホミ・K. 2005『文化の場所：ポストコロニアリズムの位相』本橋哲也、正木恒夫、外岡尚美、阪元留美訳、法政大学出版局
朴慶植 1971「霧社事件」、歴史学研究会編『太平洋戦争史Ⅰ 満州事変』青木書店、214-215 頁
巴蘇亞・博伊哲努（浦忠成）2005『従部落出発：思考原住民族的未来』（集落からの出発：先住民族の未来を考える）台北：国家展望文教基金会（中国語）
バトラー、ジュディス 1999『ジェンダー・トラブル：フェミニズムとアイデンティティの攪乱』竹村和子訳、青土社
浜本満 2007「イデオロギー論についての覚書」『くにたち人類学研究』2：21-41（一橋大学）
林えいだい 2002『台湾秘話 霧社の反乱・民衆側の証言』新評論
林えいだい編 1995『写真記録 台湾植民地統治史：山地原住民と霧社事件・高砂義勇隊』梓書院
―――― 1998『証言 台湾高砂義勇隊』草風館
パァラバン・ダナパン（孫大川）2012『台湾エスニックマイノリティ文学論』草風館
バーシェイ、アンドリュー・E（Andrew E. Barshay）2007『近代日本の社会科学：丸山眞男と宇野弘蔵』NTT 出版
ハーヴェイ、デヴィッド（David Harvey）2012『資本の〈謎〉：世界金融恐慌と 21 世紀資本主義』森田成也ほか訳、作品社（2011. *The Enigma of Capital and the Crisis of Capitalism*. Profile Books）
―――― 2007『ネオリベラリズムとは何か』本橋哲也訳、青土社（2005. *Spaces of Neoliberalization: Towards a Theory of Uneven Geographical Development*. Franz Steiner Verlag）
原田勝弘・渡辺暁雄 1999「民族存亡の危機から『自治権』獲得をめざす：台湾『原住民族』の『権利促進運動』と文化復権」、原田勝弘、下田平裕身、渡辺秀樹編『環太平洋先住民族の挑戦：自治と文化再生をめざす人びと』明石書店、159-201 頁
原田倭編 1932［1989］『理蕃誌稿 第四編』台北：台湾総督府警務局（復刻版、青史社）
范燕秋 1993［1992］「淪亡於二二八的原住民英霊」（二・二八事件で亡き者にされた先住民の英霊）、紀念台湾省第一届原住民省議員林公瑞昌（樂信・瓦旦）銅像落成掲幕典

禮委員會編、3-24 頁（初出『自由時報』1992. 2. 26-28）（中国語）
―――― 2001「日本帝国発展下植民地台湾的人種衛生」（日本帝国発展下における植民地台湾の人種衛生）政治大学歴史学部博士論文（未刊、中国語）
―――― 2008a「樂信瓦旦與二二八事件中泰雅族的動態：探尋戰後初期臺灣原住民菁英的政治實踐」、許雪姫編『二二八事件 60 週年紀念論文集』台北：台北市文化局台北二二八紀念館、365-391 頁（中国語）
―――― 2008b「ロシン・ワタン（1899-1954 年）」、高一生（矢多一生）研究会編『高一生研究』9・10 合併号：39-41、中村平訳（初出 2005「楽信・瓦旦（1899-1954）」桃園県政府文化局編『桃園老照片故事 2 泰雅先知―楽信・瓦旦故事集』、15-23 頁）
―――― 2009「原住民菁英的整肅：湯守仁等叛亂案」、張炎憲・陳美蓉編『戒厳時期白色恐怖與轉型正義論文集』台北：台湾歴史学会、222-252 頁（中国語）
弘谷多喜夫 1985「台湾の植民地支配と天皇制」『歴史学研究』547（増刊号）：163-173
ファノン、フランツ 1996『地に呪われたる者』鈴木道彦、浦野衣子訳、みすず書房
布興・大立（Pusin Tali、高萬金）2008『自治是原住民族的唯一活路：Klahang Nanaq Yasa Pqyanux Qnxan Tayal』（自治は台湾先住民族の唯一の生きる道である）台北：前衛（中国語）
復興郷志編輯委員會 n.d.『復興郷志』復興：復興郷公所（中国語）
傅琪貽(フチイ) 2006「台湾原住民族における植民化と脱植民地化」、倉沢愛子、杉原達、成田龍一、テッサ・モーリス・スズキ、油井大三郎、吉田裕編『岩波講座アジア・太平洋戦争 4 帝国の戦争経験』岩波書店、267-291 頁
黒帯(ヘイタイ)・巴彦(バヤン) 2002『泰雅人的生活形態探源：一個泰雅人的現身説法』（タイヤル人の生活形態の源流研究：カミングアウトした一人のタイヤル人による語り）新竹：新竹県文化局（中国語）
保刈実 2004『ラディカル・オーラル・ヒストリー：オーストラリア先住民アボリジニの歴史実践』御茶の水書房
浦忠成（パスヤ・ポイツォヌ）2001「日阿拐」、荘永明編『台湾原住民』台北：遠流、72-79 頁（中国語）
―――― 2006a［1998］「原住民文学の発展過程におけるいくたびかの転換：日本統治時代から現在までの観察」、下村作次郎編『台湾原住民文学選 8 原住民文化・文学言説集 I』草風館、117-148 頁、魚住悦子訳（初出は『台湾原住民族漢語文学選集 評論巻（上）』）（中国語）
―――― 2006b［2004］「なにが原住民族文学か」、下村作次郎編『台湾原住民文学選 8 原住民文化・文学言説集 I』草風館、149-188 頁、魚住悦子訳（2004 年 6 月 5 日日本台湾学会第六回大会の報告論文）（中国語）
マサ・トフイ 2008「泰耶爾民族議会と台湾原住民の自治、アタヤル族の過去、現在及び未来」、台湾史研究会主催、第 12 回現代台湾研究学術討論会シンポジウム「台湾原住民の現在を考える」（討論会報告論文集 35-38 頁）
松岡格 2012『台湾原住民社会の地方化：マイノリティの 20 世紀』研文出版
―――― 2014「日本統治下台湾の身分登録と原住民：制度・分類・姓名」、日本順益台湾原住民研究会編『台湾原住民研究の射程：接合される過去と現在』台北：順益台湾原住民博物館、33-75 頁

松澤員子 1999「日本の台湾支配と原住民の日本語教育：パイワン社会におけるカタカナの受容」、栗本英世・井野瀬久美恵編、326-345頁
松田京子 2014『帝国の思考：日本「帝国」と台湾原住民』有志舎
松永正義 1981「日本国内ジャーナリズムにおける霧社蜂起事件」、戴国煇編『台湾霧社蜂起事件：研究と資料』、社会思想社、155-175頁
松元宏 1977「国家資本と財閥資本」、石井寛治ほか編、137-156頁
丸川哲史 2000a「植民地の記憶／亡霊をめぐる戦い　台湾のポストコロニアル心理地図」『IMPACTION』120：80-92
——— 2000b『台湾、ポストコロニアルの身体』青土社
——— 2000c「脱植民地化／脱アメリカ化：日／台ポストコロニアル言説を読む」『現代思想』28(11)：8-23
——— 2003「1940年代後半への視座（覚書）：「冷戦」=「白色テロ」が台湾の文化構造にもたらした潜在的意味」『アジア遊学』(亞洲遊學) 48：132-139
——— 2005「靖国神社で歌われなかった歌は：台湾原住民訪日団『返せ！我が祖霊』行動の一日」『現代思想』33(9)：76-81
——— 2006「『出草之歌』と「日本の影」を見る眼差し（映画評）」『未来』478：30-33、7月号
——— 2007『台湾における脱植民地化と祖国化：二・二八事件前後の文学運動から』明石書店
マルクス、K 2005『資本論』第一巻下、今村仁司、三島憲一、鈴木直訳、筑摩書房
三尾裕子 2016「台湾と旧南洋群島におけるポストコロニアルな歴史人類学の可能性：重層する外来政権のもとでの脱植民地化と歴史認識」、三尾・遠藤・植野編、1-30頁
三尾裕子・遠藤央・植野弘子編 2016『帝国日本の記憶：台湾・旧南洋群島における外来政権の重層化と脱植民地化』慶應義塾大学出版会
三澤真美恵 2005「モダニティと『被植民者の主体性』：台湾映画史研究からの対話」、呉密察・黄英哲・垂水千恵編『記憶する台湾：帝国との相剋』東京大学出版会、223-242頁
水嶋一憲 2007「〈新〉植民地主義とマルチチュードのプロジェクト：グローバル・コモンの共創に向けて」『立命館言語文化研究』19(1)：131-147
水野直樹 1996、1997「在日朝鮮人・台湾人参政権「停止」条項の成立」（一）（二）『世界人権問題研究センター研究紀要』1：43-65、2：59-82
三土修平 2005『靖国問題の原点』日本評論社
宮岡真央子 1997「森丑之助の著作目録及び若干の解説」『台湾原住民研究』2：189-199
宮地尚子 2007『環状島＝トラウマの地政学』みすず書房
宮本延人・瀬川孝吉・馬淵東一 1987『台湾の民族と文化』六興出版
武藤一羊 2010「戦後日本と脱植民地化回避の仕組み」『季刊ピープルズ・プラン』52：33-48
村井良介 2015『戦国大名論：暴力と法と権力』講談社
村上勝彦 1977「日本帝国主義と植民地」、石井寛治他編、176-194頁
本山聖子 2004「赦しと和解を求めて　台湾を旅した人々：私たちには、その事実を知らなかった罪がありました」『百万人の福音』1月号：26-30

森亜紀子 2013『日本統治下南洋群島に暮らした沖縄移民』新月舎
森丑之助 1917［1996］『台湾蕃族志 第一巻』台北［復刻版台北：南天書局］
森宣雄 2001『台湾／日本：連鎖するコロニアリズム』インパクト出版会
―― 2002「冷戦／植民地主義の批判的論述の困難と可能性 引き裂かれ絡まり合う歴史―現在における背中あわせの共同性／連帯感の創造へむけて」7月12日 ICA東京 pre-conferenceにおける発表論文（未出版）。
―― 2005「媒体／霊媒としての歴史記述」『Interface Humanities』6：24（大阪大学COE「人文学のインターフェイス」HPよりダウンロード可）。
森田健嗣 2015「台湾先住民族社会の戦後過程」『アジア・アフリカ地域研究』15(1)：1-19
柳本通彦 1998「第三回高砂義勇隊和彼們的妻子們的悲劇」（第三回高砂義勇隊と彼らの妻子の悲劇）「回帰正義的起点：台湾高砂義勇隊歴史回顧研討会」（正義へ回帰するための起点：台湾高砂義勇隊の歴史回顧シンポジウム）での発表、12月21日、台北、15頁（中国語、未刊）
―― 2000『台湾先住民・山の女たちの「聖戦」』現代書館
―― 2006『ノンフィクションの現場を歩く：台湾原住民族と日本』かわさき市民アカデミー出版部
山崎隆三 1989『近代日本経済史の基本問題』ミネルヴァ書房
山路勝彦 1986「タイヤル族の慣習法と贖罪、祭祀及び共同体」『関西学院大学社会学部紀要』53：51-81
―― 1991「〈無主の野蛮人〉と人類学」『関西学院大学社会学部紀要』64：39-71
―― 1994「植民地台湾と〈子ども〉のレトリック：〈無主の野蛮人〉と人類学2」『社会人類学年報』20：63-87
―― 1995「台湾の先住民族：再生とアイデンティティの模索」、解放出版社編『アジアの先住民族』解放出版社、60-79頁
―― 1999「〈梁山泊〉の人類学、それとも？：台北帝国大学土俗人種学研究室」『関西学院大学社会学部紀要』83：73-89
―― 2004『台湾の植民地統治：〈無主の野蛮人〉という言説の展開』日本図書センター
―― 2011『台湾タイヤル族の100年：漂流する伝統、蛇行する近代、脱植民地化への道のり』風響社
山辺健太郎 1963「日本帝国主義と植民地」『岩波講座日本歴史19 現代2』岩波書店、203-246頁
山本春樹、黄智慧、パスヤ・ポイツォヌ、下村作次郎編 2004『台湾原住民族の現在』草風館
悠蘭・多又 2004『泰雅織影』（タイヤル織影）台北：稲郷（中国語）
楊淑媛 2003a「過去如何被記憶與経験：以霧鹿布農人為例的研究」（過去はいかに記憶され、経験されるか：霧鹿のブヌン人を例とした一研究）『台湾人類学刊』1(2)：83-114（中国語）
―― 2003b「歴史與記憶之間：従大関山事件談起」（歴史と記憶の間：大関山事件から語る）『台大文史哲学報』59：31-64（中国語）

引用・参考文献

吉岡政徳 1987「ビッグマン」、石川栄吉ら編『文化人類学事典』弘文堂、627-628 頁
米谷匡史 2002「津田左右吉・和辻哲郎の天皇論：象徴天皇制論」、網野善彦ほか編『岩波講座 天皇と王権を考える 1 人類社会の中の天皇と王権』岩波書店、23-56 頁
羅永清 2014「自然主權：台灣原住民運動」、田貴芳『太魯閣人：耆老百年回憶 男性篇』台北：翰蘆（中国語）
頼昱榮 1988『爺亨泰雅族的社會變遷』（エヘン社タイヤル族の社会変遷）台北：文化大学民族與華僑研究所修士論文（中国語、未刊）
頼昱錡 2013『Misakoliay kiso anini haw？ 你今天做苦力了嗎？：日治時代東台灣阿美人的勞動力釋出』臺東：東臺灣研究會（中国語）
ラクラウ、エルネスト（Ernesto Laclau）2014『現代革命の新たな考察』山本圭訳、法政大学出版局（1990. *New Reflections on the Revolution of Our Time*. Verso）
藍博洲 2000a「五〇年代白色恐怖下的原住民族戰歌」（五十年代白色テロ下、先住民族の戦いの歌）『原住民族』3：28-34（中国語）
── 2000b「從馬武督到北京：泰雅族人田富達的道路」（マブトクから北京へ：タイヤル人田富達の道）『原住民族』16：26-34（中国語）
── 1993『白色恐怖』（白色テロ）台北：揚智（中国語）
李亦園等 1963『南澳的泰雅人』（南澳のタイヤル人）南港：中央研究院民族学研究所（中国語）
利格拉楽・阿[ウー]ᵃ 1998『穆莉淡 Mulidan：部落手札』（ムリダン：集落親書）台北：女書文化事業（中国語）
────── 2003「傷口」、魚住悦子編訳『台湾原住民文学選 2 故郷に生きる：リカラッ・アウー／シャマン・ラポガン集』草風館、46-53 頁
李敖（審定）1991『安全局機密文件：歴年辦理匪案彙編』（上・下）台北：李敖出版社（中国語）
李筱峰 1999『台湾史 100 件大事（下）』（台湾史 100 件の大事件）台北：玉山社
李文良 2001「帝國的山林：日治時期臺灣山林政策史研究」（帝国の山林：日本統治時期台湾山林政策史研究）台灣大學歷史學研究所博士論文、台北：台灣大學（中国語、未刊）
李文茹 2008「台湾原住民族女性の『声』として語ること」『社会文学』27：54-66
劉德禄 1998「台籍日本兵高砂義勇隊戰爭時期之経過」（台湾籍日本兵高砂義勇隊戦争時期の経緯）「回帰正義的起点：台湾高砂義勇隊歷史回顧研討会」（正義へ回帰するための起点：台湾高砂義勇隊の歴史回顧シンポジウム）での発表、12 月 21 日、台北、2 頁（中国語、未刊）
劉瑞超 2001「Yabung・Maray 女士訪談錄」『宜蘭文獻雜誌』49：128-164（宜蘭：宜蘭縣文化局）（中国語）
廖守臣 1984『泰雅族的文化：部落遷徙與拓展』台北：世界新聞專科學校（中国語）
臨時台湾旧慣調査会 1915『番族慣習調査報告書 第一巻』、台北（中央研究院民族学研究所編訳 1996 として復刻）
林益仁 2015「舉目望山：司馬庫斯櫸木事件的二、三事」Guava Anthropology HP、http://guavanthropology.tw/article/6421（2017 年 3 月 28 日閲覧）（中国語）
林書揚 1992『從二・二八到五〇年代白色恐怖』（二・二八から五十年代の白色テロへ）台北：時報出版（中国語）

林文正（イバン・ノカン）1991「『内部植民地主義』下の台湾原住民族（1945-1990）：エスニック集団と国民統合」東京大学大学院総合文化研究科（地域文化研究専攻）修士論文、東京大学

レーニン 1954［1899］「ロシアにおける資本主義の発展」『レーニン全集第三巻下』レーニン全集刊行委員会訳、大月書店

麗依京・尤瑪 1996『傳承：走出控訴』（伝承：立ち上がり告発する）台北：原住民族史料研究社（中国語）

麗依京・尤瑪編 1999『回帰歴史真相：台湾原住民族 百年口述歴史』（歴史の真相への回帰：台湾先住民族百年のオーラルヒストリー）台北：原住民族史料研究社（中国語）

ロサルド、レナート 1998『文化と真実：社会分析の再構築』椎名美智訳、日本エディタースクール

盧聖真 1998「泰雅族宗教変遷的地理意涵：以桃園復興郷三光村為個案研究」（タイヤル民族における宗教変遷の地理的意味：桃園県復興郷三光村をケースとした研究）台北：台湾師範大学地理学部修士論文（未刊、中国語）

若林正丈 2001『台湾：変容し躊躇するアイデンティティ』筑摩書房

――― 2008a『台湾の政治：中華民国台湾化の戦後史』東京大学出版会

――― 2008b「試論：日本植民帝国『脱植民地化』の諸相：戦後日本・東アジア関係史への一視角」、黄自進編『東亜世界中的日本政治社会特徴』（東アジア世界における日本政治社会の特徴）台北：中央研究院亜太区域研究センター、277-305 頁

鷲田清一 1999『「聴く」ことの力：臨床哲学試論』TBSブリタニカ

ワタン（娃丹）1997「我們選択採用『台湾原住民族』的名称」（我々は「台湾原住民族」の名称を選び取る）、夏美寛編『要求名字的主人』（名前を要求する主人公）台北：人光出版（中国語）

ワタン・タンガ（林昭明）2004「台湾少数民族の民族解放運動」、徐勝編『東アジアの冷戦と国家テロリズム：米日中心の地域秩序の廃絶をめざして』御茶の水書房、94-105 頁

ワタン・タング（林昭明）・菊池一隆訳註 1999「1950 年代台湾白色テロ受難の記憶」『近代中国研究彙報』（東洋文庫近代中国研究委員会）21：49-83

ワリス・ノカン 2003『台湾原住民文学選 3 永遠の山地：ワリス・ノカン集』中村ふじゑほか訳、草風館

瓦歴斯・諾幹 1998a「皇民化教育下的族群意識転向：以『理蕃之友』台湾原住民族先覚者為例」少数民族問題学術研討会にての発表、12 頁（未刊、中国語）

――― 1998b「台湾原住民文学的去殖民：台湾原住民文学與社会的初歩観察」（台湾原住民文学の脱植民：台湾原住民文学および社会の初歩的観察）台湾原住民文教基金会編『21 世紀台湾原住民文学』台北：同基金会、36-51 頁（中国語）（孫大川／浦忠成／ワリス・ノカン／リカラッ・アウー／董恕明 2006『台湾原住民文学選 8 原住民文化・文学言説集Ⅰ』下村作次郎ほか訳、草風館に所収）

Anibal Quijano. 2000. "Coloniality of Power, Eurocentrism, and Latin America," *Nepantla : Views from South*. 1(3): 533-580

Butler, Judith. 1992. "Contingent Foundations: Feminism and the Question of 'Postmodernism,'"

Judith Butler and Joan W. Scott eds., *Feminists Theorize the Political*. London and N. Y.: Routledge, pp. 3-21 (2000、J・バトラー「偶発的な基礎付け：フェミニズムと『ポストモダニズム』による問い」『アソシエ』3：247-270、中馬祥子訳)

—————. 2000. *Antigone's Claim: Kinship Between Life and Death*. Colombia University Press.

Ching, Leo T. S. 2001. *Becoming "Japanese": Colonial Taiwan and the Politics of Identity Formation*. Berkeley, L. A., London: University of California Press.

Chiu, Fred Y. L. 1994. "Some Observations of Social Discourse Regarding Taiwan's 'Primordial Inhabitants,'" in *Unbound Taiwan: Closeups from a Distance*. Marshall Johnson and Fred Y. L. Chiu ed. The University of Chicago. pp. 133-154.

—————. 2000. "Suborientalism and the Subimperialist Predicament: Aboriginal Discourse and the Poverty of State-Nation Imagery," *Positions: eastasia cultures critique*. 8 (1): 101-149.

Clifford, James. 1986. "Introduction: Partial Truths," in James Clifford and George E. Marcus ed. *Writing Culture: The Poetics and Politics of Ethnography*, Berkeley: University of California Press. pp. 1-26. (1996、J.クリフォード「序論：部分的真実」、J.クリフォードとG.マーカス編『文化を書く』春日直樹ほか訳、紀伊国屋書店、1-50頁)

—————. 1988. *The Predicament of Culture*. Cambridge, MA: Harvard University Press (2003『文化の窮状：二十世紀の民族誌、文学、芸術』太田好信ほか訳、人文書院)

—————. 1997. *Routes*. Cambridge, MA: Harvard University Press (2002『ルーツ：20世紀後期の旅と翻訳』毛利嘉孝ほか訳、月曜社)

Egerod, Søren. 1999 *Atayal-English Dictionary*, Second Ed., Copenhagen: C. A. Reitzels Forlag.

Fabian, Johannes. 1983. *Time and the Other: How Anthropology Makes its Object*. New York: Columbia U. P.

—————. 1996. *Remembering the present: painting and popular history in Zaire*. Berkeley: University of California Press.

Godelier, Maurice. 1986 *The Making of Great Men: Male Domination and Power among the New Guinea Baruya*. Cambridge: Cambridge Univ. Press.

Grosfoguel, Ramon. 2007. "The Epistemic Decolonial Turn: Beyond Political-Economy Paradigms," *Cultural Studies*. 21(2&3): 211-223.

Grosfoguel, Ramon, Nelson Maldonado-Torres and Jose Saldivar eds. 2005. *Latino/as in the World-System: Decolonization Struggles in the 21st U. S. Empire*. Paradigm Publishers.

Hall, Stuart. 1997. "The Work of Representation," in Stuart Hall ed. *Representation: Cultural Representations and Signifying Practices*. pp. 13-74. Sage Publications & Open University.

hooks, bell 1997 [1992]. "Representing Whiteness in the Black Imagination," in Ruth Frankenberg ed. *Displacing Whiteness: Essays in Social and Cultural Criticism*. Durham: Duke University Press. pp. 169-179. (First appeared in Lawrence Grossberg, Cary Nelson, and Paula Treichler ed. 1992. *Cultural Studies*. New York: Routledge.)

Huang, Chih-huei. 2001. "The Yamatodamashi of the Takasago Volunteers of Taiwan: A Reading of the Post-colonial Situation," in Harumi Befu and Sylvie Guichard-Anguis eds., *Japan Outside Japan*. London: Routledge. pp. 222-250.

Huang, Ying-Kuei. 1995. "The "Great Man" Model among the Bunun of Taiwan," in *Austronesian Studies Relating to Taiwan*, Paul J. Li, te al eds., Taipei: Institute of History and Philology, Academia Sinica. pp. 59-107.

Keenan, Thomas. 1997. *Fables of Responsibility: Aberrations and Predicaments in Ethics and Politics*. Stanford: Stanford University Press.

Omi Wilang 欧蜜・偉浪 2008『*Hngyang Lhyen na Qalang* 来自原郷土地的吶喊』(ふるさとからの叫び) 台北:台湾基督長老教会原住民宣教委員会 (中国語)

Pratt, Mary Louise. 1992. *Imperial Eyes: Travel Writing and Transculturation*. London and N. Y.: Routledge.

Sakai, Naoki and Jon Solomon eds. 2006. *Translation, Biopolitics, Colonial Difference*. Hong Kong Univ. Press.

Spivak, Gayatri C. 1990. *The Post-Colonial Critic: Interviews, Strategies, Dialogues*. Sarah Harasym ed. New York: Routlege. (1992、G. C. スピヴァック『ポスト植民地主義の思想』清水・崎谷訳、彩流社)

Taussig, Michael 1986. *Shamanism, Colonialism, and the Wild Man: A Study in Terror and Healing*, Chicago and London: the University of Chicago Press

―――――. 1992a. "Culture of Terror—Space of Death: Roger Casement's Putumayo Report and the Explanation of Torture," N. Dirks ed., *Colonialism and Culture*, Ann Arbor: the University of Michigan Press. pp. 135-173. (1996、M. タウシグ「暴力の文化――死の空間:ロジャー・ケースメントのプトゥマイヨ報告と拷問の解釈をめぐって」『現代思想』24(11):198-231、大島康典ほか訳)

―――――. 1992b. *The Nervous System*. New York: Routledge

Walker, Gavin. 2011a. "Postcoloniality and the National Question in Marxist Historiography: Elements of the Debate in Japanese Capitalism," *Interventions*. 13(1): 120-137.

―――――. 2011b. "Primitive Accumulation and the Formation of Difference: On Marx and Schmitt," *Rethinking Marxism*. 23(3): 385-404.

―――――. 2016. *The Sublime Perversion of Capital: Marxist Theory and the Politics of History in Modern Japan*. Duke University Press.

Wu, Rwei-Ren. 2003. *The Formosan Ideology: Oriental colonialism and the rise of Taiwanese nationalism, 1895-1945*. University of Chicago, Ph. D. Dissertation.

写真と表一覧

第1章
　（写真1）　エヘン集落（桃園市復興区）ラハオ周辺よりみるバロン橋方面（筆者撮影）…… 53 頁

第2章
　（写真2）　ユカン・ハカオとテム・ハカオ。戦死したエヘン集落のムルフー（政治的リーダー）・ハカオ・ヤユッツの長男と四男。（1935 年宮本延人撮影、台湾大学人類学部所蔵）…… 63 頁
　（写真3）　口琴（ルブゥ）を吹くユカン・ハカオ。エヘン社警察官吏駐在所。（1935 年宮本延人撮影、台湾大学人類学部所蔵）…… 91 頁
　（表1）　エヘン集落戦士ハカオ・ヤユッツを中心とする系譜関係…… 96 頁

第3章
　（写真4）　エヘン集落頭目・ワタン・アモイ（1932 年台北帝国大学土俗人種学教室撮影、台湾大学人類学部所蔵）…… 103 頁
　（写真5）　エヘン集落にて。一番右がバトゥ・ワタン（山田和夫・林照和）戦後三光村村長。（1935 年宮本延人撮影、台湾大学人類学部所蔵）…… 115 頁
　（写真6）　ユタス・ベフイ・ナボと戦時に南洋まで携帯した雑のう（筆者撮影）…… 119 頁

研究助成への謝辞

　本書作成に当たり、以下の機関の助成と研究支援を受けました。ここに記して感謝いたします。

2001 年 9 月―2002 年 8 月：松下国際財団 2001 年度研究助成
2002 年 4 月―2004 年 3 月：文部省科学研究費補助金「台湾タイヤル人と日本人：植民地主義の過去と現在」（02J04735）
2004 年 4 月―2007 年 3 月：文部科学省科学研究費補助金「台湾タイヤル族と日本人：植民地主義との向き合いかた」（04J00153）
2004 年 10 月―2005 年 9 月：中華民国（台湾）中央研究院民族学研究所訪問研究員
2013 年 4 月―2017 年 3 月：日本学術振興会科学研究費補助金「帝国日本の移動と動員」（研究代表者：今西一、課題番号：25244030）
2014 年 4 月―2019 年 3 月：日本学術振興会科学研究費補助金「台湾先住民の『民族』自治」（研究代表者：中村平、課題番号：26503018）

あとがきと謝辞

ここで、各章の初出文献を記しておきたい（論文名などについては参考文献リストをご参照ください）。

序　　　博士論文（2006年）の序を修正加筆
第1章　2009b、2013年論文を再構成
第2章　博論第4章を修正
第3章　博論第5章を修正
第4章　2008a、2013年論文を再構成
第5章　2017年論文を修正（なお本章は、今西一・飯塚一幸編 2018『帝国日本の移動と動員』大阪大学出版会、中の拙稿「台湾高地先住民の土地と生の囲い込み」を加筆修正している。）
終章　　博論の終章を修正加筆

　植民地台湾における同化教育や統治そのものの影響とは何かを考えるために台湾に渡ってから、20年以上が経った。この間、「影響」を語ることの困難さと、誰に何のために何語で問題を語るのかというそのポジショナリティの問題の複雑さに、植民主義、暴力、記憶、歴史経験と（帝国とその後の）日本国家の天皇（制）や資本主義「発達」の問題が重なり、厳密な思考と探究を継続することの困難を感じつづけそれを何度も投げ出そうとした。博士論文の試問時にいただいたコメントにも、未だ十分に応えられていないものが多いと思う。いわゆる既存の学問領域を横断しつつ脱植民化の問題に迫ろうとする本書には、論理の詰めの甘さや未熟さ、不勉強が多々見受けられるかもしれない。読者のみなさまのご鞭撻を賜ることができましたら幸いです。
　学部卒業後の5年間の台湾滞在では父と洪金珠氏にお世話をしていただ

いた。台湾大学(人類学部)では謝世忠先生に修士論文のご指導をいただいた。劉瑞超氏には中国語を含めて継続して相談させていただいている。博士後期課程では大阪大学の日本学研究室で、冨山一郎、杉原達、川村邦光の各先生に指導していただき、特に冨山先生と火曜会の場では、書いたものの検討を通してこれまでの(説明しよう解釈しようという欲望を抱く)自分が揺さぶられる経験を幾度もし、本書の執筆にあたってはそこでの議論を自分なりに受け止め、反映させようと努力してきた。学振研究員として受け入れていただいた京都大学人文科学研究所では田中雅一先生に研究発表の機会をいただき、コンタクト・ゾーンやトラウマに関する幅広く人文学を射程においた議論の一端に参加させていただいている。カルフォルニア大学デイヴィス校では、人類学とアメリカ大陸先住民研究、エスニック研究の文芸創作(クリエイティブ・ライティング)を含めた各種セミナーに参加し、自らの出自やポジションについて東アジアとはまた別の環境において大きな刺激を受けた。台湾の中央研究院(民族学研究所)では陳茂泰先生に受け入れていただき、恵まれた研究環境を活用しながらいくつかのシンポジウムで発表の機会をいただいている。

　4年間滞在した韓国の漢陽大学校(日本言語文化学科)では、天皇制や日本の民俗文化に関する授業を担当させていただき、日本を相対化するまなざしに影響を受け、BK21関連のシンポジウムや日本研究の学会で研究発表をさせていただいた。韓国では金研フォーラム、スユノモの場での議論に参加させていただいた。「魂の脱植民地化」の共同研究を行う安冨歩と深尾葉子の両先生には韓国で出会い、民族や集団と個々人の双方の位相における脱植民化について継続して考えることを後押ししてくださった。修士論文の副査であった台湾大学(歴史学部)の周婉窈先生には、台湾先住民史にかかわるフィールドワークや研究集会にしばしば誘っていただいている。

　この間、日本の「台湾原住民族との交流会」「先住民族の10年市民連絡会」の雑誌や集まりなどの場でも、台湾先住民に関わるニュースや論考を

あとがきと謝辞

発表させていただいた。そしてそれまでの専門学校と大学を含めた非常勤講師、神戸女子大学での助教、杉原達先生に受け入れ教員となっていただいた大阪大学での招へい研究員の場で、さまざまな支援をいただき研究を継続し得た。現在は、広島大学（文学研究科総合人間学講座）において中国などからの多くの留学生に囲まれながら、研究の時間を確保させていただき本書の最終稿をまとめることができた。忸怩たる私に対し、本書を世に出すことを後押ししていただいたのは本講座の河西英通、佐藤利行、高永茂、溝渕園子の各先生であり、多大なご支援をいただいた。また、任期付きの仕事をし「就職活動」も断続的に長期にわたり継続しながら、時にメンタルや体調を崩したりしたが、それでもその間、謝辞に挙げたような研究支援（科研における今西一先生をはじめとする諸先生、山本達也氏と、木村自氏との研究会を含めて）をいただけたことはたいへん大きかった。高校入学以降、継続して5年以上を同一の地で暮らしたことがなく、国境を越えて移動し続ける不安定な生活にあったことも、研究をまとめきることの困難さを増したかもしれない。「非常勤」「任期付き」の研究者の条件やモチベーションについて思いを馳せ、同時に台湾高地の先住民の経済的「不安定さ」がそこに重なり、「常勤」であろうがなかろうが「研究」と生きることは重なっていると思う。神戸市と広島市を含めた多くの日本の公立図書館は、他館からの取り寄せサービスを含め活用させていただいている。また私にとりメンタルと体力を支えてくれる重要なものが、学部生以来の登山と山スキーの友人や諸団体と、近年、時おり参加させていただいているポリアモリーのミーティングであり、それらは解離的な自らの性向と付き合う方法ともなっている。最近では、フェイスブックでの交流や即時の情報共有（台湾先住民運動を含め）も重要である。そして私の成長過程において「二組」（組とはという問いをはらみつつ）になった4人の「両親」からは、それぞれに大きな愛と支援をいただいてきた。タイヤルのエヘン集落では、ママ・ウマオをはじめとする高家の方々に継続してお世話になっている。

荒西玲子さんには、表紙とカバー装丁に素敵なデザインを創っていただいた。裏表紙の刀剣は、日本の軍警が使用し新竹県スマクス集落の資料館に遺されていたものを、私が写真にとり、荒西さんにアレンジしていただいた。資料館の説明には、「李棟山事件の集落頭目 Twalu Maray（トアル・マライ）が日本兵の手から奪い取ったものであり、タイヤル人（泰雅爾族人）の土地を守り抜く決心と英勇を象徴している」とあった（原文は中国語）。やはりこの剣の背後（そして資料館が作られたことそれ自体）には、多くの暴力の記憶や想いや力が存在していることだろう。本書は限られた時間と紙幅のなかで、桃園市後山を中心とした一部の記憶の記述に焦点を当てるに留まってはいるが、換喩的な連鎖がつなぐ部分と全体の関係性については同時に意識もするものである。

　また本書の編集にあたっては、大阪大学出版会の川上展代さんに多くを負っています。これらすべての場と人びとの支えにあって、本書の思考と、そう呼べるかは分からないが思想のようなものを成型してきたことに、感謝しています。

2017 年 8 月 15 日
広島にて　中村　平

（追記）　脱稿後、北村嘉恵「台湾先住民族の歴史経験と植民地戦争」『思想』1119 号（2017 年）に接した。現代日本社会の「戦争」認識を台湾先住民の歴史経験から問い返す貴重な論文であり、本書の議論にも関わりぜひ読まれたい。

索　引

あ行

アイデンティティ　8-10, 14, 22, 41, 42, 48, 127, 144, 154, 173, 191
アイヌ　38, 56
隘勇線　68-71, 177, 179, 185, 186
あけぼの会　135, 145, 154-157, 166, 198
「アタヤル族」→ タイヤル
アミ　17, 130, 139, 182, 191
アンダーソン　48
威厳　124
イサク・アフ（以撒克・阿復）　12
石井寛治　178-180
石原俊　46, 180
移住－集団化　176
板垣竜太　25, 36, 166
井上伊之助　34
伊能嘉矩　1, 104, 186, 188
イバン・ノカン（伊凡・諾幹）　11, 77, 89
意味付与実践　191
癒され → 癒し
癒し　35, 135, 153, 156-158, 166
癒す → 癒し
ウイランタイヤ　122, 169, 170
上野千鶴子　42, 125, 156
ウォーカー　172-175, 180, 185, 187-189, 192
ウォグ・ヤタウユガナ　26, 35
ウットフ　100
ウットフ・ルバック　16
ウマオ・ケス　56, 63, 96
烏来郷　151, 166
運動　5, 43, 44, 139-142, 164-167, 195-199, ほか多数
衛恵林（エイケイリン）　99, 101
エイジェンシー　4, 42-44, 48, 196

エスニック・グループ　10
江原由美子　28
エヘン（爺亨）（社、集落）　52-63, 67-74, 102-118, 137, 159-161, 196, ほか多数
炎帝・黄帝　200
応答責任　35, 41, 45, 47, 48, 50, 137, 168, 198
汪明輝　9, 17, 127
オーストロネシア民族 → 南島民族
太田好信　21, 22, 34, 36, 126, 191
怯え → 恐怖
お盆祭　160, 162
オランダ　18, 33, 143
「恩威」　120, 156
恩恵　190

か行

戒厳令（1949-87 年）　1, 9, 127, 143
外省／本省　66
会長　27, 64, 96, 114-116, 127, 138
ガオガン教育所　61, 63
「ガオガン蕃」（ガオガン群）　52, 61, 62, 66, 68-72, 75, 79, 92, 95, 100, 104-106, 111, 112, 138, 182
ガガ（ガヤ）、ガガア　17, 30, 99, 100, 106-108
馘首 → 首狩り＝首祀り
囲い込み　172, 173, 175-178, 183-185, 191-193
家族国家　34, 72, 120, 125, 126, 156, 166, 182, 197
カドミウム　147
門脇朝秀　154
萱野稔人　175, 190
韓国　21, 36, 37, 56, 154, 166
感知　36, 39, 92, 93, 95, 130, 132, 135, 136,

240

139, 166, 169, 171
漢民族　1, 14, 17, 20, 31, 50, 53, 56, 83, 88, 120, 135, 139, 142, 144, 149, 154, 177
換喩　4, 129, 136, 164, 167, 196-198
キーナン　48
記憶　2-5, 37-48, 59, 97, 98, 135-142, 150, 156-169, 195-199, ほか多数
聞き書き　2, 5, 35, 41, 47, 50, 51, 56, 60, 61, 72, 79-83, 89-91, 118, 121, 135, 137, 139, 140, 142, 149, 150, 164, 165, 199
「帰順」　5, 59, 60, 67, 69, 72, 77, 79, 103, 106, 112, 160
「帰順示達式」　71
北村嘉恵　26, 32, 33, 49, 69, 123, 161, 182, 239
基盤主義、基盤　35, 41, 48, 49, 137, 164, 167, 178, 179, 185, 195
厳しい　13, 14, 55, 124
旧慣　50, 77, 100, 101, 113
糾弾しない語り　60, 61, 64-66, 76, 83, 88, 89, 92-94
丘延亮　10, 19
「教化」　110, 120, 123, 132
脅迫　71
恐怖　81, 128
宜蘭　51-54, 56, 57, 61, 62, 68, 70, 89, 92, 96, 105, 123, 155, 176, 182, 185
キリスト教　34, 118, 142
近代化　5, 20, 24, 31, 60, 66, 68, 92, 113, 120, 128, 138-140, 148, 158, 165, 169, 180-182, 198
首狩り＝首祀り　171, 176
熊野純彦　175
グロスフォーゲル　24
クリフォード　45, 57
継続的本源的蓄積　180
「恵与」　120
血族団体　100, 106-110
原収奪　176-178, 183
「原住民族委員会」→ 先住民族委員会
原初的蓄積（primitive accumulation）　173-176, 180, 189, 191

憲法　1, 9, 122, 140
行為遂行性　35, 41, 130, 156, 166
黄応貴　108, 109
高金素梅　13, 32, 144, 145, 149, 157, 166, 198
「高山族」　7, 31
黄紹恒　179
皇族　105, 156, 157
江文雄　14
皇民化　10, 50, 82, 120, 156, 171, 182, 190
交流協会　131, 151, 152
ご恩、御恩　123, 129, 141, 190
語義　38, 77-80, 92, 95, 98, 116, 120, 121, 125, 131-133, 146, 196, 197, 199
呉玉珠　151
国内植民主義 → 内部植民主義
国民　2, 23, 25, 33, 47, 48, 52, 57, 62, 63, 122, 123, 127, 128, 136, 137, 153, 168, 174, 190, 192, 197-199
国民国家　2, 7, 12, 15, 21, 23, 24, 48, 56, 83, 125-127, 172
国民党　1, 12, 14, 20, 26, 27, 56, 126, 128, 142, 144
国有地　11
国家暴力　2, 32, 49, 55, 128, 148
駒込武　20
コラテ先生　160-162
恐い → 恐怖
コンタクト・ゾーン　5, 40, 41, 45-48, 58, 59, 98, 121, 137, 159, 163, 164, 168, 172, 195, 196, 199
コンテクスト　8, 12, 48, 83, 84, 89, 93, 102, 117, 120, 138, 158
近藤正己　49, 69, 161

さ行

差異　15, 21, 22, 49, 102, 109, 119, 166, 172-175, 187-190, 192
サイード　33, 43-45
蔡英文　1, 19
祭儀団体、祭団　99-101
サイギダンタイ　サイダン

241

索 引

サイシヤット 16, 186
酒井直樹 140, 172, 173, 190, 192
坂野徹 185, 189
佐久間左馬太 122
差別 26, 61, 80, 84, 100, 139, 142, 173, 177, 190
サユン・ベフイ 86
「山地の同胞」 10, 139
サンフランシスコ平和条約 143
ジェイムズ 43
使役 54, 112, 170, 182
自決(権) 12, 15, 18, 141, 183
自称 1, 2, 10, 68, 100, 137, 139-141, 164
自助会 114, 115, 138
自然主権 183, 184
自治 8-18, 26, 30, 31, 34, 38, 40, 45, 127, 129, 135, 139, 140, 142-144, 146, 147, 149, 156, 158, 163-165, 167, 196, 197
資本主義 3, 5, 12, 14, 21, 23-25, 32, 51, 165, 169, 173-175, 177-181, 185, 190, 192, 198
「社」、集落 16, 17, 51-63, 65-75, 99-102, 107, 191, 196, ほか多数
「収容」 123
主権 11, 13, 142, 143, 183, 184
種差性 174, 175, 188
「種族」 188, 189
主体(性) 1-3, 5, 17, 21, 28, 30, 33-35, 41, 42, 44, 50, 59, 93, 98, 129, 133, 136-142, 157, 163, 169-171, 196, ほか多数
主体の自然 169, 172, 176, 178, 192
出役 170, 177, 181, 182
受動的実践 170
狩猟団体、猟団 99-101
蒋介石 1, 83, 128
少数民族 7, 14
省籍 20, 66
情緒的紐帯 126
樟脳 13, 102, 176-179
植民国家資本 176-179, 184
植民主義 2-5, 9, 10, 12, 14, 19-24, 29, 32, 34, 35, 37, 38, 49, 55, 57, 59, 85, 125, 126, 133, 141, 148, 158, 165, 167, 171, 173, 174, 177, 185-188, 192, 193, 195, 196, 198
植民地経験 2, 39, 80, 82, 97, 126, 133, 164, 192, 199
植民地責任 5, 7, 33, 35, 38, 47, 50, 59, 98, 136-139, 158, 164, 166-168, 193, 195, 196, 198
植民的差異 171-173, 175, 178, 184-192, 198
植民暴力 2, 5, 7, 8, 32, 35, 38, 39, 44, 45, 49, 50, 58, 59, 80, 82, 93, 94, 135, 136, 159, 166, 167, 169, 171, 177, 181, 195-199
女性 17, 20, 25, 28-31, 50, 80-82, 87, 88, 92, 96, 109, 135, 145, 151
シラン・ノミン 89
シラン・マライ 62, 71
進化 114, 139, 188
進化論 188, 189
神社 118, 145
人種主義 24, 33, 171, 190
親日 2, 21, 66, 82, 93, 94, 150, 152
「親日派」 166
人類学 1, 2, 5, 10, 13, 19, 21, 22, 30, 32-34, 50, 51, 56, 57, 59, 63, 65, 82, 91, 97, 101-104, 109, 114, 115, 117, 136, 167, 169, 172, 178, 185-189, 192, 196
遂行(性) 5, 19, 40, 41, 45, 50, 66, 78, 122, 125, 129, 133, 148, 168, 199
スバライ(和解する) 38, 59, 76, 79
スブラック(仲良くする) 38, 59, 61, 62, 72, 76-80, 89, 92, 95, 132, 196, 197, 199
スペイン 18, 143
制裁 81
政治 1, 4, 23, 29, 39-41, 45, 46, 50, 62, 78, 97-99, 149, 163, 173, 176, 179, 191, 196, 198, ほか多数
政治性 5, 48, 186-188
政治的空間 172
政治的指導者 → ムルフー
青年団長 116, 146
正名 11, 12, 16, 17, 26, 31, 54, 154
勢力者 105, 109-111, 170
石門ダム 147

切腹自殺　146, 148
せめぎ合い　92, 125, 130-132, 196, 199
「先覚者」　146
先住民族委員会　9, 12, 15, 17, 30, 146
先住民族と台湾政府の新パートナーシップ協定　11
先住民族の権利に関する宣言（国際連合）　38
戦争　1, 4, 13, 38, 39, 46, 47, 61, 62, 64, 65, 67, 69, 70, 72-74, 76, 79, 81, 85, 89, 91-93, 95, 113, 114, 119, 120, 124, 136-139, 151-153, 155, 156, 158, 161, 162, 180, 197, 198
戦争責任　36, 37, 47, 51, 138, 154, 157
戦中派　135, 145, 154, 166, 198
宋秀環　26, 130
挿天山　69
族群　20, 26
「族長」　106, 108, 110
遡行　4, 12, 17, 22, 35, 36, 41, 43-45, 48-50, 67, 95, 129, 132, 133, 157, 164, 167, 168, 195, 196, 199
孫大川（パァラバン・ダナパン）　15, 16, 191
村長　115, 116, 121

た行

「大嵙崁蕃」　77
戴國煇　29, 31
「大東亜戦争」　117, 142, 159
「大豹蕃」、大豹社　68, 77
台中　11, 17, 52, 67, 105, 124
体罰　113, 124
大砲　62, 66, 73-76
タイヤル　2, 7, 10, 13, 97-102, ほか多数
　――国　142, 143, 204
　――民族議会　12, 13, 16, 17, 20, 24, 51, 135, 141, 142, 144-146, 148, 149, 197, 198
　――民族土地宣言　13, 142, 143
台湾　1, 8, ほか多数
「台湾原住民権利促進会」　9, 26, 27
台湾省山地保留地管理辦法　143
台湾先住民族権利宣言　141
台湾先住民族権利促進会　141
タウシグ　46, 49
高砂義勇隊　31, 73, 86, 96, 116-118, 122, 124, 128, 129, 131-133, 142, 151, 152, 155, 156, 160, 161, 197, 198
「高砂族」　1, 139, 154-157, 185, 186
たたかい　12, 15, 24, 25, 199
脱植民（化）（decolonization）　2-5, 7-12, 14, 16, 18-29, 31, 32, 34-42, 44, 45, 48-51, 59, 94, 98, 125, 129, 135, 139, 163-165, 167, 168, 171-173, 175, 182, 184, 191-193, 195, 197-199
脱帝国化　3, 4, 19, 21, 25, 50
田中雅一　42
タロコ・太魯閣　→　トゥルク
チーフダム　109
知識人　5, 7, 9, 10, 21, 23, 27, 36, 43, 44, 51, 57, 70, 139, 163, 195
中華人民共和国　7-9, 14, 15, 144, 149
中華民国　1, 8-11, 15, 18, 23, 25, 26, 31, 32, 35, 36, 54, 70, 83, 88, 95, 115, 116, 118, 121, 126, 128, 137, 139, 140, 142-149, 153, 165, 167, 188
中華民族　9, 10, 13, 17, 139, 173
中国　1, 9, 14, 20, ほか多数
中国人　18, 25, 29, 31, 32, 127, 130, 139, 162, 167, 173, 191
駐在所　70-72, 77, 79, 91, 103, 111, 112, 170, 182
朝鮮　4, 19, 36, 37, 154, 179
趙中麒　15
長老教会　10, 13, 14, 142
陳偉智　188
陳栄敏牧師（レビン・シラン）　87, 124
陳勝栄　151
陳水扁　11, 16, 183
枕頭山　68, 69, 91
陳光興　25, 28, 66
陳文玲　186
陳茂泰　151

索　引

抵抗　3, 22, 25, 27-29, 32-34, 39, 43, 44, 49, 50, 67, 68, 71, 77, 78, 90, 140, 163, 165, 170, 182, 199
帝国主義　13, 25, 32, 33, 43, 85, 144, 158, 163, 177
提喩　4, 136, 197
テイリック（社、集落）　56, 68, 72-74, 107, 118-120, 124
伝統領域　15, 19, 70
天皇（制）　5, 34-37, 81, 97, 98, 102, 105, 116-126, 128-133, 141, 153, 155-158, 166, 177, 181, 182, 190, 196, 197
天皇のおかげ　181, 190
糖業　178, 179
当事者（性）　18, 19, 32, 34
統治　1, 8-12, ほか多数
「討伐」　69, 112, 148
頭目　5, 38, 69-74, 96-99, 102-116, 121, 122, 124, 132, 138, 141, 146, 156, 170, 196, 197
頭目手当　111, 112, 114
到来する記憶　44, 98, 196
ドゥルーズとガタリ　174, 175, 184
トゥルク　1, 16, 70
特別行政区域　139
冨山一郎　17, 23, 33, 39, 42, 43, 80, 93, 117, 157
「土目」　69, 104, 105, 111
トラウマ　44, 45, 136, 139, 148, 150, 153, 157, 165

な行

内国植民主義　→　内部植民主義
「内地観光」　105, 112
内部植民主義　23
中野敏男　157
中間市之助警部　61-63, 73-76
中村平　13, 26, 32, 33, 35, 37, 49, 51, 57, 63, 72, 97, 103, 106, 122, 123, 141, 170, 171, 177, 182
中村勝　23, 26, 30, 32, 34, 49, 51, 56, 68, 120, 122, 123, 148, 156, 169-172, 175-178, 180-182, 184, 185, 190-192
ナショナリズム　2, 3, 19, 22, 24, 25, 48, 136, 137, 177, 184, 192
南澳郷　155
南島民族　7
二・二八事件　20, 140
西川長夫　23, 37
西村（地名）　90
日本軍「慰安婦」　47
日本語　1, 7, 8, 13, 20, 25, 52, 54, 56, 57, 62-64, 72, 73, 76, 78, 80-82, 86-90, 92, 108, 117, 118, 121, 124, 125, 127, 128, 137, 148, 150, 159, 160, 162, 163, 168, 172, 196
日本植民主義　5, 49, 72, 82, 92, 166, 168, 181, 182, 198
日本人　2, 4, 9, 13, 18, 29, 31-39, 46, 47, 49, 50, 56, 60-66, 71-78, 80-90, 92, 97, 98, 112, 117, 120, 128, 131, 135, 138, 145, 148, 150, 159, 164-168, 177, 187, 189, 192, 198, ほか多数
ニューギニア　73, 109, 118
認識論　8, 24, 33, 169, 173, 178, 185, 187-190, 192, 198, 199
野村浩也　18, 33

は行

馬英九　12, 14
ハカオ・ヤユッツ　63-65, 71, 72, 90, 91, 93, 94, 96, 113, 141
白色テロ　1, 35, 127, 140, 143
パスヤ・ポイツォヌ（浦忠成）　12, 25-28, 184
バトゥ・ノカン　117
バトゥ・ワタン　115, 116
バトラー　41, 42, 45
パプア・ニューギニア　151, 161
パフォーマティヴ（パフォーマティヴィティ）　35, 41, 42, 141, 168
ハユン・ナブ　87, 119
原藤太郎（トフイ・ホラ）　146-148
バロン（上巴陵）　53, 55, 62, 68-70, 73-75,

84, 86, 87, 124, 160
バロン山　62, 66, 70
「蕃人」　1, 68, 71, 72, 74, 105, 112, 139, 176
「蕃人観光」　110
「蕃族」　1, 139, 186
「半封建性」　180-182, 190
ピスイ・カウィル　71, 91
ピスイ（仮名）→ ヤキ・ピスイ
ビッグマン　109, 114, 121, 122, 124
苗栗（ビョウリツ）　14, 17
平山勇（イリシレガイ）　155
ブ・マカオ → ボンボン山
ファビアン　188
フィールドワーク　5, 7, 14, 18, 31, 36, 38, 40, 51, 52, 57, 59, 68, 72, 79, 84, 86, 97, 106, 114, 116, 118, 124, 135, 146, 150
フィリピン　83, 151-153, 161
夫役（賦役）　181-183, 190, 192, 199
フェミニズム　8, 28, 29, 31, 34, 41
服役　169-171, 192
ブシン・タリ（布興・大立）　14
武装解除　46, 78, 122, 141
「部族」　100, 106, 172
傅琪貽（フチイ）　32, 50
ブトノカン　52, 68, 69, 87, 89, 107, 113, 119
ブヌン　27, 32, 50, 82, 108, 109, 169
部分　25, 26, 30, 65, 76, 79, 92, 136, 171, 174, 187
「文明」　110
分有　4, 8, 19, 35, 37-42, 45-47, 51, 60, 65, 130, 136, 139, 140, 157, 163, 164, 166-169, 171, 192, 193, 195-199
兵役　154, 182, 190
ヘイタイ・パヤン（黒帯・巴彦）　14
「平定」　67, 71
「平和」　65, 78, 95
「平和にさせた」　61, 66, 72, 76
平埔　1, 9, 185
ベフイ・タリ　127
ベフイ・ナボ　72, 117-119
ベフイ・マライ　90, 96
法　2-5, 9, 11, 12, 14-17, 20, 22, 27, 36, 37, 43, 49, 51, 79, 89, 90, 93, 114, 115, 127, 140, 142-144, 146, 153, 163, 165, 173, 176, 180, 183, 184, 187, 189, 198
砲台　70, 73, 160
暴力　1, 3-5, 8, 31, 35, 93-95, 195-199, ほか多数
暴力の潜在化／常態化　5, 59, 93, 95, 196, 197
暴力の予感　39, 81, 93, 148
捕獲　125, 174, 175, 185
ポジショナリティ　50, 80, 82
浦忠成（ホチュウセイ）→ パスヤ・ポイツォヌ
ボンボン山　62, 63, 70, 71, 75, 90, 91
翻訳　1, 7, 19, 25, 62, 64, 76, 127, 143, 172-175, 183, 187, 189, 192

ま行

マサ・トフイ　13, 14, 20, 145, 146, 165, 198
松田京子　32, 49, 105, 190
馬淵東一　186
マリコワン（集落）　70-72, 74, 75, 86, 111, 159, 160, 162
丸岩（警察）　120
丸川哲史　3, 19, 24
マルクス　169, 172-176, 180, 185
三笠宮　155
水嶋一憲　24
三井　179
民属（Volk）　184, 185, 191
民族議会　5, 13, 15, 16, 38, 51, 57, 70, 129, 142, 147-149, 166, 198
民族誌　5, 35, 39-43, 45-48, 50, 57, 130, 136, 139, 140, 154, 158, 163, 164, 166, 168, 195
民族自治区　12, 15
民族抵抗史観　170
民族問題　173
霧社事件　16, 25, 29, 30, 32, 50, 80, 139, 170
村井良介　93
村上勝彦　179, 180
ムルフー（政治的指導者、頭目）　13, 38, 63, 97-99, 102-104, 109, 110, 113, 114,

245

索　引

116-122, 124, 125, 128-133, 141, 145, 146, 148, 156, 165, 196-199
森亜紀子　81
森丑之助　77, 100, 106, 186
森宣雄　25, 66, 94

や行

ヤキ・ピスイ（仮名）　91, 150, 159-161, 163, 198
靖国神社　32, 145, 155
山崎隆三　181
山路勝彦　17, 32, 106, 186, 189
ユカン・スヤン　73-75
ユカン・ワタン　62, 63, 75, 78, 93
ユタス・ユミン（仮名）　159, 160
ユマ・タル（尤瑪・達陸）　14
ユミン・アタオ　161, 162
ユミン・ロクル　74

ら行

ラマタセンセン　169-171, 183, 184, 192
李亦園（リ エキエン）　99
リカラッ・アウー　30, 31
「理蕃」　5, 24, 169, 171-173, 176, 179, 181, 182, 185, 188-192, 198, 199
「理蕃五箇年計画」　60, 67, 69, 70, 105, 112, 139
『理蕃誌稿』　51, 61, 71, 103, 105, 109-113, 176

李文茹　29
李文良　179
リボク　191
林文正（リンブンセイ）→ イバン・ノカン
倫理　35, 48
ルクセンブルク　175, 180, 185
冷戦　19, 21, 25, 36, 39, 66, 153, 171
レーニン　23
歴史経験　5, 33, 49, 51, 59, 67, 94, 97, 116, 130, 171, 172, 192, 193, 198, 199
歴史認識　4, 5, 199
レギン・ユマ（麗依京・尤瑪）　14
レサ・バトゥ　161, 162
労働　23, 24, 54, 83, 84, 169-171, 177, 180-183, 190, 192, 199
ロシン・ワタン　26, 123, 127, 142

わ行

和解　5, 32, 37, 38, 59, 66, 76, 77, 79, 92-95, 163, 195-197, 199
若林正丈　9, 16, 21, 32, 128
私たち　2, 4, 13, 16, 17, 26, 34, 37, 40-46, 48, 195-199, ほか多数
私たちの領域　170
ワタン（日本人）→ 中間市之助警部
ワタン・アモイ　72, 96, 103-115, 121, 122
ワタン・ハカオ　90, 106, 108
ワタン・マライ　61
ワリス・ノカン（瓦歴斯・諾幹）　10, 11

著者略歴

中村　平（なかむら　たいら）

広島大学大学院文学研究科准教授。
2007 年博士（大阪大学、文学）。2001 年修士（台湾大学、文学）。日本学術振興会特別研究員、非常勤講師と各種研究員、韓国漢陽大学校助教授などを経て現職。人類学・思想史・歴史学・日本学といった領域で研究している。
論文：「台灣山地原住民土地與生活之圈地圏生運動」、官大偉編『民族、地理與發展』（順益台灣原住民博物館、2017 年）（中国語）。
「『困難な私たち』への遡行：コンタクト・ゾーンにおける暴力の記憶の民族誌記述」、田中雅一・奥山直司編『コンタクト・ゾーンの人文学Ⅳ ポストコロニアル』（晃洋書房、2013 年）など。
訳書：周婉窈『図説 台湾の歴史（増補版）』（濱島敦俊監訳、平凡社、2013 年）など。

植民暴力の記憶と日本人
―台湾高地先住民と脱植民の運動―

2018 年 3 月 30 日　初版第 1 刷発行　　　［検印廃止］

　　著　者　　中村　平

　　発行所　　大 阪 大 学 出 版 会
　　　　　　　代表者　三成賢次

　　　　　　　〒 565-0871　大阪府吹田市山田丘 2-7
　　　　　　　　　　　　　　大阪大学ウエストフロント
　　　　　　　TEL 06-6877-1614
　　　　　　　FAX 06-6877-1617
　　　　　　　URL：http://www.osaka-up.or.jp

　　印刷・製本　　尼崎印刷株式会社

Ⓒ Taira Nakamura 2018
　　　　　　　　　　　　　　　　　　　　　Printed in Japan
ISBN 978-4-87259-609-0 C3022

JCOPY 〈出版者著作権管理機構　委託出版物〉
本書の無断複製は著作権法上での例外を除き禁じられています。複製される場合は、その都度事前に、出版者著作権管理機構（電話 03-3513-6969、FAX 03-3513-6979、e-mail：info@jcopy. or. jp）の許諾を得てください。